이해와 소통
글쓰기

이해와 소통
글쓰기

초판 1쇄 인쇄 2016년 2월 19일
초판 1쇄 발행 2016년 2월 26일

펴낸곳 인문과교양
주소 (01624) 서울특별시 노원구 동일로 1700
전화 02-3144-3740
팩스 02-933-3777

ISBN 979-11-85939-30-8 (03700)

Understanding &
Communication Writing

이해와 소통 글쓰기

| 글쓰기편찬위원회 |

SINCE 2013
인문과교양

| 차례 |

PART 03 / 글쓰기의 실제

PART 01

글쓰기의 원리

글쓰기의 의의와 글쓰기 윤리

CHAPTER 1

01 왜 글을 쓰는가

글을 쓰는 것은 자신의 표현이자 자신과의 만남이다

인간은 태어나서 죽을 때까지 자기를 표현하며 산다. 자신에 대한 표현은 인간이 태어나면서부터 시작된다. 말을 하지 못하는 아기는 울음으로 자신을 표현하고, 글을 모르는 아이도 말을 하거나 그림을 그리는 행동을 통해 의사를 표현한다. 하지만 글과 문자를 습득한 이후 인간은 자신의 의사를 표현하는 중요한 도구로 글과 문자를 사용한다. 울음으로, 말이나 그림으로 자신을 표현하는 것에 비해 글은 인간의 이성적 활동의 산물이다. 생각하는 인간인 '호모 사피엔스'에게 글은 필수적 표현 수단인 셈이다.

인간이 이성적 존재라는 말은 인간이 자신을 인식할 수 있는 능력을 가지고 태어난다는 말과 같다. 사실상 자신에 대한 인식은 인간 존재의 조건이다. 자신에 대한 인식을 더 이상 할 수 없는 순간 인간은 존재할 수 없다. 그렇다면 자신을 인식하는 능력을 키워나가는 것은 인간 성숙의 증거라고 볼 수 있다. 이런 시각에서 말하자면 글을 쓰는 것은 인간이 자신을 표현하는 행위인 동시에 자신에 대해 인식하는 행위다. 인간의 인식활동은 항상 자신에 대한 인식에서 출발하고 어쩌면 자신에 대한 진정한 인식을 획득하는 것을 목표로 한다. 인간은 자신과의 만남을 통해 내면의 평화를 이루고 자신의 인식능력도 발전시킬 수 있다. 우리들은 글을 쓰면서 자신이 누구인지, 자신의 원래 모습을 발견하고 자신의 변화하는 모습도 알 수 있다. 이를테면 글을 쓰는 행위는 자신 내면의 모습을 글을 통해 투영하는 것과 같다. 글은 내면의 거울이라 할 수 있고, 글을 쓰는 것은 자신의 진실한, 꾸밈 없는 내면과 만나기 위한 가장 적합하고 강력한 수단이 될 수 있다.

글은 창의성을 배양하는 것이자 고정관념을 넘는 것이다

인간이 가지고 있는 창의성이란 고정관념을 넘고, 고정관념을 없애는 것과 밀접히 관계되어 있다. 흔히 인간이 동물과 다른 점으로 말과 글을 사용하는 것이라고 설명한다. 이런 주장을 인정한다면 인간의 창의성은 인간이 동물과 차별되는 한 차원 높은 특성이라고 평가할 수 있다. 최근 인문학의 가치가 다시 조명되며 많은 사람들이 인문학에 관심을 보이고 있는데, 이것은 인문학이 인간과 인간의 창의성을 그 중심에 두고 있기 때문이다. 이런 점에서 말하자면 글쓰기는 인문학의 기본이자 창의성을 배양하는 훌륭한 수단이라 할 수 있다. 진실한 글은 항상 고정관념과 대결하기 때문이다. 우리가 창의성을 보이지 못하는 것은 우리의 생각과 시각이 고정관념의 벽에 갇혀 있기 때문인데, 글을 쓰는 행위는 우리의 사고에 자리 잡고 있는 어떤 생각과 시각이 습관적·관습적인지를 깨닫게 해 준다. 글을 쓰면 항상 자신의 사고에 자리 잡고 있는 고정관념과 마주치게 되는데, 이를 극복하는 과정은 글쓰기의 과정이자 훌륭한 글쓰기의 목표라 할 수 있다.

글을 쓰면 세상과 소통할 수 있다

글을 쓰는 것은 자신의 생각을 표현하는 것이라 했다. 인간은 누구나 자신을 표현하면서 세상과 교감한다. 자신을 표현하는 글쓰기는 자신이 세상과의 교감을 시작하고, 교감하는 법을 깨닫게 한다고 말할 수 있다. 그래서 글쓰기는 자신은 물론 세상과의 소통을 의미한다. 글을 쓴다는 것은 바로 세상을 인식하고 자신의 생각을 독자들에게 알리며 독자들과 교감을 하는 행위다. 글쓰기에서 독자와의 교감은 외부 세계와 소통의 출발점이자 기본 형식이 되는 것이다. 이렇듯 글을 쓰는 것은 세상과 소통을 하는 중요한 방식으로 이해할 수 있다. 인간이 사회적 동물이라면 세상과의 소통은 사회적 존재 행위로 파악할 수 있으며, 그렇기에 세상과의 소통은 인간의 존재와 직결되는 요소라 할 것이다. 세상과 소통을 잘하는 사람이 삶을 행복하고 성공적으로 이끌 수 있다면, 글을 쓰는 행위는 자신의 삶을 행복하고 성공적으로 이끄는 행위인 셈이다.

▎글쓰기는 생활에 필요한 실용적 능력을 개발할 수 있게 만든다

현대는 정보와 통신의 시대다. 우리가 일상에서 이제 필수품처럼 접하며 이용하고 있는 인터넷, 스마트폰 등은 그 증거라 할 수 있다. 이런 시대에도 글쓰기는 필수적일까? 글쓰기는 첨단 정보와 통신 기술에서도 여전히 중요한 역할을 하고 있다. 우리가 매일, 심지어 매순간 사용하는 이른바 문자 메시지나 문자를 이용한 메신저가 그 대표적 사례다. 이런 방식의 글쓰기는 앞으로도 계속될 첨단 정보통신기술의 시대에도 유용할 뿐 아니라 그 사용이 더 증가할 것이다. 이렇듯 다양한 글쓰기는 21세기 정보사회에서도 자신을 알리고 다른 사람과 소통하는 방식으로 유용하다. 글쓰기가 없다면 현대의 정보통신문화는 처음부터 성립될 수 없을 것이다.

비단 첨단 정보와 통신의 콘텐츠로서만이 아니라 일상에서 실용적 자신의 소개와 정보 전달 및 감성적 자기표현을 위한 도구로서 글의 중요성은 더욱 중요하게 되었다. 현대에서 자신을 알리고 정보를 얻으며 통신을 하는 데 글쓰기는 여전히 중요한 영역으로 남아 있다. 글을 잘 쓰지 못하면 마치 컴퓨터가 없거나 인터넷을 하지 못하는 것처럼 생활에 필수적 수단을 갖추지 못한 것과 같다.

02 좋은 글을 쓰는 방법

깊이 생각하고 비판적 독서를 한다

생각은 글쓰기의 필수조건이다. 많이 생각할수록 좋은 글을 쓸 확률이 높아지는 것은 이런 이유에서다. 인간은 원래 사고하는 존재다. 그렇기에 인간과 생각하는 일은 불가분의 관계에 있다. 하지만 특별히 글을 쓰는 데 도움이 되는 생각은 어떤 종류의 것을 말하는 것일까? 아무 생각이나 많이 한다고 좋은 글을 쓰는 데 반드시 도움이 되는 것은 아니다. 깊이 생각하는 것이 필요하다. 깊이 생각하는 것은 비판적 사고를 하는 것과 직결된다. 좋은 글은 비판적이고 성찰적인 사고에서 나온다.

또한 생각은 읽기와 연관되어 있다. 읽는 것은 생각하는 것의 필요조건이다. 많이 읽는 것은 생각을 이끌어낼 수 있다. 그러나 다독(多讀)도 중요하지만 더 중요한 것은 비판적 읽기다. 비판적 독서를 통해 사고는 확장되고 발전한다. 좋은 글은 비판적 독서를 반드시 필요로 한다.

많이 경험하고 메모하는 습관을 기른다

경험은 글쓰기의 재료가 된다. 또한 몸을 통해 직접 경험하는 것은 정신에 새로운 활력을 줄 수 있다. 일상의 다양한 사건을 경험하는 것은 우리의 인식에 새로운 자극을 주며 새로운 것을 발견할 수 있게 돕는다. 하지만 단조로운 일상은 다양한 경험을 할 수 없게 만든다. 현대인들이 일상을 잠시나마 벗어날 수 있는 여가 활동과 여행을 추구하는 것은 바로 이런 이유에서다. 여행과 여가 활동은 일상과는 다른 새로운 경험을 제공할 수 있기 때문이다. 좋은 글은 이런 경험들을 자신의 말로 표현하면 가능하다.

이런 경험들을 잘 표현한 글은 설계를 잘한 건축물과 같다. 글도 건축물처럼 설계가 필요한 것이다. 글의 설계는 글감의 메모에서 출발한다. 글감의 메모는 놓쳐버릴 수 있는 영감과 일상의 다양한 경험을 잡을 수 있게 한다. 이것은 일상의 경험과 중요한 영감을 포착하여 자신의 것으로 만들 뿐 아니라, 나중에 그것을 다시 한 번 정리할 수 있게 만든다. 나아가 글감의 메모는 실제 글쓰기를 실행할 때 다양한 연상 작용을 일으키는 재료로 사용될 수 있다. 메모를 통해 과거의 경험과 기억은 다시 현재의 인식과 경험을 통해 새로운 차원으로 발전할 수 있고, 경우에 따라서는 자신도 생각하지 못했던 영감과 인식을 획득할 수 있게 한다. 따라서 좋은 글을 쓰기 위해서는 일상의 다양한 경험들을 항상 메모하고 기록하는 습관을 기르는 것이 중요하다.

❙ 문장은 짧고 명확하게 쓴다

문장은 짧을수록 결점이 적다. 글을 처음 쓰는 사람들이 흔히 하는 실수는 하고 싶은 말을 하나의 문장에 다 담고자 하는 것이다. 그렇게 되면 자연히 문장은 길어지고 복잡하게 된다. 좋은 문장을 쓰는 기본은 좋은 내용을 쓰는 것보다 문법적으로 결함이 없는 문장을 쓰려는 것에서 출발해야 한다. 결함이 없는 문장을 쓰기 위해서는 가급적 짧게 쓰는 것이 필요하다. 우선 하나의 주어와 하나의 술어에서 출발하고, 문장과 문장을 연결하려 하지 말고 과감하게 마침표를 찍어 두 문장으로 분리하는 것이 좋다. 이렇게 만든 짧은 문장은 명확한 의미를 전달한다. 글의 내용을 정확하게 전달하려면 명확하게 써야 한다. 모호하게 표현하는 것은 자신이 쓴 글의 의미를 제대로 이해하지 못하기 때문이다. 진부한 상투어, 불확실하고 애매한 단어의 조합은 그 점을 보여주는 증거라 할 수 있다.

이렇게 짧고 명확하게 쓴 글은 읽는 사람에게 이해가 쉽고 친절한 글이 된다. 글을 쓰는 사람은 읽는 사람의 입장에서 글을 쓰는 것이 합당하다. 이것은 글을 쓰는 사람의 진실함이자 겸손함이다. 좋은 글을 쓰고자 한다면 화려하고 멋진 문장을 구사하기에 앞서 진실하고 겸손해야 한다는 것은 아무리 강조해도 지나치지 않다.

쉽지만 의미 있고 개성이 드러나게 쓴다

이제 어려운 글이 좋은 글이 아니라는 것은 위의 언급에서 충분히 유추할 수 있을 것이다. 자신의 생각을 쉽게 표현하는 것 역시 글쓰기의 기본이다. 실제보다 더 많이, 더 깊게 생각한 척하려는 글은 진실하지도 않을 뿐 아니라 어려운 글이 될 가능성이 높다. 글을 쓸 때 어려운 관용구나 의미 없는 미사여구, 정체불명의 신조어, 장황한 복합문을 피하도록 노력하자. 이런 글들은 겉만 번지르르할 뿐 내용이 없거나, 다른 사람들이 그 글이 무엇을 지시하며, 무엇을 의도하고 있는지를 파악하기가 어렵다. 자신이 하고 싶은 말을 누구나 이해할 수 있게 표현하는 것은 의외로 어려운 일이다. 좋은 글의 기본은 쉬운 언어를 사용하면서도 자신이 전하고 싶은 의미를 충분히 전달하는 글이다.

좋은 글은 개성적 문체도 갖추어야 한다. 문체는 글 쓰는 사람이 보여주고 있는 정신의 지형도라 할 수 있다. 좋은 문체를 갖추고 있는 글이 개성적인 글이라고 할 수 있다. 개성적인 글이 무엇인지 일반적으로 규정할 수는 없지만 문체의 핵심적 의미를 파악한다면 개성적인 문체가 갖추어야 할 최소한의 기본 요소는 다음과 같이 말할 수 있겠다.

개성적인 문체가 갖추고 있는 첫 번째 요소는 자신을 정확하게 표현하는 것이다. 자신을 표현하는 것이 글쓰기의 기본이라면 자신을 정확하게 표현하는 것은 개성적 글쓰기의 출발점이다. 그 다음으로 자신이 무언가 말할 것이 있어야 한다. 자신이 무엇을 말해야 하는지를 모르고는 개성적 문체를 쓸 수 없는 것은 당연하다. 남들이 자신의 글이 무슨 의미나 의도로 쓴 것인지 알 수 없다면 그것 역시 개성적인 문체를 보여주는 글이라고 할 수 없다. 또한 개성을 갖춘 글이 반드시 피해야 할 요소도 있다. 과장과 허세를 부리는 것이다. 과장하거나 허세를 부리는 문체는 진실성이 결여된 것으로 보여 글의 다른 내용도 신뢰할 수 없게 만들기 때문이다. 마치 어떤 사람이 자신의 자랑을 일삼으면 그런 사람의 다른 말도 믿을 수 없는 것과 같다. 이런 글은 쓰면 쓸수록 그만큼 글의 의미는 없어지고, 글 쓰는 이에게는 그만큼 손해라는 것을 깨달아야 한다.

개성이 드러나는 글은 의미가 있고 군더더기가 없어야 한다. 어떤 글이든 그 글을 구성하는 문장들과 각 문장을 구성하는 개별 단어 등은 모두 반드시 의미를 갖추고 있어야 한다. 만약 하나의 글에서 어떤 문장과 단어들을 빼도 그 글의 의미가 통한다면 그 문장과 단어의 의미는 불필요하거나 명확하지 않다는 것을 암시한다. 그럴 때는 다른 문장이나 단어로 대체하거나 그것도 아니면 빼는 것이 적절하다.

결론은 분명해야 한다

모든 종류의 글은 어떤 식으로든 결론이 있어야 한다. 글의 결론이란 글에서 말하고자 하는 요점이다. 즉 글을 쓴 이유이자 의도가 담겨 있어야 하고, 글쓴이의 주장이 담겨 있어야 한다. 그렇기 때문에 글의 결론은 항상 분명히 드러나야 한다. 글의 결론이 어디인지, 무슨 내용인지 알 수 없다면 그 글은 결코 좋은 글이 아니며, 글을 쓴 이유와 의도조차 알 수 없는 필요 없는 글이라고 할 수 있다. 그런 글은 애초에 쓸 필요가 없다. 글을 쓰는 사람은 자신이 왜 글을 쓰고자 하며, 어떤 글을 쓰고자 하는지, 그리고 무슨 말을 하고자 하는지 정하고 첫 문장을 써야 할 것이다. 그렇다고 글의 결론이 길 필요는 없다. 일반적으로 분명한 결론은 길지 않고, 결론을 분명하게 드러내려면 역시 짧을수록 좋다.

03 글쓰기의 윤리

글쓰기는 인간의 도덕적 질서와 연관되며 자체의 윤리를 가진다

글쓰기의 토대는 인간의 도덕적 질서와 연관된다. 여기서 말하는 도덕적 질서란 인간의 정신과 이성, 감성을 지배하는 일반적인 규범을 말한다. 그것은 우리가 일상에서 늘 실천하고 있거나 실천해야 하는 것으로 알고 있으며, 만약 그것을 실천하지 않으면 자신의 몸이나 개인 생활, 사회생활에 문제가 생길 것이라 알고 있는 그런 범주의 규범을 의미한다. 그렇다면 글쓰기와 도덕적 질서를 연관시키는 것이 쉽게 와 닿지 않을 수도 있다. 글쓰기가 비록 진솔하고 겸손해야 한다는 것은 인정하더라도 그것이 인간의 도덕적 질서까지 포함하는 것이라면 너무 과한 주장이 아닐까?

글쓰기가 자신을 표현하고 자신을 만나는 것이자 세상과 소통하는 행위라는 것을 상기해 보자. 인간이라면 누구나 가지고 있는 본성과 능력이 있다. 그것은 누구나 꾸밈없이 자신을 거울에 비추듯 정직한 마음으로 자신에 대해 생각해 볼 때 떠오르는 것이기도 하고, 내가 세상에 대해 발언하려고 할 때 발휘되는 능력이기도 하다. 여기서 글을 쓰는 행위는 인간을 둘러싸고 있는 도덕적 질서를 개별 인간의 정신과 이성 및 감성의 능력과 연결할 수 있게 만든다. 모든 종류의 글쓰기는 정도의 차이는 있을지라도 항상 이런 역할을 하게 된다. 글 쓰는 행위가 중요한 이유도 여기에 있으며, 글쓰기가 자체의 윤리를 가진다고 말할 수 있는 점은 바로 이런 맥락이다. 인간의 능력이 도덕적 질서와 연관되지 않으면 위험하듯이 글쓰기의 능력도 윤리와 연관이 되지 않으면 위험한 이유도 여기서 찾을 수 있다.

❙ 표절은 가장 나쁜 글쓰기다

글쓰기에서 표절(Plagiarism)을 하지 않는 것은 글쓰기 윤리의 최소 영역이다. 표절은 범적인 영역이기도 하지만 윤리적 의미가 더 큰 개념이기 때문이다. 이것은 글쓰기 윤리를 파괴하는 것이기에 글쓰기라고 할 수 없거나 가장 나쁜 글쓰기라 말할 수 있다. 그럼 글쓰기에서 표절이란 무엇을 의미할까? 표절이란 원래 남의 창작물이나 저작물을 자신의 것인 양 도용해서 사용하는 것이다. 글쓰기에서 표절은 주로 타인의 글이나 아이디어를 자신의 것인 양 출처를 정확히 밝히지 않고 무단으로 인용하는 것을 의미한다. 글이라 함은 텍스트와 문단, 문장은 물론 자구(字句)나 특정 표현 내지 단어까지도 포괄한다. 또한 글이 아니라 할지라도 글에서 얻은 특정의 아이디어 역시 글과 같은 범주로 취급받는 것이라 인식해야 한다. 나아가 자신의 글이라 할지라도 발표한 후에 다시 사용할 때는 원래 출전을 밝혀주는 것이 당연하다. 이른바 자기표절(Self-plagiarism) 역시 엄격히 표절의 범주에 포함되기 때문이다.

법적으로 표절은 저작권법과 관련하여 처벌을 받을 수 있다. 사실상 법적으로 표절의 의미와 판단 근거는 비교적 명확하다. 하지만 표절은 저작권법보다는 윤리적 맥락을 포함한 더 넓은 개념이다. 만약 어떤 글이 저작권법상 시효가 만료된 저작물을 무단으로 인용했다면 그 글을 쓴 사람은 법적으로 저작권법에 의해 처벌받지는 않지만 표절을 했다는 윤리적 비난은 피할 수 없게 된다. 우리 사회에서 표절은 단순히 비난의 정도가 아니라 글쓴이의 명성과 명예, 지위가 위험에 처할 수 있는 심각한 윤리적 잘못으로 인정된다. 최근에도 유명 작가나 고위공직자 인사청문회에서 학자들이 자신들의 작품이나 논문에서 표절을 했다고 밝혀져 오랜 세월 쌓아온 명예가 실추되거나 원하던 공직을 얻지 못하는 경우를 심심치 않게 볼 수 있었던 것은 그 사례라 할 수 있다.

글쓰기가 자신을 진실하게 만나며 인간의 도덕적 질서와 연관되어 있다는 것을 생각해 보면 글쓰기에서 표절이란 자신을 속이며 도덕적 질서를 무너뜨리는 행위다. 이것은 글쓰기의 의미를 토대부터 파괴하는 것이다. 표절이 글쓰기 자체의 윤리를 파괴한다는 것이란 이런 의미에서다. 따라서 그것은 글을 쓰는 행위 가운데서 가장 치명적이고 근본적인 잘못을 저지르는 것과 같다는 점을 명심해야 한다. 표절을 할 바에야 차라리 글을 쓰지 않는 편이 낫다고 생각하는 것이 글 쓰는 사람의 기본적 자세다.

어휘와 문장

CHAPTER 2

01 어휘

글을 쓴다는 것은 글에 필요한 적절한 단어를 선택하고 단어들 간의 의미 관계를 정확히 파악하여 단어들을 배치하는 것이다. 『표준국어대사전』의 정의에 따르면, 어떤 일정한 범위 안에서 쓰이는 단어의 수효(數爻) 또는 단어의 전체를 어휘라 하는데, 어휘는 글쓰기의 기본 단위인 셈이다. 글쓴이의 의도를 독자에게 잘 전달하기 위해서는 문맥에 맞는 적절한 어휘를 사용하는 것이 중요하다. 이 장에서는 틀리기 쉬운 어휘 사용의 예를 통해 어휘의 정확한 의미 및 용법을 살펴보고자 한다.*

1) 구별하기 어려운 어휘 사용의 예

● '~던'/'~든'의 구별

'~던'은 과거회상의 어미이고 '~든'은 선택을 나타내는 어미이다.

예 이것은 옛날에 먹던 음식이다. / 그(그녀)는 전에 만났던 사람이다.

---

* 여기에서 제시한 틀리기 쉬운 어휘 사용의 예는 학생들의 글과 국립국어원의 상담 사례에서 추출한 것이며, 설명과 용례는 국립국어원 2013년 보고서인 『바른 국어 생활』을 참조했음을 밝힌다.

예 이것을 입든지 저것을 입든지 해라.

● '띄다'/'띠다'의 구별

'띄다'는 뜨이다의 준말이다.

예 이 문장에서 오자가 눈에 띈다. / 영희의 행동이 눈에 띄게 달라졌다.

'띠다'는 '색채를 가지다', '어떤 성질을 가지다', '용무나 직책을 가지다'의 뜻을 나타낸다.

예 붉은색을 띤 하늘 / 보수적 성격을 띠다. / 그(그녀)는 중대한 임무를 띠고 온 사람이다.

● '~(으)로서'/'~(으)로써' 구별

'~(으)로서'의 경우, 무엇이 지위, 신분, 자격을 나타낼 때 쓴다.

예 이것은 나의 주장을 뒷받침하는 근거로서, 핵심을 담고 있다.

'~(으)로써'의 경우, 무엇이 어떤 일의 수단이나 도구를 나타낼 때 쓴다.

예 나의 주장을 이 근거로써 뒷받침하겠다.

● '~률'/'~율', '~량'/'~양'의 구별

앞말의 받침이 모음이나 'ㄴ'일 경우에는 '율'이 오고, 'ㄴ' 이외의 받침이면 '률'로 적는다.

예 비율, 증가율, 백분율 / 이익률, 자살률, 취업률

앞말이 고유어나 외래어일 경우에 '양'이 오고, 한자일 경우에는 '량'으로 적는다.

예 구름양, 나트륨양 / 독서량, 증가량

● '~요'/'~오'의 구별

'~요'는 보조사이고 '~오'는 어미이다. 문장에서 보조사는 생략될 수 있지만 어미는 생략할 수 없기에 생략했을 시 문장이 성립하면 '~요'를 쓰고 아니면 '~오'를 쓴다.

예 어떻게 살지요? / 어떻게 살지?

뭘 봐요? / 뭘 봐?

→ '~요'는 종결어미 뒤에 붙어 듣는 이에게 존대의 뜻을 나타내는 보조사이다.

예 이리 오시오.

그것이 인생이오.

'~요'의 경우, 어떤 사물이나 사실 따위를 열거할 때 쓰이는 연결어미로도 사용된다.

예 이것은 책이요, 저것은 붓이요, 그것은 종이다. / 이것은 책이 아니요, 저것은 붓이 아니요, 그것은 종이가 아니다.

● '왠'/'웬'의 구별

'왠'은 의문부사 '왜'와 관련 있으며 '왜인지, 왜인고?'의 줄임 형태로 보통 '왠지', '왠고'의 형태로 사용한다.

예 오늘은 왠지 혼자 있고 싶다.

'웬'은 '어찌 된, 어떠한'의 뜻을 가진 관형사이다.

예 이거 웬 선물이야! / 웬 놈이냐? / 웬일이니?

● '재고(再考)하다'/'제고(提高)하다'의 구별

'재고(再考)하다'는 어떤 일이나 문제에 대해 다시 생각한다는 뜻이며, '제고(提高)하다'는 쳐들어 높인다는 뜻이다.

예 그 계획에 대해 재고해 봅시다.

예 국가경쟁력을 제고하기 위한 방안을 생각해 봅시다.

2) 틀리기 쉬운 맞춤법의 예

(1) 명사형 어미

명사형 어미는 '먹다'의 '먹~'처럼 받침이 있는 어간과 결합할 경우 '~음'이, '가다'의 '가~'처럼 받침이 없는 어간과 결합할 경우 '~ㅁ'이 오는 것이 원칙이다. 그러나 '날다'의 경우처럼 어간의 받침이 '~ㄹ'인 경우 'ㄻ'을 쓴다.

예 내가 먹음. / 그(그녀)가 옴.

예 이 책상은 나무로 만듦. / 버스에서 잠깐 졺.

(2) '더욱이'와 '일찍이'의 사용

'더욱이', '일찍이'는 '더욱'과 '일찍'과의 연관성을 밝힐 수 있으므로 '더우기'와 '일찌기'로 적지 않는다.

예 일찍이 문명을 꽃피운 나라 / 나는 오늘 일찍이 일어났다.

예 일을 하기에는 나이가 너무 어리고, 더욱이 몸도 약하다.

(3) 사이시옷의 사용

① '고유어+고유어', '한자어+고유어'로 구성된 합성어일 경우에 뒷말의 첫소리가 된소리가 날 경우에 사이시옷을 넣는다.

예 담뱃값, 바닷가, 귓병

② '고유어+고유어', '한자어+고유어'로 구성된 합성어일 경우에 뒷말의 첫소리가 'ㄴ', 'ㅁ'일 때, [ㄴ]소리가 덧나면 사이시옷을 넣는다.

예 뒷일, 노랫말, 혼잣말

그러나 [ㄴ]소리가 덧나지 않으면 사이시옷을 넣지 않는다.

예 머리말, 인사말

③ '한자어+한자어'로 구성된 합성어일 경우에는 사이시옷을 넣지 않는다.

예 대가, 초점

다만, 다음의 경우는 예외적으로 사이시옷을 넣는다.

예 곳간, 찻간, 툇방, 셋방, 숫자, 횟수

3) 구어, 비속어 사용의 예

최근 통신 매체의 영향에 의한 우리말의 변형 및 파괴가 심각한 사회문제로 떠오르고 있다. 특히 학생들의 언어 습관에서 나타나는 우리말 왜곡은 심각하다. 어떠한 언어를 사용하느냐는 우리의 정서 및 가치관에도 영향을 끼치므로 왜곡된 우리말 사용의 문제점을 인식하고 올바른 우리말을 쓰도록 하자.

학생들이 일상생활에서 많이 쓰는 구어, 비속어는 다음과 같은 특징을 보이는데, 바람직한 우리말 사용을 위해 이런 표현은 피하는 것이 좋다.

- 음절을 줄이거나 초성만을 적고 소리 나는 대로 적어 빠르고 편리하게 적으려는 경향이 크다

  예 겜(게임), 컴(컴퓨터), 솔까말(솔직히 까놓고 말해서), 정줄놓(정신줄 놓았구나), ㅇㅇ(응응), ㅋㅋ(웃음소리의 표현)

  예 추카추카(축하축하), 일거써(읽었어), 우넝자(운영자)

- 욕설을 붙여 감정 또는 상태의 정도를 표현하는 경우가 많다.

  욕설에서 비롯된 '존나'와 '개~'는 수량이 많거나 정도가 세다는 것을 표현할

때, 즉 '매우', '무척'의 뜻으로 강조할 때 쓰고 있다. '존나'는 부사처럼, '개~'는 접두사처럼 긍정과 부정의 뜻에 모두 사용하고 있다.

예 축구 존나 재밌어. / 날씨 존나 더워.

예 개고마워. / 개재미없어.

● 외국어를 이용하여 만드는 경우가 많다.

예 멘붕(멘탈붕괴), 레알(진짜), 가오잡다(폼을 잡다, 잘난 척하다)

4) 문장 부호

문장 부호란 글에서 문장의 구조를 드러내거나 글쓴이의 의도를 전달하기 위하여 사용하는 여러 가지 부호를 말한다. 문장 부호를 정확히 알고 사용해야 문장의 구조가 분명하게 드러나며 독자 역시 글쓴이의 의도를 정확하게 이해할 수 있다. 국립국어원에서는 21개의 문장 부호에 대해 설명하고 있으나, 이 장에서는 학생들의 글쓰기에 나타난 잦은 오류의 예들에 근거하여 다음의 7개의 문장 부호를 중심으로 주의해야 할 사항을 살펴보고자 한다.*

(1) 마침표(온점이라는 용어도 허용)

① 서술, 명령, 청유의 뜻을 나타내는 문장이나 어구에 마침표를 사용한다.

예 (서술) 가는 말이 고와야 오는 말이 곱다.

(명령) 내 손을 잡아.

(청유) 어서 갑시다.

* 문화체육관광부는 2014년 10월 27일 〈문장 부호〉 용법을 보완하는 것을 주요 내용으로 하는 『한글 맞춤법』 개정안을 고시하였으며, 이는 2015년 1월 1일부터 시행되었다. 이 장에서 설명하는 내용은 개정안에 따른 것이며, 아울러 여기에서 제시한 예는 개정안에 제시된 예를 참조하였음을 밝혀둔다.

② 명사로 끝나는 문장이나 용언의 명사형에는 마침표 사용이 원칙이나 쓰지 않는 것도 허용한다.

예 (원칙) 창업 설명회 개최.

(허용) 창업 설명회 개최

예 (원칙) 내일 오전까지 보고서를 제출할 것.

(허용) 내일 오전까지 보고서를 제출할 것

③ 직접 인용한 문장의 끝에는 마침표 사용이 원칙이나 쓰지 않는 것도 허용한다.

예 (원칙) 그는 "지금 출발하자."라고 말하며 서둘러서 짐을 챙겼다.

(허용) 그는 "지금 출발하자"라고 말하며 서둘러서 짐을 챙겼다.

④ 제목이나 표어에 쓰지 않는다.

예 환경호르몬의 위험성에 관한 연구

꺼진 불도 다시 보자

⑤ 장, 절, 항 등을 표시하는 문자나 숫자 다음에 쓴다.

예 I. 서론

1.1. 연구 목적

ㄱ. 인명

⑥ 아라비아 숫자만으로 연월일을 표시할 때 쓴다. 일(日) 다음에 마침표를 반드시 써야 한다.

예 2015.1.1.

(2) 쉼표(반점이라는 용어도 허용)

① 같은 자격의 어구를 열거할 때 그 사이에 쓴다.

예 계룡산, 내장산, 설악산은 국립공원이다.

② 한 문장 안에서 앞말을 곧, 다시 말해, 이를테면 등과 같은 어구로 다시 설명할 때 앞말 다음에 쓴다.

예 책의 서문, 곧 머리말에는 책을 지은 목적이 드러나 있다.

③ 바로 다음 말과 직접적인 관계에 있지 않음을 나타낼 때 쓴다.

예 철수는, 울면서 떠나는 영희를 배웅했다.

④ 열거의 순서를 나타내는 어구 다음에 쓴다.

예 첫째, 몸이 튼튼해야 한다.

(3) 큰따옴표

① 글 가운데에서 직접 대화를 표시할 때 쓴다.

예 "은경아, 교무실로 와라."
"네, 선생님."

② 말이나 글을 직접 인용할 때 쓴다.

예 에리히 프롬에 따르면, 성숙한 사랑이란 "자신의 통합성, 곧 개성을 유지하는 상태에 있어서의 합일"이다.

(4) 작은따옴표

① 인용한 말 안에 인용한 말을 나타낼 때 쓴다.

예 그는 "여러분! '실패는 성공의 어머니다.'라는 말 들어보셨죠?"라고 말하며 강연을 시작하였다.

② 마음속으로 한 말을 적을 때 쓴다.

예 나는 '이번에는 꼭 이기고 말겠다.'고 마음속으로 다짐하였다.

③ 어떤 어휘나 문장을 강조하고자 할 때 쓴다.

예 『감시와 처벌』은 푸코의 '권력' 개념을 잘 설명한 책이다.

(5) 겹낫표『 』와 겹화살괄호《 》

책 이름이나 신문이름, 잡지 이름에 쓴다. 겹낫표와 겹화살괄호 대신 큰따옴표를 사용할 수 있다.

예 『압록강은 흐른다』는 이미륵의 자전적 소설이다. / "압록강은 흐른다"는 이미륵의 자전적 소설이다.

예 우리나라 최초의 민간신문은 《독립신문》이다. / 우리나라 최초의 민간신문은 "독립신문"이다.

(6) 홑낫표「 」와 홑화살괄호〈 〉

소제목, 그림이나 노래와 같은 예술 작품의 제목, 상호, 법률, 규정 등을 나타낼 때 쓴다. 홑낫표와 홑화살괄호 대신 작은따옴표를 사용할 수 있다.

예 레오나르도 다 빈치의 「모나리자」는 루브르 박물관의 가장 인기 있는 작품 중 하나이다. / 레오나르도 다 빈치의 〈모나리자〉는 루브르 박물관의 가장 인기 있는 작품 중 하나이다. / 레오나르도 다 빈치의 '모나리자'는 루브르 박물관의 가장 인기 있는 작품 중 하나이다.

(7) 줄표

제목 다음에 표시하는 부제의 앞뒤에 쓴다. 다만 뒤에 오는 줄표를 생략할 수 있다. 줄표의 앞뒤는 띄어 쓰는 것을 원칙으로 하되, 붙여 쓰는 것을 허용한다.

예 독일 낭만주의의 아이러니 개념 연구 – 프리드리히 슐레겔을 중심으로 –
마술적 사실주의 연구 - 마르케스의 소설을 중심으로

활동

01 일상생활에서 흔히 쓰는 구어, 비속어를 찾아 올바르게 고쳐보자.

____

____

02 기사문 또는 광고문 중에서 틀린 어휘를 찾아보자.

____

____

03 다음 문장 중에서 표기가 바른 것을 찾아 ☑ 해 보자.

☐ 그러면 안돼.	☐ 그러면 안되.
☐ 아니에요.	☐ 아니예요.
☐ 내가 할게.	☐ 내가 할께.
☐ 내일 뵈요.	☐ 내일 봬요.
☐ 비 오면 어떡해.	☐ 비 오면 어떻게.
☐ 예부터 전해 내려오는 이야기가 있어.	☐ 옛부터 전해 내려오는 이야기가 있어.
☐ 머리말을 읽자.	☐ 머릿말을 읽자.
☐ 명절을 잘 쇠었어?	☐ 명절을 잘 샜어?
☐ 오랫만이야.	☐ 오랜만이야.

□ 요새 어떻게 지냈어?	□ 요세 어떻게 지냈어?
□ 금세 갈게.	□ 금새 갈게.
□ 감기가 낳다.	□ 감기가 낫다.
□ 어이없어.	□ 어의없어.
□ 보고서를 쓰십시요.	□ 보고서를 쓰십시오.
□ 직원으로서 직무를 다하자.	□ 직원으로써 직무를 다하자.
□ 문안한 연주였어.	□ 무난한 연주였어.
□ 노동의 댓가를 받다.	□ 노동의 대가를 받다.
□ 집에 도착하는 대로 전화하겠습니다.	□ 집에 도착하는 데로 전화하겠습니다.
□ 한 줄을 띠고 써라.	□ 한 줄을 띄고 써라.
□ 정답을 맞히다.	□ 정답을 맞추다.

02 문장

문장이란 생각이나 감정을 말과 글로 표현할 때 완결된 내용을 나타내는 최소의 단위를 말하는데, 쉽게 말하면 문장은 단어들의 결합이며 문장이 모여 단락 또는 글이 되는 것이다. 따라서 올바른 단락 또는 글을 쓰기 위해서는 올바른 문장을 쓰는 것이 필수적이며, 올바른 문장을 쓰기 위해서는 적절한 단어들을 선택하여 정확하고 문법적인 문장을 쓰는 것이 중요하다. 이 장에서는 정확하고 문법적인 문장을 쓰기 위해 주의해야 할 사항들을 살펴보고자 한다.

1) 문장 구성 성분을 정확하게 파악한다

국어의 기본 문형에 대한 설명은 학자에 따라 조금씩 다르지만 일반적으로 '주어 + 서술어' 구성을 기본 문형으로 보고 여기에 다른 문장 구성 성분이 덧붙여진다고 보면 될 것이다.

(1) 필요한 문장 구성 성분을 갖춰야 한다

① 주어를 누락시킨 경우

예 지식은 권력과 은밀한 관계를 맺고 있으며 모든 지식은 정치적이라고 주장하였다.

→ 이 문장에는 주장한 내용만 있지 이를 주장한 사람(주어)이 누구인지 나타나 있지 않다.

② 목적어를 누락시킨 경우

예 그 남자는 유흥비로 썼다.

→ 이 문장에 '돈을', '월급을'이라는 목적어를 써야 한다.

③ 서술어를 누락시킨 경우

예 이 시합에서 우리 대표팀이 본선 가능성은 높지 않다.

→ '우리 대표팀이'와 호응하는 서술어가 없다. '본선'에 '오르다' 또는 '진출하다'라는 서술어를 보충해서 '우리 대표팀이 본선에 진출할 가능성' 또는 '우리 대표팀이 본선에 오를 가능성'으로 고쳐야 한다.

(2) 문장 구성 성분 간의 호응을 살펴야 한다

① 주어와 서술어의 호응을 살펴본다.

예 어릴 때의 꿈은 교단에 서고 싶었다.

→ 주어인 '어릴 때의 꿈'과 서술어가 호응하지 않는다. 서술어를 '서는 것이었다'로 고쳐 '어릴 때의 꿈은 교단에 서는 것이었다'로 써야 한다.

② 밀접한 관계가 있는 문장 구성 성분은 최대한 가깝게 놓는다.

예 건물주의 이 명도소송은 계약기간이 남은 세입자는 법적으로 보호를 받기 때문에 성립되지 않는다.

→ 주어인 '건물주의 이 명도소송은'은 서술어인 '성립되지 않는다'와 호응을 한다. 주어와 서술어 사이에 소송이 성립되지 않는 이유를 설명하고 있는데, 이유를 주어 앞에 두거나 서술어 뒤에 따로 덧붙이는 것이 보다 자연스럽다.

2) 중의적 표현을 피하고 명확하게 표현한다

글이 명확하지 않으면 독자는 글쓴이의 의도를 정확하게 파악하기 어렵다. 중의적 표현을 피하여 글의 명확성을 높여야 할 것이다.

(1) 어휘에 의한 중의적 표현

예 '말이 많다': 말(言)을 많이 한다. 말(馬)의 수가 많다. 말(斗)이 많다.

(2) 문장 구조에 의한 중의적 표현

예 '재빠른 철수와 영희가 달리기 시합을 한다': 재빠른 철수가 영희와 달리기 시합을 한다. 재빠른 철수와 재빠른 영희가 달리기 시합을 하다.

(3) 비유에 의한 중의적 표현

예 '김 선생님은 호랑이다': 김 선생님은 호랑이처럼 생겼다. 김 선생님은 호랑이처럼 무섭다.

3) 반복적 표현을 피하고 간결하게 표현한다

같은 말을 반복적으로 사용하는 것은 독자에게 지루함을 주며 독자로부터 외면 당하기 쉽다. 간결성은 좋은 글의 중요한 요건이다. 특히 아래의 글에서 보듯 문장 안에서 의미가 반복되면 비문이 되기 쉬우므로 유의해야 한다.

예 이 글에서는 앞으로의 기름유출 사고에 대한 대책을 찾고 어떻게 해결해 나가야 할지 알아보고자 한다.

예 이 연구의 목표는 대중매체가 성 역할에 미치는 영향에 관해 연구하는 것을 목표로 한다.

활동

위의 두 예문에서 오류를 찾아 올바르게 고쳐보자.

참고사항

문법적으로 정확하고 의미가 분명한 문장을 쓰기 위해서는 무엇보다도 간결하게 쓰는 것이 중요하다. 문장의 길이가 길면 문장의 의미가 분명하지 않거나 부자연스러울 경우가 많이 생기기 때문이다. 필요한 문장 구성 성분, 문장 구성 성분 간의 호응을 살피고 의미가 중복되지 않도록 주의하면서 되도록 문장을 간결하게 쓰도록 하자.

단락 구성

CHAPTER 3

01 단락의 의의

한 편의 글은 생각의 흐름이 길게 이어지면서 전개된다. 생각의 흐름이 바뀔 때 마디를 짓고 숨을 쉬는 방식이 바로 단락이다. 즉 단락이란 생각의 호흡이다. 노래를 부르면서 선율이 바뀔 때 숨을 쉬듯이, 글을 쓸 때에도 생각의 흐름을 편안하게 이어나가기 위해 숨을 쉬어야 한다. 단락을 통해 숨을 쉬어줌으로써, 독자는 생각이 흘러가는 길과 방향을 선명하게 파악할 수 있다.

[예문 1] 나무는 무엇일까? 국어사전의 설명처럼 뿌리와 줄기와 가지와 잎과 꽃과 열매로 이루어진 여러해살이식물이 나무일까? 한 그루의 나무가 나무이기 위해서는 그 어느 것 하나 빼놓을 수 없을 것이다. 꽃이 없는 나무를 상상할 수 없는 것처럼 말이다. 또한 흙 속에 적절한 수분과 영양분이 있어야 하고, 목질이 단단해야 적어도 나무라고 부를 수 있을 것이다. 나무가 나무로서 갖추어야 할 기본적인 요소들을 다 갖추었다고 치자. 그런데 만약에, 어느 특정한 나무에 세 들어 사는 벌레와 이끼가 그 나무에 없다면 그 나무를 온전하게 나무라고 할 수 있을까? 이 세상 모든 나뭇잎을 흔들고 가는 바람이 기이하게 어느 한 나무에만 닿지 않는다면 그것을 우리가 나무라고 부를 수 있을까? 나무는 자기 혼자서는 어느 한 순간도 나무가 될 수 없다. 자기 힘으로는 어떤 공간에서도 나무가 될 수 없다. 그렇다면 자명해진다. 나무에 날아드는 새도 나무라는 것. 나무 그늘에서 부채를 부치며 쉬는 할머니도 나무라는 것. 어느 나무의 배경이 되고 있는 무

심하기 그지없는 풍경도 사실은 다 나무라는 것. 혼자 잘나서 출세하고 이름을 얻어 성공하는 사람은 없다. 사람은 혼자 만들어지지 않는 법이다. 이걸 착각하거나 망각하면 오만해진다. 겉은 멀쩡한데 영혼이 죽은 사람이 된다. '너'가 없으면 '나'는 없다. '나'는 '너'로 인해서 지금, 여기, 있는 것이다. 나는 너다.

안도현, 「나는 너다」, 『발견』, 한겨레출판, 2014.*

[예문 2] 나무는 무엇일까? 국어사전의 설명처럼 뿌리와 줄기와 가지와 잎과 꽃과 열매로 이루어진 여러해살이식물이 나무일까? 한 그루의 나무가 나무이기 위해서는 그 어느 것 하나 빼놓을 수 없을 것이다. 꽃이 없는 나무를 상상할 수 없는 것처럼 말이다. 또한 흙 속에 적절한 수분과 영양분이 있어야 하고, 목질이 단단해야 적어도 나무라고 부를 수 있을 것이다.

나무가 나무로서 갖추어야 할 기본적인 요소들을 다 갖추었다고 치자. 그런데 만약에, 어느 특정한 나무에 세 들어 사는 벌레와 이끼가 그 나무에 없다면 그 나무를 온전하게 나무라고 할 수 있을까? 이 세상 모든 나뭇잎을 흔들고 가는 바람이 기이하게 어느 한 나무에만 닿지 않는다면 그것을 우리가 나무라고 부를 수 있을까?

나무는 자기 혼자서는 어느 한 순간도 나무가 될 수 없다. 자기 힘으로는 어떤 공간에서도 나무가 될 수 없다. 그렇다면 자명해진다. 나무에 날아드는 새도 나무라는 것. 나무 그늘에서 부채를 부치며 쉬는 할머니도 나무라는 것. 어느 나무의 배경이 되고 있는 무심하기 그지없는 풍경도 사실은 다 나무라는 것.

혼자 잘나서 출세하고 이름을 얻어 성공하는 사람은 없다. 사람은 혼자 만들어지지 않는 법이다. 이걸 착각하거나 망각하면 오만해진다. 겉은 멀쩡한데 영혼이 죽은 사람이 된다. '너'가 없으면 '나'는 없다. '나'는 '너'로 인해서 지금, 여기, 있는 것이다. 나는 너다.

---

* 원래 단락이 나누어져 있는 글에서 단락 구분을 없앤 것임.

위의 두 예문을 통해 단락을 구분하지 않은 경우와 단락을 구분한 경우의 차이를 확인해 보자. [예문 1]은 원래 단락이 나누어져 있는 글에서 단락을 없앤 것이며, [예문 2]가 원래 글이다. [예문 1]의 경우, 단락을 구분하지 않아서 숨 쉬지 않고 말하거나 노래를 부르는 듯한 느낌이다. 일단 편안하지 않고 의미를 파악하기가 힘들다. 내용의 질과 상관없이 의미가 산만하고 무질서하게 뭉쳐져 있는 것으로 보인다.

반면, [예문 2]에서는 중심 내용이 바뀔 때 단락을 구분하고 있다. 숨을 쉬면서 리듬감 있게 생각이 이어지는 느낌이 든다. 이렇게 단락은 생각의 흐름을 질서정연하고 명확하게 보여주는 효과가 있다. 즉, 다음과 같은 흐름으로 글이 전개되고 있다는 것을 시각적으로 잘 보여 준다. 단락은 글이 숨 쉬는 편안한 호흡이며 생각의 흐름을 명료하게 보여 주는 효과적인 장치이다. 그러므로 단락을 반드시 구분하여 글에 숨 쉴 공간을 마련해 주는 것이 좋다. 특히 중심 생각, 관점, 방향, 시간, 장소 등이 바뀌는 경우에는 꼭 단락을 나눈다.

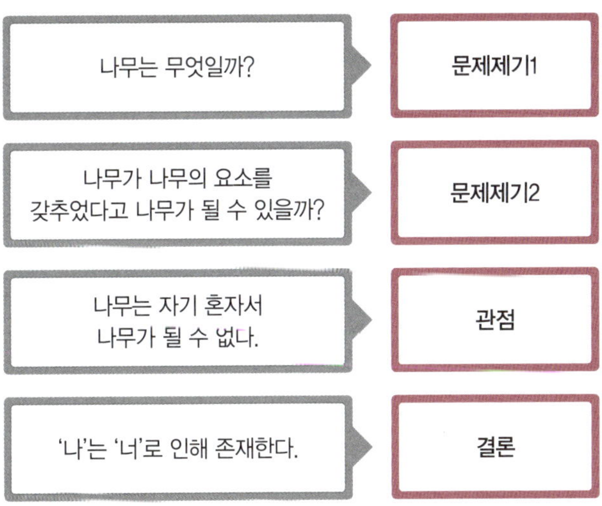

활동

다음 글은 단락이 나누어져 있지 않다. 글의 자연스런 흐름을 살펴보며 단락을 효과적으로 나누어 보자. 단락을 나누기 전과 나눈 후의 차이를 이야기해 보자.

편지 써주는 여자

브라질 영화 〈중앙역〉의 한 주인공은 역 대합실에 책상을 놓고 앉아 편지를 대필해 주는 일로 먹고 사는 중년 여자다. 척박한 삶을 사는 사람들이 흘러가고 흘러오는 중앙역 대합실에서 그녀의 손님은 먼 길을 떠나는 노동자거나 공장 생활에 지친 여공, 헐벗은 자식들을 홀로 건사해야 하는 젊은 어머니 같은 사람들이다. "감옥에 가더라도 기억하세요. 나도 당신 속에 갇혀 있다는 것을." 문맹인 그들은 절절한 사연으로 먹먹한 가슴 속을 고해하듯 그녀에게 풀어놓는다. 그리고 편지 대필의 보수와 우표 값을 건네고 머뭇거리며 떠난다. 그녀의 집 책상 서랍에는 부치지 않은 편지들이 쌓여 있다. 우표 값을 떼어먹으려 그런 것이다. 그녀는 '남편, 자식, 강아지 하나도 안 키우는' 사람이다. 그런 직업도 괜찮겠다. 역전이나 공원 나무 아래서 초상화가 옆에 책상을 놓고, '지금 당장' 누군가에게 편지를 보낼 사람을 기다리는 것. 한국의 문맹률은 아주 낮으니까 글을 몰라 편지를 못 쓰는 사람은 드물 것이다. 마음을 못 내도록 바빴거나, 무슨 말을 어떻게 해야 할지 몰라 편지를 못했을 것이다. 내 손님들과 나는 좀 오래 얘기를 나눠야만 할 것 같다.

황인숙, 「편지 써주는 여자」, 『일일일락』, 마음산책, 2007.*

---

* 원래 단락이 나누어져 있는 글에서 단락 구분을 없앤 것임.

02 단락 만들기

한 편의 글은 많은 단락들로 이루어진다. 일련의 단락들의 연쇄로 한 편의 글이 완성된다. 단락이라는 벽돌들을 쌓아 글이라는 한 채의 집을 짓는 것과 같다. 좋은 집을 만들기 위해서는 우선 벽돌이 튼튼해야 한다. 튼튼하고 안정감 있는 단락이라는 벽돌을 만들려면 어떻게 해야 할까? 하나하나의 벽돌을 완성하려면 무엇을 고려해야 할까? 단락이라는 벽돌이 단단한 힘을 가지려면 '단락의 통일성'을 지녀야 한다.

하나의 단락은 '중심 문장(핵심 내용) + 뒷받침 문장(핵심 내용의 구체화)'이라는 구조로 이루어진다. 글 전체가 하나의 명확한 초점을 지녀야 하듯이, 하나의 단락 역시 하나의 명확한 초점을 가져야 한다. 마치 돋보기로 불을 만들기 위해서 햇빛을 하나의 초점으로 모아야 하는 것과 같다. 하나의 초점은 단락 안에 보통 하나의 문장으로 나타나며 이를 '중심 문장'이라 한다. 단락 안의 다른 모든 문장들은 이 하나의 초점을 도와주고 지지하는 역할을 하므로 '뒷받침 문장'이라 한다.

한 단락 안에는 하나의 초점이 명료하게 나타나고 다른 문장들은 이 초점을 구체화하고 부각시킨다. 중심 문장과 그것을 도와주는 뒷받침 문장이 유기적으로 잘 연결되는 것이 중요하다. 즉 모든 내용이 하나의 초점으로 명확하게 모아져야 한다. 이때 비로소 돋보기가 사물을 불태울 수 있는 힘을 가지는 것처럼, 단락이라는 벽돌은 견고한 힘을 가지게 된다. 이것이 바로 단락의 통일성이다.

그러면 한 단락 안에서 이 초점은 어디에 나타나는가? 중심 문장의 위치는 다양하다. 맨 앞(두괄식)이나 맨 뒤(미괄식), 중간에(중괄식) 있을 수 있다. 때로 맨 앞과 맨 뒤에 동시에(양괄식) 있는 경우도 있는데, 이는 초점이 두 개라는 뜻이 아니라 하나의 초점을 변주하여 두 번 강조한다는 뜻이다. 다음은 중심 문장의 위치에 따른 다양한 단락 유형의 예들이다. 중심 문장이 어디에 나타나는지, 다른 모든 내용은 이 중심 문장이라는 하나의 초점으로 집중되어 있는지 살펴보자.

1) 중심 문장이 앞에 있는 경우

살아오는 동안 내가 가장 행복했던 시간들은 안녕, 하고 누군가와 처음 인사하는 시간들이었습니다. 처음 걷는 거리에서 처음 만난 나무들에게 안녕, 하고 인사를 할 적이면 마음이 따뜻해졌습니다. 낡은 나무벤치 앞을 지나며 안녕, 하고 인사를 하는 동안 칠이 벗겨진 오래된 나무 냄새를 맡을 수 있었지요. 호숫가의 달빛들에게, 주차장의 자동차들에게, 과일 가게의 과일들에게 안녕, 안녕, 하고 인사를 하다 보면 내 마음이 몹시 평화로워지는 것을 느낄 수 있었습니다.

곽재구, 「사랑의 인사」, 『길귀신의 노래』, 열림원, 2013.

저는 별을 좋아합니다. 달도 좋아하지만 별을 더 좋아합니다. 달이 은근하고 포근한 누님 같다면 별은 다정한 형님 같습니다. 달빛이 인자한 어머니의 빛이라면 별빛은 왠지 내가 사랑하는 여인의 마음의 빛이라고 생각됩니다. 달빛은 마냥 따스하게 느껴지는 데 비해 별빛은 따스하지만 다소 차가운 느낌을 줍니다. 그 차가움이 들뜨기 쉬운 마음을 들뜨지 않게 하고, 때로는 사물을 냉철하게 들여다볼 수 있도록 도와줍니다. 그래서 시인의 빛이 있다면 달빛보다는 별빛이 아닐까 하는 생각이 듭니다.

정호승, 「별을 보려면 어둠이 꼭 필요하다」, 『내 인생에 힘이 되어준 한 마디』, 비채, 2006.

2) 중심 문장이 뒤에 있는 경우

서리꽃 하얗게 뒤집어쓰고 맵짠 겨울을 나던 나무들도 밑동부터 봄물이 오른다. 언 강물이 스르르 풀리고 빛들이 산란하는 바로 그때. 사람이 애타게 부르지 않아도 봄은 알아서 온다. 그러면 일제히 기다렸다는 듯이 해금소리 같은 미풍에도 꽃망울들이 아이들 웃음소리처럼 밝게 터진다. 겨울은 닫힌 시간이다.

겨울의 이미지는 삭막하고 가파르며 고독하다. 그래서 겨울에는 사람도 풍경도 헐벗었다. 그나마 함박눈이라도 내리지 않는다면 제 체온을 유지하기에 급급한 그 세상이 얼마나 황량할까. 하지만 춥고 지루한 성장통과 같은 겨울이 봄과 맞닿아 있다는 것은 큰 위안이 된다. **조급함 없이 세상을 변화시키는 힘, 우리는 그걸 순리라고 불렀다.**

정지원, 「자신 안에 노래를 담고 싶었던 사람의 발자취」,
『내 영혼의 그림여행』, 한겨레출판, 2010.

장욱진의 그림은 갈등이 없는 공간이다. 나무, 새, 집, 해와 달, 산천, 가축 등 거기 있는 사물들은 모두 선, 색, 형태, 구도 등과의 공명 속에서 틀림없는 평화의 화신들이며 그 공간에 압도적으로 넘치는 것은 절대적인 평화이다. 얼마나 압도적이냐 하면 그건 거의 평화의 선언처럼 들리며 평화를 위한 강력한 요구처럼 느껴지기도 한다. **그리하여 그의 그림은, 우리 가련한 인간에게 권력 의지 따위의 전투적인 의지뿐만 아니라 뿌리 깊은 평화 의지도 있음을 감동적으로 보여준다.**

정현종, 「평화와 천진성의 세계」, 『날아라 버스야』, 문학판, 2015.

3) 중심 문장이 가운데 있는 경우

책꽂이를 정리하다가 새뮤얼 베케트의 희곡 『고도를 기다리며』를 발견했다. 여러 번 이사를 했는데도 버려지지 않은 것이 신기해 책을 열어보았다. 그 속에는 내가 쓴 것이 분명한 문구가 적혀 있었다. '마흔 살에 다시 읽어볼 것.' **오래 전에 이 책을 읽으면서 나는 아마도 마흔 살을 인간이 충분히 지혜롭게 되는 나이의 기준선으로 여겼던 것 같다.** 마흔 살쯤 되면 적어도 자기 인생의 저편에 어떤 것이 기다리고 있을지 가늠할 수 있게 되리라고 생각했던 모양이다.

이주은, 「보장 없는 불투명한 미래」, 『그림에, 마음을 놓다』, 앨리스, 2008.

한국 여성이 세계에서 제일 아름다운 몸매를 가지고 있지만 자신의 몸에 대한 자부심은 제일 낮다는 내용의 기사를 홍콩에서 발행하는 한 잡지에서 읽은 적이 있다. 나는 성형을 반대하지 않는다. 그러나 아름다움을 왜 바깥에서만 찾으려 하는지 묻고 싶다. 아름다움에 대한 열정은 너무나 강한 반면 방향을 잘못 잡고 있는 것은 아닌지 모르겠다. **단언하건대 여성이 자신의 진정한 힘과 아름다움을 찾을 수 있는 원천은 자기 내면이다.** 자기 안에서 발견하는 아름다움이 진정한 힘이요, 자존감이며 또 자부심과 연결된다.

고혜경, 「심청, 가부장을 치유하는 풍요로운 잔치 마당」,
『선녀는 왜 나무꾼을 떠났을까』, 한겨레출판, 2006.

4) 중심 문장이 앞뒤에 있는 경우

어떤 일을 할 것인가 말 것인가 누군가 고민할 때, 나는 무조건 해보라고 권하는 편이다. 외부의 사건이 이끄는 삶보다는 자신의 내면이 이끄는 삶이 훨씬 더 행복하기도 하지만, 한편으로는 심리적 변화의 곡선을 지나온 사람은 어떤 식으로든 성장한다는 걸 알기 때문이다. 아무런 일도 하지 않는다면, 상처도 없겠지만 성장도 없다. 하지만 뭔가 하게 되면 나는 어떤 식으로든 성장한다. 심지어 시도했으나 무엇도 제대로 해내지 못했을 때조차도 성장한다. 그러니 일단 써보자. 다리가 불탈 때까지는 써보자. 그러고 나서 계속 쓸 것인지 말 것인지 결정하자. 마찬가지로 어떤 일이 하고 싶다면, 일단 해 보자. 해 보고 나면 어떤 식으로든 우리는 달라져 있을 테니까. **결과가 아니라 그 변화에 집중하는 것, 여기에 핵심이 있다.**

김연수, 「다리가 불탔으니 이로써 끝이 아니라 이제 시작」, 『소설가의 일』, 문학동네, 2014.

이런 사실에 비춰보면 그리스의 남성 누드는 '세계의 중심으로서의 인간', 그리고 그 위에 '완전한 인간으로서의 남성'이라는 관념이 더해져 탄생한, 지극히 남

성 중심적인 미학의 산물임을 알 수 있다. 미술사학자 빙켈만, 헤겔 등 18세기의 인문학자들이 그리스의 누드를 가리켜 "인간을 시간과 공간, 특수성, 사멸 위로 고양시키려는 시도"라고 평했을 때 그 인간은 이렇듯 오로지 남성이었다. **서양미술 속의 누드는 시작부터 철저히 성차별적인 미의식의 소산이었던 것이다.**

이주헌, 「남성 누드, 여자는 벌거벗을 자격도 없다?」, 『지식의 미술관』, 아트북스, 2009.

중심 문장의 위치는 정답이 정해져 있는 것이 아니다. 글의 전체 흐름에 따라 자연스럽고 편안하게 쓰면 된다. 다만, 두괄식이 가장 편하게 쓸 수 있고 가장 쉽게 이해할 수 있다는 장점이 있다. 중요한 것은 중심 문장이라는 하나의 초점으로 모든 내용이 모아져 단락의 통일성, 혹은 응집성을 잘 갖추고 있는가 하는 점이다. 글이라는 건축물을 튼튼하게 짓기 위해서 단락이라는 벽돌 하나하나를 단단하게 만드는 연습이 필요하다.

활동

다음 문장들 중 하나를 골라 중심 문장으로 설정하여 하나의 단락을 완성해 보자. 완성한 후 단락의 통일성을 잘 갖추었는지 확인해 보자.

- 나는 (   )을/를 좋아한다.
- 살아오는 동안 내가 가장 행복했던 시간은 (   )다.
- 재능을 타고난 사람이 아니라 끊임없이 노력하는 사람을 부러워하자.

03 단락의 연결을 통한 글의 구성

단락이라는 벽돌은 전체 글의 일부로서 기능한다. 단락은 글 전체를 이루는 하나의 부품이 된다. 단락과 단락이 매끄럽게 연결되어 한 편의 글이 완성된다. 튼튼하게 만든 벽돌을 한 장 한 장 쌓아올려 건축물을 구성하는 것과 같다. 다음은 단락들의 연쇄를 통해 완결된 한 편의 글이 이루어진 예이다. 단락이 연결되어 글이 전개되는 과정을 주의해서 살펴보기로 한다.

인간은 언어-사이보그다

어릴 때 즐겨 본 텔레비전 프로 중에 〈육백만 불의 사나이〉라는 드라마가 있다. 우주 비행사인 주인공이 사고를 당해 한쪽 다리와 팔과 눈까지 잃고 만다. 하지만 첨단 과학으로 성능 좋은 장치를 이식하는 수술을 받는다. 수술을 하는데 육백만 불이나 들어 '육백만 불의 사나이'라 불리는 주인공은, 보통 사람보다 훨씬 빠르고 강한 팔과 다리, 그리고 아주 멀리까지 또렷하게 내다보는 뛰어난 투시력을 지닌 초능력자가 되어 악당을 물리친다.

드라마를 보고 나면 나도 '육백만 불의 사나이'가 되고 싶었다. 다른 사람보다 훨씬 강한 존재가 되어 나쁜 악당을 물리치는 모습은, 다만 상상만으로도 정말이지 신나는 일이었다. 나도 수술을 받아 보통 사람보다 훨씬 강한 팔과 다리와 눈을 가지면 얼마나 좋을까? 도둑이나 강도를 잡을 수도 있고, 하다못해 체육시간에 축구를 제일 잘할 수도 있을 텐데!

이렇게 기계장치를 이식한 생명체를 일컬어 '사이보그'라 한다. 영화 〈로보캅〉이나 〈아이언맨〉의 주인공 역시 사이보그이다. 성능 좋은 기계장치를 몸에 이식해 강력한 슈퍼맨이 되어 악당들을 물리친다.

드라마나 영화에서처럼 강력한 사이보그는 아니지만, 우리도 기계 부품을 이용하여 좀 더 강한 사람이 되곤 한다. 가령, 안경이나 현미경을 이용해 훨씬 또렷하게 사물을 본다. 보청기를 달면 훨씬 많은 소리를 들을 수 있고, 적외선 망

원경을 이용하면 벽 뒤의 사람 움직임도 볼 수 있다. 주판이나 전자계산기를 이용하면 복잡한 문제도 척척 풀 수 있다.

원시인들이 돌도끼를 이용한 후로, 우리는 참으로 많은 기계장치를 발명했다. 하지만 이러한 장치를 우리 몸속에 집어넣을 수 있는 것은 아니다. 다만 우리는 이것들과 일시적으로 접속하여 착용하거나 활용할 수 있을 뿐이다. 사이보그처럼 몸속에 기계장치를 집어넣어 활용하려면 아직은 과학이나 의학 기술이 좀 더 발달해야 한다. 그런데 **인간이 발명한 수많은 기계장치 중에 이미 오래전부터 직접 몸속에 집어넣고 사용해온, 그것도 인간의 핵심기관인 뇌와 마음속에 집어넣고 사용해 온 독특한 장치가 하나 있다.** 그것이 무엇일까?

바로 언어이다.

이만교, 「인간은 언어-사이보그다」, 『개구리를 위한 글쓰기 공작소』, 그린비, 2012.

단락	중심 문장	단락의 기능
1	〈육백만 불의 사나이〉라는 드라마가 있다.	'사이보그'라는 화제 환기 1
2	'육백만 불의 사나이'가 되고 싶었다.	'사이보그'라는 화제 환기 2
3	기계장치를 이식한 생명체를 '사이보그'라 한다.	'사이보그'에 대한 설명 1
4	우리도 기계 부품을 이용하여 강한 사람이 된다.	'사이보그'에 대한 설명 2
5	몸속에 넣고 사용해 온 독특한 장치가 있다.	전환: 독특한 기계장치
6	그것은 언어이다.	결론: 독특한 기계장치로서의 언어

총 6개의 단락으로 이루어진 이 글은 단락의 전개에 따른 정연하고 안정된 구조를 갖추고 있다. 1~2단락은 드라마 〈육백만 불의 사나이〉를 통해 '사이보그'라는 화제를 독자에게 환기하고 있다. 3~4단락은 '사이보그'에 대한 본격적인 설명을 통해 강한 관심을 촉발한다. 5단락에서는 인류가 오래전부터 몸에 집어넣고 사용해온 독특한 장치가 있음을 역설하면서 관심을 전환시킨다. 6단락에서 그것이 바로 '언어'임을 짧게 말함으로써 언어가 지니는 독특한 의미를 결론적으로 제시하고 있다.

이렇게 한 편의 글은 단락의 점진적인 연결을 통해서 정연한 흐름을 가지게 된다. 만약에 단락이 없는 상태라면 글은 질서가 없는 미정형의 혼돈에 빠지게 될 것이다. 또한 독자는 글이 지니는 생각의 흐름이 어디로 흘러가고 있는지 이해하기 어려워진다. 요컨대 단락은 생각의 매듭을 끊었다가 다시 이어주는 기능을 통해 글의 흐름을 이끌어간다. 단락은 생각의 흐름에 호흡을 줌으로써 글에 탄력과 리듬을 부여한다. 이를 통해 한 편의 글은 질서 있는 리듬을 지닌다. 단락 구성을 통해 유려하게 잘 읽히는 글을 쓸 수 있다.

활동

다음 글을 읽고 단락의 전개에 따른 글의 흐름을 파악하여 빈 칸을 채워 보자. 이를 통해 단락이 글의 구성에서 지니는 의의에 대해 생각해 보자.

화장대, 아름다운 꿈

화장대 앞에 앉은 사람을 보는 것은 언제나 조금쯤 특별한 미감을 자극한다. 육체에 수용되기 위해 기다리는 색채의 제단, 화장대는 제의를 연상시킨다. 화장의 기원엔 신들과 자연을 포함한 타인에 대한 경의와 연대와 매혹의 욕망이 있는 듯하다. 그리고 그 욕망의 근원엔 다양한 시대와 장소의 사람들이 자신들의 독특한 미의식 속에서 경배하고 즐기던 다채로운 미의식들이 얽혀 있다. 부나 권력 등이 아니라 아름다움을 꿈꾸게 한다는 점에서 화장대는 축복받아야 할 제단이다. 아름다움에의 욕망은 무해하다. 적어도 타인을 억압하지 않는다. 누구도 타인의 고통에 대해 다 안다고 말할 수 없는 것처럼 아름다움의 욕망에 대해서도 마찬가지다. 미감은 지극히 개인적이며 복잡한 무의식의 통로를 지니는 세계다. 천 그루의 나무가 있으면 천 가지 이상의 미감이, 만 명의 사람이 있으면 만 가지 이상의 미감이 존재한다. 만약 아름다움에의 욕망이 사회적 힘을 가질 수 있다면, 그것은 이 다채로운 개별성의 수용과 소통으로부터 발원하는 힘일 것이다.

우리는 아름다움을 원한다. 오랫동안 정신의 감옥이었으며 이중적으로 배척되었던 육체는 이번 세기에 이르러 자유를 만끽하는 듯하다. 그런데 이 여정이 그다지 순조로워 보이지는 않는다. 외모지상주의라는 말이 단적으로 보여주듯 외모는 배후의 권력이 되었다. 도처에서 시장과 결탁한 과장된 미의 이미지가 넘쳐난다. 미는 관리되고 마케팅된다. 개별자인 몸의 아름다움을 발견하고 예찬하며 즐기는 방식이 아니라 미의 준거로 제공된 보편적 이미지에 대한 맹신이 늘어난다. 대중매체는 미에 대한 우리 기호의 다양성을 훼손하며 다채롭게 발현되어야 할 미의식은 잘 디자인된 소수의 몸들에 억압당한다. 시장과 대중매체는 개인들의 미의식을 일괄적으로 평준화하는 경향이 짙고, 다양성을 상실한 수동적 미감은 타인에 대한 우리의 시선을 억압한다. 그리고 무엇보다 아름다움을 욕망하는 주체 스스로를 억압하는 경향이 있다.

화장대 앞에 앉은 사람들은 개개인이 모두 하나씩의 고유한 세계다. 화장대 앞에서 우리 모두가 가장 긍정적인 의미에서 자기만족적이었으면 좋겠다. 여성이나 남성이나 마찬가지다. 혹자는 남성들이 점점 여성화되어 간다고 석성하기도 한다. 하지만 남성들은 아직도 더 많이, 적극적으로 여성스러워져야 할 필요가 있다.

지난 역사 속에서 과잉 축적되어온 남성성은 우리 모두를 얼마나 힘들게 해왔던가. 경쟁과 정복과 힘의 숭배로부터 벗어나 아름다움을 예찬하는 기도가 날마다 멀리까지 번져갔으면 좋겠다. 더 섬세하고 더 나지막하게, 경쟁이 아니라 연대를, 힘에 의한 배타적 지배가 아니라 공존과 포용과 아름다움을 꿈꾸는 세계가 날마다 넓어졌으면 좋겠다. 저마다의 화장대 앞에서 자유분방하게 아름다움을 사유하는 제의들이 날마다 넘쳤으면 좋겠다. 하나의 성 정체성으로 규정받아온 화장대가 양성구유(兩性具有)였으면 좋겠고 개별자로서의 고유한 정체성을 지닌 화장대들이 일상이라는 꽃밭에 날마다 가득했으면 좋겠다.

김선우, 「화장대, 아름다운 꿈」, 『사물들』, 단비, 2012.

단락	중심 문장	단락의 기능
1		
2		
3		
4		

그 유명한 아틀라스, 그 유명한 거북, 그리고

인간이 사는 이 세계가 무너지지 않고 바로 서 있는 것은 거인신 아틀라스가 땅덩이를 어깨에 메고 있기 때문이라고 그리스 신화는 이야기한다. 인도신화에 오면 아틀라스는 '거북이'로 바뀐다. 세계는 바닥없는 심연 위에 위태롭게 떠 있다. 그 세계가 깊은 나락으로 떨어지지 않는 것은 다행히도 거북이가 밑을 받쳐주고 있기 때문이다. 아틀라스와 거북이는 세계를 망하지 않게 하는 '구원자'이고 세계를 떠받치는 '토대'다. 그들은 세계를 지탱하는 안전망의 기초다. 그들의 무한한 인내 덕분에 세계는 부서지지 않고 혼돈의 검은 아가리 속으로 곤두박질하지 않는다. 그런데 그들의 인내가 무한하지 않다면? 아틀라스가 힘에 부쳐 땅덩이를 내던지고 거북이란 놈이 에라, 나 몰라라 땅덩이 버리고 연애라도 하러 달아나버린다면?

유대 민담에는 좀 다른 이야기가 전해진다. 유대 신비주의 전통의 어떤 이야기에 따르면 이 세계가 망하지 않는 이유는 아틀라스의 어깨나 거북이 등때기 덕분이 아니라 '의인(義人)들'의 존재 때문이다. 이 세계에는 36인의 감추어진 의인들이 있다. 이 의인들은 다른 사람들 눈에 뜨이지 않고 표나지 않으며 어디에 있는지 아무도 모른다. 그들은 숨어 있고 감추어져 있으면서 다른 인간들을 위해 선행을 베푸는 자들이다. 그들의 아름다운 선행이 이 세계를 지탱하게 하고 존재하게 한다. 그들의 선행은 신을 감동시킨다. 신이 한순간 인간의 세계를 쳐서 멸하려다가도 징벌의 손길을 제어하는 것은 그 숨은 의인들의 선행이 신 앞에서 인간의 길을 내보이고 이 세계를 정당한 것이게 하기 때문이다.

그 의인들은 영웅이 아니다. 학벌 좋은 사람도, 유명 인사도, 고관대작도, 율법학자도 아니다. 그들은 그냥 사람들이 저잣거리에서 보는 평범한 인간, 보통의 이름 없는 이웃, 대장장이, 목수, 농사꾼 같은 사람들이다. 글자를 몰라 경전은커녕 기도문조차 읽지 못하는 의인들도 있다. 교회당에서 그들이 앉는 자리는 회중의 언저리, 먼발치, 문간이다. 그들은 다른 사람들의 눈에 결코 의인으로 비치지 않는다. 그들 스스로도 자기가 의인이라는 것을 모른다. 의인의 표가 나지 않고 '내가 바로 의인'이라는 잘난 의식도 없으므로 그들에게 사회적 인정이 있을 리 없고 자기 인정도 있을 수 없다. 스스로 내가 의인이라 말하거나 '내가 의인이 아닐까' 생각하는 의인이 있다면 그는 그 즉시 죽어 자빠진다. '내가 의인'이라는 생각은 교만을 일으키고 교만은 이미 의인의 길이 아니기 때문이다.

'신 앞에서의 인간의 길'을 생각하는 것은 유대 문화의 정신적 전통이 인류 문명에 준 빛나는 유산의 하나다. 인간의 길이 이웃을 향한 선행이라고 유대 민담은 말하지만, 그 선행이라는 것을 그냥 선행으로만 새겨듣어서는 아무래도 허전하다. 선행을 선행이게 하는 가장 중요한 조건은 '고통의 흡수'다. 타인의 고통을 가슴으로 흡수하지 않는 선행은 그냥 내보이기 위한 전시용 선행이기 때문이다. 이런 생각을 해 볼 수 있게 하는 것은 유대 신비주의 전통 속의 '36'이라는 숫자다. 이 숫자의 신성성은 유대 문화가 수메르 문명으로부터 물려받은 것이지만 유대 전통에서 '36'이 의미하는 것은 어떤 완전성이다.

세계가 망하지 않고 존재하자면 그 세계에는 반드시 36인의 의인이 있어야 한다. 그래야 세계의 고통이 모두 흡수된다. "의인 한 사람이 죽으면 다른 의인이 나타나 36의 숫자를 채운다"고 유대 민담은 이야기한다. 고통을 담을 그릇이 하나라도 모자라면 안 된다는 얘기다. 이렇게 보면 36인의 의인이란 더도 덜도 말고 '세상의 고통을 흡수하는 자들'이다.

아르헨티나 작가 호르헤 루이스 보르헤스는 『상상적 존재들의 책』에서 그 36인의 의인을 37인으로 늘리고 이런 식의 이야기를 풀어놓는다. "세계에는 언제나 37인의 의인들이 있다. 그들의 임무는 신에게 세계를 정당화하는 것이다. 그들은 가난하고, 서로 아는 사이도 아니다. 자신이 의인이라 생각하는 순간 의인은 죽고 세계의 다른 지역에서 다른 의인으로 대체된다. 그 의인들이 우주의 비밀스러운 기둥이다. 그들은 우리의 구원자다. 그러나 그들 자신은 그것을 모른다." 보르헤스가 무엇 때문에 전통 민담 속의 36인 의인을 37인으로 늘렸는지는 알 수 없다. 그러나 그 암시는 흥미롭다. 서른일곱 번째 의인은 혹시 당신이 아닌가? 당신이 바로 그 의인이어야 하지 않는가? 스스로 의인인 줄 모르고 또 몰라야 하는 그 의인이?

도정일, 「그 유명한 아틀라스, 그 유명한 거북, 그리고」,
『쓰잘데없이 고귀한 것들의 목록』, 문학동네, 2014.

단락	중심 문장	단락의 기능
1		
2		
3		
4		
5		

글쓰기의 유형

CHAPTER 4

01 묘사

묘사는 어떤 대상을 그림을 그리듯이 재현하는 것이다. 글쓴이가 알고 있는 대상의 외양이나 대상으로부터 받은 인상을 독자에게 생생하게 전달할 필요가 있을 때 묘사라는 기법을 사용한다. 묘사의 대상은 장소, 광경, 인물의 외모와 성격, 사물 등이 될 수 있다. 예를 들어, 저녁 하늘에 펼쳐진 노을이나 흰 눈이 쌓인 캠퍼스의 아름다움을 생생하게 전달하려고 묘사의 방법을 선택한다면, 독자의 입장에서는 대상을 직접 보지 않아도 마치 보는 것처럼 느낄 수 있다.

1) 묘사의 종류

묘사는 주관적 묘사와 객관적 묘사로 나눌 수 있다. 주관적 묘사는 대상으로부터 받은 글쓴이의 주관적 인상이 바탕이 되는 묘사이다. 객관적 묘사는 면적, 높이, 무게, 길이 같은 대상의 객관적 정보가 주가 되는 묘사이다. 묘사를 할 때는 글의 목적에 따라 적합한 묘사의 유형을 선정하는 과정이 필요하다. 문학작품에서 저녁 하늘에 펼쳐진 노을을 묘사하는 경우에는 주관적 묘사가 적합하다. 초청장에서 목적지를 묘사하는 경우에는 정확한 수치와 지리적 안내가 기록된 객관적 묘사가 적합하다.

실험결과 보고나 상품정보 전달을 위해서는 객관적 묘사가 적합하다.

대상에 대해 주관적 묘사를 할 때는 우선 대상으로부터 받은 글쓴이의 주관적 인상에 초점을 맞춰야 한다. 그 초점에 맞추어 세부적인 서술을 진행해 나가야 글이 응집성을 잃지 않게 된다. 객관적 묘사의 경우에는 묘사내용이 정확하고 사실적인가에 주의를 기울여야 한다. 독자에게 대상에 대한 객관적 정보를 전달하는 것이 주요한 목적이니만큼 묘사된 내용만 읽고도 독자가 충분히 대상을 파악할 수 있어야 한다.

다양한 정보를 제공할 목적으로 대상을 묘사하고자 하면 오히려 독자에게 혼란만 가중시킬 수 있다. 따라서 대상의 핵심을 분석하는 작업이 필요하다. 그 핵심을 서로 연계시켜 서술하면 효율적이면서도 생생하게 대상을 묘사할 수 있다.

2) 묘사의 기법

(1) 시각적 묘사

시각을 활용하여 묘사하는 기법이다. 예를 들어, 어제 내가 먹은 사과에 대해 색깔, 크기, 모양 등을 묘사할 수 있다.

(2) 청각적 묘사

청각을 활용하여 묘사하는 기법이다. 예를 들어, 좋아하는 노래의 멜로디에 대해 서술할 수 있다.

(3) 후각적 묘사

후각을 활용하여 묘사하는 기법이다. 향기로운 꽃이나 맛있는 음식에 대해 향기와 냄새를 묘사할 수 있다.

(4) 촉각적 묘사

촉각을 활용하여 묘사하는 기법이다. 아기의 부드러운 손, 베개의 감촉, 솜사탕이 혀에 닿는 느낌 등을 표현할 수 있다.

(5) 미각적 묘사

미각을 활용하여 묘사하는 기법이다. 좋아하는 음식의 맛 혹은 싫어하는 음식의 맛을 묘사할 때 쓸 수 있는 기법이다.

(6) 공감각적 묘사

시각이나 후각 등 두 가지 이상의 감각을 활용한 묘사기법이다. 예를 들어, 솜사탕의 모양, 맛, 냄새 등을 묘사할 때 시각, 미각, 후각 등을 활용하여 표현할 수 있다.

활동

01 묘사와 관련된 다음 글을 읽고 활동을 해 보자.

> 그는 곧장 종로 네거리에 가서 저자 사람들에게 만나는 대로
>
> "여보시오, 서울 안에서 누가 제일 부자요?"
>
> 하고 물었다. 때마침 변씨(卞氏, 변승업의 조부)를 일러주는 이가 있었다. 허생은 드디어 그 집을 찾았다. 허생이 변씨를 보고서 길게 읍(揖)하며,
>
> "내 집이 가난해서 무엇을 조금 시험해 볼 일이 있어 그대에게 만금(萬金)을 빌리러 왔소."
>
> 했다. 변씨는
>
> "그러시오."
>
> 하고는, 곧 만금을 내주었다. 그러나 그는 감사하다는 말 한 마디 없이 어디론지 가 버렸다. 변씨의 자제(子弟)와 빈객(賓客)들은 허생의 꼴을 본즉, 한 비렁

뱅이였다. 허리에 실띠를 둘렀으나 술이 다 뽑혀 버렸고, 가죽신을 꿰었으나 뒷굽이 자빠졌으며, 다 망그러진 갓에다 검은 그을음이 흐르는 도포(道袍)를 걸쳐 입었는데, 코에서는 맑은 물이 훌쩍훌쩍 내리곤 한다. 그가 나가 버린 뒤에 모두들 크게 놀라며,

"아버지, 그 손님을 잘 아십니까?"

하고 물었다. 변씨는

"몰랐지."

"그러시다면 어찌 잠깐 사이에 이 귀중한 만금을 평소에 면식도 없는 자에게 헛되이 던져 주시면서 그의 성명도 묻지 않음은 무슨 까닭이십니까?"

했다. 변씨는

"이건 너희들이 알 바 아니다. 대체로 남에게 무엇을 요구할 때엔 반드시 의지(意志)를 과장하여 신의(信義)를 나타내는 법이다. 그러고 얼굴빛은 부끄럽고도 비겁하며, 말은 거듭함이 일쑤이니라. 그런데 이 손님은 옷과 신이 비록 떨어졌으나 말이 간단하고 눈가짐이 오만하고 얼굴엔 부끄런 빛이 없음으로 보아서 그는 물질(物質)을 기다리기 전에 벌써 스스로 만족을 가진 사람임에 틀림없는 것이다. 아마 그의 시도하려는 방법도 적지 않거니와, 나 역시 그에게 시도함이 없지 않는 거다. 그리고 주질 않는다면 모르려니와 기왕 만금을 줄 바에야 성명은 물어서 무엇하겠느냐?"

하였다.

박지원, 「허생전」, 『열하일기』, 이기원 옮김, 한국고전번역원, 1968.

(1) 위의 예문에서 허생을 묘사한 부분을 찾아 밑줄을 그어 보자.

(2) 변씨의 자제들과 빈객들의 관점으로 묘사한 허생의 모습과 변씨의 관점으로 묘사한 부분은 어떤 차이가 있는가?

02 다음의 그림은 김홍도의 〈황묘농접도(黃猫弄蝶圖)〉이다. 이 그림을 보지 않은 친구나 가족에게 묘사의 기법으로 설명해 보자.

02 서사

서사(敍事)는 시간의 흐름에 따라 사건을 서술하는 방법이다. 아침에 일어나 학교에 가서 공부한 일, 조세희의 소설 『난쟁이가 쏘아올린 작은 공』에서 난쟁이 가족이 철거당한 일과 같이, 사건을 시간에 따라 서술하는 글쓰기 방법을 서사라고 한다. 그런데 사건과 사건 사이에는 어떠한 관련이 있어야 한다. 아래의 문장을 보자.

> 영희는 아침에 늦게 일어났다.
> 영희는 9시에 시작하는 수업에 지각했다.

두 개의 문장은 서로 관련 없는 각각의 사건처럼 보인다. 그러나 다음처럼 기술하면 문장들 사이에 관계가 생긴다.

> 영희는 아침에 늦게 일어나는 바람에 8시 30분에 출발하는 전철을 타지 못했다. 그래서 아침 9시에 시작하는 수업에 지각했다.

영희가 아침에 늦게 일어난 사건을 '사건 1'이라고 하고 아침 9시에 시작하는 수업에 지각을 한 사건을 '사건 2'라고 하자. 사건 1과 사건 2가 동시에 일어나지 않았다면 사건 1과 사건 2 사이에는 일정한 시간의 흐름이 존재한다. 사건 1과 사건 2 사이에 '늦게 일어나는 바람에 8시 30분에 출발하는 전철을 타지 못했다. 그래서'를 넣으면 '9시에 시작하는 수업에 지각했다'라는 사건의 이유를 알 수 있다. 이처럼 서사의 기법을 사용할 때는 사건 1과 사건 2 사이에 일정한 인과관계를 만들어주며 글을 서술해야 한다.

1) 서사의 기본 요소

서사의 방법으로 어떤 사건을 서술한다면 행동, 시간, 의미의 세 가지 기본 요소가 포함되어야 한다. 먼저 '행동'에 대해 살펴보자. 서사는 간략하게 말해 사건을 서술하는 것이라고 했는데, 이때 사건에는 어떤 인물이 등장하여 행동을 하게 된다. 예를 들어, 된장찌개를 끓일 때는 된장을 풀고 야채를 써는 등의 행동이 필요하다. 이처럼 사건에는 반드시 행동이 존재하게 된다. 그 인물이 꼭 사람일 필요는 없으며 동물이나 식물도 의인화하여 일정한 행동을 할 수 있다.

다음으로 인물이 행동을 할 때에는 반드시 시간의 흐름이 동반된다. 예를 들어, 동수가 하품을 했다는 작은 행동도 역시 시간이 경과하여 이루어진 것이다. 오므린 입을 벌리는 행동은 짧은 시간이 걸리는 행동이지만 시간의 경과는 수반된다. 이렇게 사건에는 시간의 흐름이 반드시 따르므로 서사는 어떤 행동을 하는 과정이 서술되는 것이다. 묘사가 정지된 장면이나 사물에 대한 서술이라면 서사는 행동의 진행 과정에 대한 서술인 것이다.

마지막으로 서사에서 기술한 사건들은 하나의 의미로 수렴될 수 있는 것이어야 한다. 다시 말해, 하나의 주제를 뒷받침할 수 있게 유기적으로 연결된 사건들이어야 한다. 박완서의 연작소설 『엄마의 말뚝』에서 엄마가 '나'를 고향인 박적골에서 서울로 데려간 일, 엄마가 서울 현저동 산꼭대기에 낡은 집을 산 일, 엄마가 나에게 가짜 주소를 외우게 하며 학교에 보낸 일 모두 하나의 의미로 수렴될 수 있다. 즉, 이 사건들은 각각 존재하는 것이 아니라 서울에 안정된 공간(말뚝)을 만들어 자식들을 가르치고 잘 키우고자 했던 엄마의 마음이라는 주제로 집중된다. 이런 점에서 '서사'의 방법을 선택하여 글을 쓸 때는 행동, 시간, 의미 등의 서사의 기본 요소가 포함되었는가를 점검하면서 글을 써야 한다.

2) 서사의 시점

서사의 방법을 사용하여 글을 쓸 경우에 유의해야 할 점은 시점의 선택이다. 시점은 사건을 바라보는 지점을 말한다. 발생한 사건들을 어떤 위치에서 바라보느냐에 따라 서술자의 태도가 달라지기 때문에 시점은 매우 중요하다. 시점은 크게 1인칭 시점, 3인칭 시점이 있다. 1인칭 시점에서는 이야기를 전달하는 서술자가 바로 '나'이다. 3인칭 시점의 경우에는 사건이 펼쳐지는 시공간에 참여하지 않는 서술자가 이야기를 전달한다. 1인칭 시점은 수필, 보고시, 소설 등에 사용한다. 수필의 경우에는 서술자가 자신이며 자신이 겪은 경험을 서술한다. 수필은 문학적인 글이기 때문에 주관적인 시각으로 사건들을 서술하며, 보고서는 대개 객관적인 시각으로 사건들을 서술하게 된다. 소설은 1인칭 시점과 3인칭 시점 중에서 글쓴이의 의도에 따라 선택하여 사용할 수 있다.

소설을 쓸 때, 글쓴이는 작품의 의도에 따라 적절하게 시점을 선택한다. 1인칭 시점은 이야기를 전달하는 서술자가 사건이 펼쳐지는 시공간에 참여하는 경우이다. 박완서의 『엄마의 말뚝』에서 이야기를 끌어나가는 사람인 '나'는 사건의 시공간에 직접적으로 참여하는 인물이다. 주인공인 '나'의 시점에서 내가 엄마와 서울로 가서 집을 마련하고 6.25전쟁을 겪으며 살아온 이야기들을 서술하고 있다. 따라서 이 작품을 읽는 독자는 주인공인 '나'의 시점으로 사건을 이해할 수 있게 된다. 1인칭 시점에서도 서술자가 사건의 주인공(1인칭 주인공 시점)일 경우 주인공 자신의 내면심리 묘사나 체험의 진실성을 핍진하게 표출할 수 있다. 주요한의 소설 『사랑손님과 어머니』의 경우에는 글쓴이가 어머니와 아저씨의 사랑을 순수하게 그리려 했기 때문에 서술자를 어머니의 어린 딸인 '옥희'로 정한 것이다. 옥희는 순수한 아이의 시점으로 어머니와 아저씨의 사랑을 바라본다. 이러한 경우는 1인칭 관찰자 시점이다. 이 작품에서 옥희가 아닌 다른 등장인물의 심리는 추정할 수밖에 없으며 주인공의 경험이 아닌 것은 세밀하게 알기 어렵다.

3인칭 시점은 사건이 펼쳐지는 시·공간에 서술자가 참여하지 않는다. 박경리의 대하소설 『토지』의 경우에 주인공 최서희를 중심으로 최서희의 가족과 주변 인물들, 평사리 주민들에 대해 3인칭 시점으로 서술된다. 이때, 서술자는 전지전능한 신처럼 모든 것을 알고 있으므로 등장인물의 심리상태와 일어난 사건, 공간까지 독자에게 세밀하게 전달할 수 있다. 이를 3인칭 전지적 시점이라고 한다. 그러나 3인칭 시점이라도 3인칭 관찰자 시점의 경우에는 인물들의 3인칭 전지적 시점처럼 등장인물의 심리상태, 사건, 공간을 전지적으로 파악하여 전달하기 힘들다.

이렇듯, 각 시점마다 시점이 표현할 수 있는 효과가 다르기 때문에 집필목적에 따라 시점을 선택해야 한다. 다음의 예문을 읽고 일어난 사건과 시점을 살펴보자.

해바라기 방

처음엔 방이 세 개인 집이었다. 그러다 십 년 전 누나가 결혼을 할 당시 마당 한쪽에 약 육칠 평 정도의 문간방을 새로 들여 네 개가 되었다. 아무리 예식장에서 식을 올린다고 해도 큰일을 치르다보면 시골에서 올라온 집안 어른들이 묵고 내려갈 방이 하나쯤 필요하다는 게 아버지의 오랜 생각이었던 것이다. 물론 큰일은 앞으로도 계속해서 닥칠 터이었다. 세월이 갈수록 집안 대소사는 잦아지게 마련이니까.

그 막사 같은 큰 방이 지어짐으로 해서 우리 가족은 아쉽게도 하나 잃어버린 게 있었다. 그 자리에 우리는 해마다 해바라기를 심었던 것이다. 그곳은 또한 철조망 없는 닭장이기도 했다. 봄에 해바라기밭에다 병아리들을 풀어놓으면 가을에 저마다 장닭이 되어 굵은 대궁들 사이를 비집고 나오는 것이었다.

그후 집안에 큰일이 생길 때면 어김없이 시골에서 올라온 수염 흰 사람들이 거기서 해바라기를 깔고 앉아 술을 마시거나 화투를 치다 누워서 잠을 자고 갔다.

어느 여름날 어머니가 대문 앞을 지나던 사진사를 불러 누나와 여동생과 나를 일렬횡대로 세워놓고 해바라기밭에서 사진을 찍었다. 내가 초등학교를 졸업하던 해던가? 안 그래도 빛에 그을려 시커먼데다 렌즈에 익숙지 않아 저마다 찡그린 얼굴들을 하고 있어 우리는 마치 유엔식량기구에서 각국에 배포하기 위해 찍은 자료사진처럼 나왔다. 게다가 나는 맨발이었던 것이다. 그때가 몇 시쯤였던가? 해바라기 대궁의 그림자가 이십 도쯤 일제히 서쪽으로 쏠려 있는 걸로 봐서 아직 오전인 모양이고 그렇다면 학교에 가지 않는 일요일이거나 국경일이었던 모양이다.

나는 그 사진을 스무 살이 되어 집을 떠날 때까지 다락 사진첩 속에다 소중히 보관했다. 비록 흑백이나마 거기엔 잃어버린 내 유년의 해바라기밭이 존재하고 있었으므로. 그때 외롭게 렌즈를 투과해 들어간 빛이 우리 셋을 필름에 음각해놓았으므로 마음만 먹는다면 얼마든지 인화를 할 수도 있었을 터였다. 하지만 며칠 후 집으로 찾아온 사진사는 우리에게 필름을 내주지 않았다. 그리고 단 한 장 인화된 그 사진도 군대에서 첫 휴가를 나왔을 때 다락에 올라가 찾아

보니 사진첩에서 감쪽같이 사라져 있었다. 누나 혹은 여동생이 가져갔을까? 일부러 버리지만 않았다면 누군가의 사진첩에 아직 꽂혀 있겠지.

가끔 집에 내려와 새로 들인 방에 누워 있게 되면 나는 영락없이 그 누런 사진 속에 맨발로 서 있는 꿈을 꾸곤 했다. 그 방은 아침볕이 그중 먼저 찾아드는 열대 온실 같아서 해바라기 꿈을 꾸기에는 안성맞춤인 곳이었다. 그때 내 발등을 모로 밟고 종종 지나가던 병아리의 간지러운 발자국 몇 점. 아, 그리고 네 붉은 입술!

집도 별 수 없이 나이를 먹는지 블록에다 슬레이트를 얹어놓은 허술한 건물은 세월이 갈수록 눈에 띄게 허물어져갔다. 무엇이든 고장나거나 부서진 것은 못 봐 넘기는 성격의 아버지는 일요일만 되면 집수리를 하는 데 모든 시간을 바쳤다. 그리고 그동안 아마 다섯 번쯤? 페인트통을 들고 올라가 지붕의 색을 바꿔 칠했다. 하늘색, 감색, 노란색, 주황색, 엷은 쑥색의 차례로. 하지만 대문만큼은 줄곧 탁한 빨강이었다. 그래서 우리 집을 빨간대문 집으로 부르는 사람들이 있었다.

빨간대문 집의 해바라기 방.

스물여섯 살 이후 그곳이 내게는 일 년에 그저 서너 번쯤 내려와 묵고 가는 허름한 호텔방이었다. 나는 부모형제와도 어쩔 수 없이 반쯤은 타인인 나이가 돼버려 안방은 물론이고 동쪽 건넌방이나 서쪽 건넌방에 있으면 몹시도 부자연스럽고 불편하기만 했다. 이제는 그들에게 털어놓을 수 없는 비밀들이 터무니없이 잔뜩 생겨 있었던 것이다.

윤대녕, 『많은 별들이 한곳으로 흘러갔다』, 문학동네, 2010.

위의 글은 소설 속의 주인공이 어릴 때 존재했던 '방'의 변화를 시간의 흐름에 따라 쓴 글이다. 주인공이 살던 집은 어릴 때는 방이 세 개였다가 십년 전에 문간방이 하나 늘었다. 그 이유는 누나가 결혼을 하면서 손님이 오면 묵고 갈 방이 필요했기 때문이다. 문간방이 있던 자리는 원래 해바라기밭이었다. 그 해바라기밭에서 병아리가 자랐고 아이들이 커가는 장면이 촬영되었다. 그런데 해바라기밭에서 찍은 사진은 사라졌다. 그리고나서 문간방에 들어가 누우면 십년 전 누나가 결혼하기 전에 있었던 해바라기 밭의 추억이 꿈으로 들어왔다. 그것은 가족에게도 비밀인 첫 입맞춤이었다. 이후 문간방은 가끔 찾아가 자고 오는 허름한 호텔방처럼 변했다. 가족에게 털어놓을 수 없는 비밀이 많아진 어른이 되었기 때문이다. 위의 글 속의 주인공은 자신이 경험하고 느낀 것을 '나'의 시점으로 보고 서술하였다.

선량한 물음

어느 해 겨울이었다. 서울에 폭설이 내렸던 날이다. 그 당시에도 몇십 년 만의 폭설이라면서 화제가 되었다. 눈이 무릎까지 쌓였고 그런 폭설을 난생 처음 겪은 사람들의 눈동자에 두려움과 놀라움이 동시에 떠올랐다. 그때 나는 충무로 어느 식당에서 배달을 했다. 군을 제대하고 대학에 복학하여 한 학기가 지난 때였다. 눈 내린 서울은 각별했다. 도시는 눈 속에서 빛을 발했으며 이처럼 견디면서 역사를 만들어 왔다고 말하듯 어깨를 으쓱했다. 나도 이 도시를 흉내내어 어깨를 으쓱했다.

눈이 내려도 여전히 삶은 분주하기 그지없었다. 눈 탓이었는지 배달 주문이 여느 날보다 많았다. 주인아저씨와 나는 숨 돌릴 겨를도 없이 쟁반을 이단 삼단으로 겹쳐 쌓아 어깨에 올린 채 뛰다시피 배달했다. 마음은 급한데 쌓인 눈이 발목을 붙들고 놓아주지 않으려 했다. 눈길을 헤집고 다니느라 쉬 피로해졌고 그 탓에 어느 새 두 다리가 후들거렸다. 그러다 기어이 눈길에 미끄러져 쟁반을 와장창 길바닥에 엎어버리고야 말았다. 하얀 눈밭에 흩뿌려진 된장찌개와 김치찌개가 꼭 나의 내면인 듯싶어 수치스럽기까지 했다. 그처럼 얼룩진 삶을 보는 듯해서였다. 우선 내 하루치 급료보다 비싼 음식 값이 걱정스러웠다. 거기다 깨진 뚝배기까지 변상하게 된다면 여러 날 허탕을 친 거나 마찬가지인 셈이었다.

이런 내 복잡한 심사를 아는지 모르는지 식당 아주머니와 아저씨는 나를 보자마자 이렇게 물었다. 괜찮니? 그 순간 나는 정말 괜찮았다. 그이들이 바로 그처럼 묻지 않았더라면 나는 무척 아팠으리라. 넘어지면서 바닥에 부딪힌 무릎이며 정강이며 팔꿈치며 손바닥이며, 하나도 아프지 않았다. 상처받은 사람에게는 무엇을 물어야 하는지를 그이들이 가르쳐주었다.

손홍규, 「선량한 물음」, 『다정한 편견』, 교유서가, 2015.

위의 글은 손홍규의 「선량한 물음」이라는 수필이다. 내가 경험한 일을 나의 시점으로 적은 글이다. 짧은 글이지만 이 글에는 주인공과 식당 주인아저씨와 주인아주머니의 행동, 음식배달을 하다가 그릇을 엎은 사건이 기술되어 있다. 식당 주인아저씨와 주인아주머니는 엎어진 나에게 괜찮냐고 다정하게 물어본다. 주인공이 무릎과 정강이와 팔꿈치와 손바닥에 상처를 입었지만 하나도 아프지 않은 이유는 주인아저씨와 주인아주머니의 다정한 물음 때문이었다.

활동

01 위의 예문에서 주요 사건을 정리해 보고 사건들의 행동, 시간, 의미 3요소의 양상을 확인해 보자.

	행 동	시 간	의 미
사건 1			
사건 2			
사건 3			
…			

02 오늘 아침에 일어나서 현재의 시간까지 일어났던 일을 순차적으로 기술해 보자.

- **기상 후 학교에 갈 준비**

일어난 시간:

집을 나선 시간:

한 행동들 :

- **학교에 오는 과정**

집을 나선 시간:

학교에 도착한 시간:

한 행동들:

- **글쓰기 과목을 공부하는 과정**

강의실에 도착한 시간:

강의가 끝난 시간:

한 행동들:

03 신문에서 서사에 해당하는 기사를 골라 다음을 찾아보자.

- **시점**

- **시간**

- **인물**

- **행동**

03 설명

설명은 남이 알지 못하는 사실을 이해하기 쉽게 풀어서 서술하는 방법으로 지식이나 정보 전달을 목적으로 한다. 이와 같은 설명의 방법에는 지정, 정의, 비교, 대조, 분석, 분류, 구분, 예시 등이 있다.

1) 지정과 정의

지정은 글쓴이와 독자와의 의사소통 과정에서 글쓴이가 가리키는 대상(對象)의 정체를 확인시키는 기능을 하며, '무엇이냐?', '누구냐?' 등과 같은 물음에 가장 간단히 대답하는 방법으로 여러 설명 방법 가운데서도 기본적인 용법이라고 볼 수 있다.

지정 A는 B이다. → B≠A (B⊃A)

예를 들어 '이순신은 누구인가?'라는 질문에 '이순신은 조선시대 장군이다'라고 답하는 경우가 지정에 해당한다. 여기에서 '이순신'이라는 한 인물의 특징이 그 대답에 잘 나타나지만, 그렇다고 해서 '조선시대 장군'에 '이순신'만 있는 것은 아니므로 대상(A)과 이에 대한 설명(B) 간에는 등식이 성립될 수 없다.

반면, 정의는 어떤 단어나 사물의 뜻을 명백히 밝혀 규정하는 설명 방법으로 지정에서 한걸음 더 나아가 그 대상이 다른 대상과는 어떻게 다른지를 설명하는 방식이다. 즉, '무엇이냐?'라는 물음에 대한 대답으로 지정과 정의가 모두 쓰일 수 있다. 그러나 지정의 경우 그 대상의 확인 여부를 중요시하는 반면, 정의는 한 낱말이 지닌 정확한 의미나 용법에 초점을 맞춘다는 점에서 차이점을 보인다.

정의 A는 B이다. → B=A

가장 간단한 정의는 '사전적 정의'로 정의 받는 부분(즉, 정의하고자 하는 대상)과 정의하는 부분이 등식 관계를 이루는데, 이때 앞에 나온 부분을 '피정의항', 뒤에 나오는 부분을 '정의항'이라고 부른다. 예를 들어 '사람은 이성적 동물이다'라고 설명할 때, 피정의항인 '사람'과 정의항인 '이성적 동물이다' 간에는 등식 관계가 성립될 수 있다.

이와 같은 사전적 정의에는 몇 가지 유의 사항이 있다. 정의항은 피정의항보다 추상적이거나 포괄적이어서는 안 되며, 피정의항에 비해 대상을 좀 더 상세하게 서술해야 한다. 둘째, 피정의항의 개념이 정의항에서 그대로 반복되어서는 안 된다.

셋째, '부도덕', '몰상식'처럼 특별한 경우를 제외하고는 정의항을 부정적인 진술로 나타내지 않는다.

또 사전적 정의를 바탕으로 하여 글쓴이의 견해와 해설을 덧붙여 어떤 소주제나 관련 단어의 뜻을 설명해 주는 '확장된 정의'도 있는데, 확장된 정의의 경우 그 자체가 하나의 문단을 이루는 경우가 많으며 간혹 한 편의 글을 이루기도 한다.

2) 비교와 대조

비교는 서로 같거나 비슷한 면모를 지닌 대상을 나란히 놓음으로써, 대조는 서로 대립되는 면모를 지닌 대상을 나란히 놓음으로써 설명의 효과를 높이는 글쓰기 방법이다. 효과적인 비교와 대조를 위해서는 무엇보다 비교 기준을 잘 선택해야 하는데, 기준 선정이 잘못되면 대상에 대한 설명이 균형을 잃어 편파적으로 흐를 수 있기 때문이다.

비교	서로 다른 대상 간의 같거나 비슷한 점을 중심으로 한 설명 방법
대조	서로 다른 대상 간의 대립하는 점을 중심으로 한 설명 방법

예를 들어 낙지와 문어를 대상으로 삼아 그 차이점을 설명한다고 해 보자. 낙지와 문어는 생김새가 비슷하여 낙지를 문어의 새끼로 생각하는 사람도 있다. 이는 낙지와 문어가 8개의 다리와 머리, 몸통의 구조를 가지고 있는 낙지과로 위험이 닥치면 먹물을 뿜고 도망치는 공통점이 있기 때문이다. 그러나 문어는 몸길이가 5미터나 되는 것도 있을 정도로 낙지에 비해 몸집이 큰 편이며, 몸의 색깔도 회백색을 띠는 낙지와 달리 불그스름한 벽돌색을 띤다는 점에서 다르다. 이처럼 서로 다른 대상 간의 비교와 대조를 진행할 경우에는 근거가 되는 명확한 기준이 있어야

하며, 보통 두 가지 대상을 중심으로 설명하는 것이 여러 개를 대상으로 하는 것보다 훨씬 효율성이 높다.

3) 분류와 구분

분류는 어떤 대상들을 일정한 기준에 따라 작은 항목에서 큰 항목으로 묶는 설명 방법이고, 구분은 그 대상들을 큰 항목에서 작은 항목으로 가르는 설명 방법이다. 하지만 분류와 구분을 나누지 않고 이들을 모두 넓은 의미의 분류로 보기도 한다.

분류	하위 항목을 상위 항목으로 묶는 설명 방법
구분	상위 항목을 하위 항목으로 나누는 설명 방법

예를 들어 '호랑이, 표범, 치타, 재규어 등은 모두 고양이과에 속한다'라고 할 때 이것은 분류에 속하며, 반대로 '고양이과에는 호랑이, 표범, 치타, 재규어 등이 있다.'라고 하면 구분이 되는 것이다. 어떤 대상을 분류한다는 것은 그 구성 요소들 사이에 일정한 질서를 부여하거나 숨은 질서를 찾아내는 것이며, 이는 곧 그 대상을 조직화한다는 뜻이 된다. 따라서 분류법은 분류의 기준이 명확해야 한다. 그렇지 않으면 그 분류법은 의미를 잃게 된다. 즉, 묶거나 나눌 때 같은 서열에 있는 항목인 동류항으로 이루어져야 한다는 것인데, 예를 들어 호랑이, 표범, 치타, 재규어 등을 고양이과로 설명하면서, 이 안에 개나 늑대가 들어간다면 이는 잘못된 분류라고 할 수 있다. 아울러 분류와 구분은 그 자체가 목적이 아니라 전체와 부분, 부분과 부분 사이의 관계를 효과적으로 찾고 표현하기 위해 사용된다.

4) 분석

분석은 대상을 구성 요소로 분해하여 설명하는 글쓰기 방법으로 각 구성 요소가 전체와 어떻게 연관되어 있는지를 밝혀준다. 분석 방법에 따라 물리적 분석, 개념적 분석, 기능적 분석, 인과적 분석 등으로 나눌 수 있다.

① **물리적 분석**: 대상을 공간적으로 분해하여 설명하는 것으로 시계의 부품들을 하나하나 분해하는 것, 곤충을 머리·몸통·다리로 분석하는 것이 이에 해당한다.

② **개념적 분석**: 관념적인 대상을 분해하듯 설명하는 방법으로 민주주의·종교·언어 등을 분해하듯 개념적으로 설명할 때 사용한다.

③ **기능적 분석**: 대상이 어떻게 작용하는지 보여주는 설명 방법으로 예를 들어 컴퓨터를 기능별로 분석하여 각 요소들이 어떤 원리에 의해 컴퓨터를 작동시키는지 설명할 때 사용한다.

④ **인과적 분석**: 어떤 사건의 발생에 있어 그 원인과 결과를 따져 분석하는 설명 방법으로 예를 들어 '2차 세계대전은 왜 발생하였는가?', '학교 폭력은 왜 일어나는가?'와 같이 원인과 결과를 분석하는 글에 사용한다. 이때 다음과 같이 원인과 결과가 충분한 설득력을 가져야지 단순하게 서술되어서는 안 된다.

암의 발생

사람의 몸은 약 60조 개의 세포로 이루어져 있다. 세포 하나의 핵에는 46개의 염색체가 있으며, 염색체를 이루는 DNA는 약 60억 개(30억 쌍)의 염기로 구성되어 있다. 생명체의 염기 배열순서는 일정하게 유지되며, 정상적인 경우에는 저절로 바뀌지 않는다. 이러한 순서에 이상이 생기는 경우가 돌연변이이다. 유전자의 염기서열 중에서 세포의 성장 속도에 관여하거나 유전자 복제 실수를 복구하는 유전자가 있는 부위에서 돌연변이가 일어나면, 이 세포는 암세포로 변할 수 있다. 이런 부위에 돌연변이를 일으킬 수 있는 물질을 발암물질이라고 한다.

우리 몸속의 세포는 매초마다 50만 개가 파괴되어 없어지고 하루에 약 432억 개의 세포가 새로 만들어진다. 하루 동안 만들어지는 전체 세포의 DNA를 연결하면 달까지(38만 4,400km) 112번 왕복할 수 있을 정도의 길이가 된다. 이처럼 엄청난 양의 DNA가 합성될 때에도 유전자의 염기서열은 정확하게 유지되어야 하는데, 발암물질에 의하여 염기서열이 바뀌면 암세포가 만들어질 수 있다. 우리 주변의 물질 중 발암물질을 가장 많이 함유하고 있는 것은 담배 연기이며, 69종 이상의 발암물질이 담배 연기 속에 들어 있다.

한국과학문화재단 엮음, 『교양으로 읽는 과학의 모든 것 1』, 미래M&B, 2006.

5) 예시

예시는 일반적이거나 추상적인 사실을 누구나 잘 알고 있는 특수한 사실을 들어 설명하는 방법이다. 독자에게 글쓴이의 의도를 좀 더 정확하게 이해시키고 전달하고자 할 때 사용한다. 주로 '예를 들면', '가령', '말하자면', '예컨대', '이를테면' 등과 같은 문구로 나타내는데, 훌륭하고 설득력 있는 예시를 통해 글쓴이는 독자의 상상력을 자극하여 글을 읽는 재미를 더할 수 있다.

효과적인 예시가 되기 위해서는 설명하고자 하는 내용을 충분히 뒷받침할 수 있고 독자의 관심을 유발할 수 있는 것을 선택해야 하는데, 부적절한 예시는 글의 흐름을 깰 뿐만 아니라 글쓴이의 의도를 독자에게 잘못 전달할 수도 있기 때문이다. 또 예시에 대한 해석을 덧붙여야 설득력을 높일 수 있다.

광고의 힘은 강력하다. 미국과 같은 다인종·다민족 국가가 세계에서 가장 통합력이 뛰어난 국가 가운데 하나라는 놀라운 사실은 광고의 위력에 대해 좀 더 진지해질 필요가 있다는 것을 시사해 준다. 광고는 사람들을 통합시키는 힘을 갖고 있다. 미국에 이민의 물결이 들이닥치던 시절 사회적 갈등은 매우 심각했다. 다른 인종과 민족에 속하는 사람들의 독특한 의상과 라이프스타일에 대한 상호간의 거부감은 정치경제적인 문제로까지 비화되었다. 그런 문화적 격차를 해소시켜준 것이 바로 광고였다. 앞서 앤디 워홀(Andy Warhol, 1928~1987)이 콜라를 예로 들면서 "이 나라, 아메리카의 위대성은 가장 부유한 소비자들도 본질적으로는 가장 빈곤한 소비자들과 똑같은 것을 구입한다는 전통을 세웠다는 점이다"라고 말한 걸 상기할 필요가 있다.

맥도날드 햄버거도 마찬가지다. 왜 선거 때만 되면 햄버거 가격도 잘 모르는 정치인들이 앞다투어 맥도날드를 찾는가? 자신도 보통 사람과 같다는 평등 메시지를 던지고 싶어하기 때문이다. 맥도날드가 수많은 문제에도 불구하고 미국인의 사랑을 받는 이유 가운데 하나는 포퓰리즘과 관련이 있다. 조 킨첼로(Joe L. Kincheloe)는 많은 미국인이 맥도날드의 반(反)엘리트주의적 포퓰리즘에 호감을 지닌다고 말한다. 그들은 맥도날드에 대한 비판을 자신들에 대한 비판, 즉 자신들의 정치성, 미학, 먹는 습관을 경멸하는 것으로 간주하여, 그에 대한 반발심으로 오히려 맥도날드를 옹호한다는 것이다.

강준만, 『대중문화의 겉과 속』, 인물과사상사, 2013.

위의 예문에서는 광고가 대중에게 미치는 영향력을 '코카콜라'와 '맥도날드'의 예로 설명하면서 광고의 힘이 구체적으로 어떻게 나타나는지 보여주고 있다. 이처럼 예시는 글쓴이의 추상적이고 관념적인 생각을 구체적이면서도 쉽게 이해시키는 데 효과적인 설명 방법으로 단독으로 쓰이는 일은 드물고, 다른 설명 방법과 함께 복수적으로 사용된다.

활동

01 다음 글에는 어떤 설명의 방법이 나타났는지 밝혀보자.

[예문 1] 태양계의 행성들은 크게 지구형 행성(the Terrestrial planets)과 목성형 행성(the Jovian planets)으로 분류할 수 있다. 태양과 가까운 수성(Mercury), 금성(Venus), 지구(Earth), 화성(Mars) 등은 지구형 행성이다. 지구형 행성은 주로 규소 성분의 암석과 다른 금속들로 이루어져 있다. 지구형 행성 중 가장 큰 행성은 지구이며, 금성보다는 조금 무겁고 화성보다는 10배, 수성보다는 거의 20배가량 무겁다. 지구의 대기는 주로 질소와 수소로 이루어져 있으며, 금성과 화성의 대기는 이산화탄소로 구성되어 있고 수성은 대기가 거의 없다.

목성(Jupiter)과 토성(Saturn), 천왕성(Uranus), 해왕성(Neptune) 등은 목성형 행성이다. 목성은 지구보다 부피가 1300배나 큰, 태양계에서는 태양 다음으로 가장 큰 천체이다. 목성과 토성은 대부분 수소 기체로 이루어져 있으며, 지구 부피의 15배 정도인 천왕성과 해왕성은 얼음으로 된 핵 주위를 수소 대기가 감싸고 있다.

존 라이트 외, 『뉴욕타임스가 선정한 교양 4. 과학 Ⅰ』, 김소정 등 옮김, 이지북, 2005.

[예문 2] 스토리텔링이란 '스토리(story)'와 '텔링(telling)'의 합성어로, 스토리는 줄거리가 있는 이야기를 의미하고, 텔링은 매체의 특성에 맞는 표현 방법을 말한다. 즉, 이는 '이야기'라는 콘텐츠를 매체라는 '형식'에 담는 것으로, 정책, 광고, 무용, 예술, 문학, 연극, 교육, 게임 언어, 그림, 제스처, 신화, 전설, 우화, 설화, 소설, 서사시, 역사, 비극, 추리극, 희극, 무언극, 회화, 스테인드글라스, 영화, 뉴스, 일상적인 대화 등의 다양한 형식이 모두 이에 해당한다.

홍숙영, 『스토리텔링, 인간을 디자인하다』, 상상채널, 2011.

[예문 3] 세계 곳곳의 신화를 보아도 대개 이 세상은 처음에 혼돈으로부터 출발한다. 단지 혼돈에서 세상이 만들어지는 과정과 방법에 대한 표현이나 비유가 각각 다를 뿐이다.

히브리 신화에서는 야훼라는 절대자에 의해 혼돈으로부터 천지가 처음으로 창조된다. 『구약』 「창세기」에 의하면 야훼 하나님이 맨 처음 하늘과 땅의 영역을 갈라놓았고, 다음에 빛을 생기게 해서 낮과 밤을 만들고, 결국 모두 엿새에 걸쳐 물과 바다, 초목, 해와 달, 동물, 인간을 만든 뒤 마침내 이레째 되는 날 휴식을 취했다고 한다.

또 「창세기」와는 달리 반고 신화에서 보듯이 혼돈 속에서 거인이 생기고 이 거인이 죽음으로써 세상이 만들어지는 방식이 있는데, 이러한 종류의 이야기를 시체화생설(屍體化生說) 혹은 거인화생설(巨人化生說)이라고 부른다. 거인의 주검이 변해서 천지 자연을 이룬다는 이야기는 동양에만 있는 것이 아니다. 다른 지역의 세계 창조 신화에도 이런 계통의 이야기는 많이 있다.

정재서, 『이야기 동양 신화』, 김영사, 2010.

02 다음 제시어를 설명의 방법을 사용하여 한 단락의 글로 완성하시오.

(1) 열정페이

(2) 행복

03 다음 보기 중 하나를 고르거나 직접 그 대상을 정해 비교하시오.

〈보기〉

늑대/개　　진달래/철쭉　　사랑/우정　　연극/영화

04 논증

논증은 자신의 주장을 내세우고 독자가 글쓴이의 주장에 동의하도록 근거를 들어 설득하는 글쓰기 방법이다. 어떤 사실이나 원리의 진실 여부에 관심을 가지고 행해지는 글쓰기라는 점에서 설명과 비슷하지만, 설명이 문제를 풀이하여 독자를 이해시키는 글쓰기인 반면, 논증은 자신의 주장을 나름의 근거와 증거를 제시하여 독자를 합리적으로 설득시킨다는 점에서 서로 다르다. 이와 같은 논증은 무언가를 주장하는 명제와 그 명제의 정당성을 뒷받침하는 명제들로 구성되는데, 이때 주장의 역할을 맡은 명제를 '결론', 그 결론을 정당화시켜주는 근거의 역할을 맡은 명제를 '전제'라고 부른다.

1) 명제

명제는 논증의 기본 단위로 참 또는 거짓으로 판단될 수 있는 방식으로 인식되는 문장, 곧 진리가치를 가진 문장이다. 논증은 명제를 제시하는 것으로 출발하며, 그 명제의 정당성을 확정하는 것으로 끝난다고 볼 수 있다. 따라서 이러한 명제는 의문문이나 명령문의 형태를 취할 수 없고 반드시 서술문의 형태로 나타나게 된다. 논증에서는 사실명제와 정책명제가 주된 대상이 되는데, 어떤 사항이 글쓴이의 가치 판단에 영향을 미칠 수 있다는 점에서 가치명제 또한 중요하다.

(1) 사실명제

사실명제는 어떤 현상의 실제 존재 유무에 관한 판단을 대상으로 삼는다. 아직 진상이 완전히 밝혀지지 않은 과거의 역사, 현재나 미래의 사실도 모두 포함되는데, 예를 들어 '흡연은 건강에 안 좋다', '독도는 한국 땅이다' 등이 그러하다. 이때 조사 결과 곧 사실 여부가 드러날 수 있는 사실에 대해 논증하는 것은 무의미한 일이다.

사실명제	사실에 대한 진위 판단

(2) 정책명제

정책명제는 현재의 정책이나 제도의 변혁에 대해 어떤 방향으로 나아가야 하는지를 나타낸 것으로 '선거 연령을 19세에서 18세로 낮추어야 한다', '사형제는 폐지되어야 한다' 등이 있다.

정책명제	바람직한 행동이나 방향 제시

(3) 가치명제

가치명제는 어떤 사실에 대한 가치판단을 다룬 것으로 '우정은 사랑보다 소중하다', '시인 김소월의 대표작은 「진달래꽃」이다' 등을 예로 들 수 있다.

가치명제	가치에 대한 판단

논증을 위한 명제에는 다음과 같은 주의사항이 있다. 우선 둘 혹은 그 이상의 주장이나 판단이 들어있으면 안 된다. 특히 사실명제와 함께 제시할 경우, 그 양자를 하나의 문장으로 표현하는 것은 좋지 않으며, 이와 같을 경우 두 개의 명제로 나누어서 다루어야 한다. 또 사실명제는 명확하고 공정하며 선입견이나 편견이 없어야 한다. 예를 들어 '박쥐는 낮에는 자고 밤에 먹이를 잡으러 돌아다니는 새이다.'라고 서술했을 때, 이 명제는 잘못되었는데 박쥐는 새가 아니라 날아다닐 수 있게 진화한 포유동물이기 때문이다.

2) 논거

논거는 논증에서 사용된 주장의 근거를 가리키는데, 글쓴이의 주장을 보다 설득력 있게 전달하기 위해서는 객관적인 논거가 필수적이다. 글쓴이는 어떤 사실에 대한 자신의 감정을 논리적 근거로 삼아서는 안 되며, 논거의 성격에 따라 '사실논거'와 '의견논거'로 나눌 수 있다.

(1) 사실논거

사실논거가 증거로서의 자격을 가지려면 누구나 객관적으로 인정할 만한 것이어야 한다. 예를 들어 통계수치, 자연법칙에 기초하고 있는 사실, 널리 알려진 역사적 또는 현실적 사실, 실험에 의하여 객관적으로 입증된 사실이라야 증거로서의 자격을 가질 수 있다.

사실논거	통계수치, 역사적 사실, 실험자료

(2) 의견논거

의견논거는 제3자의 증언이나 서술로서 사실에 준하는 가치로 인정받은 자료를 가리키는데, 대개 인용문의 형태로 나타난다. 여기에는 그 분야의 전문가나 권위자의 의견, 일반적 여론 등이 대표적으로 꼽히며, 공정성을 검증받은 글쓴이의 의견, 목격자의 증언 등도 포함될 수 있다. 공정성 검증의 방법으로는 그 의견을 뒷받침하는 실례나 가상 사례를 들어 구체적으로 예시하거나, 의견의 정당성을 입증하는 보편타당한 증거들을 제시하면 된다. 그러나 권위자의 의견일지라도 시대에 따라 그 평가가 달라질 수 있다는 사실을 염두에 두어야 한다.

의견논거	전문가나 권위자 의견, 일반적 여론

또한 논거를 댈 때에는 논거의 질을 네 가지 측면, 즉 정확성, 구체성, 대표성, 신뢰성을 기준으로 평가해 볼 필요가 있다.

① **정확성**: 가장 중요한 원칙으로 반드시 갖추어야 한다. 만일 근거 내용 중 조금이라도 사실에서 어긋난 점이 있다면 논증 자체는 물론 글쓴이의 진실성도 의심받을 수 있기 때문이다.

② **구체성**: 아무리 거짓이 아닐지라도 구체적이지 않은 내용은 논거로서 부적절하다. 예를 들어 한국 직장인의 평균 연봉을 천만 원에서 일억 원 사이라고 말하는 것은 실제 통계 데이터가 그 안에 존재하는 명백한 사실이라고 해도 쓸모없는 진술에 불과하기 때문이다.

③ **대표성**: 논거로 든 자료는 대표성을 띠어야 한다. 개별적이고 특수한 사례가 아닌 거대한 표본 집단에서 도출된 자료여야 논거로서의 합당함을 인정받을 수 있기 때문이다.

④ **신뢰성**: 권위 혹은 명성 있는 전문가의 공정한 판단에서 나온 내용인지 확인해야 한다. 일반적으로 학계의 연구기관이나 정부 부처에서 공개적으로 발표한 글이 더 큰 신뢰감을 주기 때문이다.

3) 추론

추론은 근거를 들면서 논증해 가는 방법으로 전제와 결론의 연결 방식에 따라 크게 '연역적 추론'과 '귀납적 추론'으로 나눌 수 있다. 이것은 전제가 결론을 지지해 주는 확실성이 어느 정도인지에 따른 구분으로 연역적 추론에서는 전제가 결론의 필연성을 보장해 주지만, 귀납적 추론에서는 전제가 결론을 확률적으로만 지지해 준다.

(1) 연역적 추론

연역적 추론은 주어진 논거로부터 반드시 참인 명제를 추론하는 방법이다. 대표적인 연역적 추론으로는 아리스토텔레스의 '삼단논법'을 꼽을 수 있는데, 이때 가설로 내세운 대전제의 명사와 개별적 사실로 내세운 소전제의 명사는 아래의 예처럼 같은 개념으로 사용되어야 한다.

삼단논법

대전제: 일반적이고 보편적인 사실

인간은 모두 죽는다.

소전제: 개별적 사실

소크라테스는 인간이다.

결론: 특수한 사실

그러므로 소크라테스는 죽는다.

연역적 추론에서는 전제가 참이면 결론은 반드시 참이 되며, 전제로부터 결론이 필연적으로 도출되기 때문에 일반화된 법칙을 토대로 구체적인 사례를 예측할 수는 있지만, 새로운 정보나 지식의 확장을 이끌어내지는 않는다. 또한 전제를 긍정하면서 결론을 부정하는 것은 논리적으로 모순이므로, 만약 전제를 수용한다면 결론도 반드시 수용해야 한다.

(2) 귀납적 추론

귀납적 추론은 주어진 논거로부터 참일 개연성이 높은 명제를 추론하는 방법이다. 이때 검토된 사례의 수가 많아야 논지가 강화되고 설득력도 커지기 때문에 효과적인 귀납적 추론을 위해서는 많은 사례 검토가 필요하다. 또 검토된 사례는 전형적 사례에 해당해야 하며 검토 과정 중 글쓴이의 주장과 어긋나는 예가 발견되었다면, 어떻게 해서 그런 예가 발생했는지 반드시 밝혀야 한다.

귀납적 추론의 대표적인 방법으로는 '일반화'를 들 수 있는데, 일반화는 어떤 개별적인 사례에서 출발하여 같은 종류의 모든 사례에는 같은 결과가 나올 것이라고 추론하는 방법이다.

일반화

전제: 구체적인 예

레오나르도 다빈치는 죽었다. 〈사실1〉
세익스피어는 죽었다. 〈사실2〉
오드리 햅번은 죽었다. 〈사실3〉

공통적인 속성 및 유형의 발견

이들은 모두 사람이다.

결론: 일반화

그러므로 모든 사람은 죽는다.

귀납적 추론에서는 전제가 결론의 참에 대해 결정적이지는 않지만 훌륭한 증거를 제공해 준다. 따라서 전제가 참이면서 결론이 거짓이 되는 것은 확률적으로 일어나기 어렵다. 하지만 아무리 많은 사례들을 검토한다 하더라도 끝끝내 완전한 확실성에는 도달하지 못한다는 한계가 있다.

넓은 의미에서 유추의 방법 역시 귀납적 추론에 포함된다. 유추는 두 가지 대상 사이에서 어떤 유사성이 발견될 경우 그것을 토대로 양자 간에 유사성이 존재할 것이라고 추론하는 방법이다. 유추를 할 때는 두 사례 간의 유사점이 많아야 하며, 두 사례의 유사점은 표면적인 것이 아니라 본질적인 것이어야 한다. 유추에서는 결론과 어긋나는 결정적인 차이점이 있어서는 안 되며, 정확한 결론을 이끌어 내기보다는 좀 더 구체적인 검토를 할 수 있도록 동기를 마련해 주기 때문에 확정된 사실이 아닌 가정이나 이론으로만 인정한다.

4) 오류

오류는 사유법칙에 맞지 않게 추론함으로써 그릇된 판단을 이끌어내는 잘못된 주장을 말한다. 논증에서의 오류는 제시된 명제를 증명하기 위해 사용하는 귀납적 추론이나 연역적 추론을 잘못 사용하는 데서 비롯되며 그 예들은 다음과 같다.

(1) 성급한 일반화의 오류

몇 가지 특수한 경우만을 참고하여 이를 일반화시키는 오류로서, 예를 들어 아흔 살인 할아버지가 매일 술과 담배를 즐긴다고 해서 흡연과 음주가 건강에 아무런 영향도 미치지 않는다고 주장하는 것이다.

(2) 거짓이분법(흑백논리)의 오류

어떤 집합의 원소가 단 두 개밖에 없다고 여기고 추론할 때 빠지는 오류로서, 제3의 선택이 있을 수 있음에도 불구하고 양자택일을 강요할 때 발생한다. 예를 들어 '당신은 식사를 즐기지 않습니다. 그러므로 당신은 다이어트 중입니다'라고 말하는 경우이다.

(3) 거짓 원인의 오류

주어진 결과에 대해 원인이 아닌 것을 원인으로 잘못 오인하는 오류로서, A가 B의 원인이라고 주장하면서 A가 B를 어떻게 발생시켰는지는 설명하지 못할 때 발생한다. 예를 들어 '그 사람은 성격이 싱거울 거야. 왜냐하면 키가 크잖아'라고 주장하는 경우이다.

(4) 논점 회피(일탈)의 오류

마땅히 논해야 할 점은 논하지 않고 논점과 하등의 관계도 없는 여러 사실을 논함으로써 생기는 오류이다. 실제로 논증적 글쓰기에서는 주장과 관련 없는 내용을 서술하거나 논점에서 벗어난 내용을 언급함으로써 글의 초점을 흐리는 경우가 자주 발생하는데, 논거가 빈약하여 정당한 이론을 전개하기 곤란할 때, 고의로 혹은 부지불식간에 이와 같은 오류를 범하게 된다. 예를 들어 살인 사건을 다루는 법정에서 수법의 잔인함만 설명하고 피고인이 범인이라는 증거를 대지 않으면 전제에서 결론이 따라 나오지 않기 때문에 '논점 일탈의 오류'를 범하게 된다.

5) 좋은 논증의 조건

효과적인 논증을 위해서는 다음과 같은 원칙을 고려하여 글쓰기를 진행한다.

- 전제와 결론은 구별되고 관련 있어야 한다

  근거가 되는 전제 내용과 주장하고자 하는 결론 내용이 구별되어 나타나야 하며, 그 내용은 서로 연관이 있어야 한다.

- 전제는 신뢰할 수 있는 내용이어야 하며 충분해야 한다

  신뢰할 수 없는 전제에서 도출된 결론이라면 그 결론 역시 신뢰받을 수 없으며, 신뢰받을 수 있는 전제에서 시작했더라도 전제가 충분하지 못하면 결론을 지지하기에 불충분하다.

● 생각의 흐름을 자연스러운 순서로 나타낸다

독자가 쉽게 이해할 수 있도록 생각의 흐름은 자연스러운 순서로 나타내는 것이 좋다. 그렇지 않으면 글쓴이가 무엇을 말하고자 하는지 독자가 한눈에 파악하기 어렵다.

● 분명하고 구체적으로 주장을 표현한다

막연한 주장은 누구나 말할 수 있다. 논증에서는 구체적인 내용을 분명하게 나타냄으로써 독자에게 자신이 생각한 바를 분명하게 전달해야 한다.

● 감정이 실린 단어는 피한다

독자를 설득하기 위해서는 감정이 실린 단어가 아니라 객관적인 근거를 사용해야 한다.

● 하나의 용어는 하나의 의미로 일관되게 사용한다

하나의 용어를 여러 의미로 사용하면 독자들에게 오해의 소지를 남길 수 있으므로, 하나의 용어는 하나의 의미로만 충실하게 사용해야 한다.

● 예상되는 반론을 고려한다

같은 문제에 대해서도 다른 시각에서 접근한다면 반론이 나올 수 있다. 따라서 예상되는 반론에 대해 미리 검토해 보고, 이에 대한 준비를 충분히 해야 한다.

활동

01 다음 명제를 사실명제, 가치명제, 정책명제로 구별해 보시오.

● 2016년 3월 1일은 화요일이다.	
● 나는 영화보다 뮤지컬이 더 좋다.	
● 운전자는 교통법규에 따라 운전해야 한다.	
● 서울은 한국의 수도이다.	
● 중 · 고등학교에서의 음주, 흡연은 교사들이 금해야 한다.	

02 다음 신문 칼럼을 읽고 글 속에 나타난 주장과 근거는 무엇인지 찾아보자.

남녀 차이 큰 영역 … 평등이 잣대 될 수 없다

양성평등의 시대로 접어들면서 많은 것이 바뀌고 있다. 그러나 개중에는 바뀌지 말아야 할 것도 적지 않다. 평등은 모든 것을 획일적으로 같게 취급하는 것이 아니다. 동일한 대상이라 하더라도 '같은 점은 같게, 다른 점은 다르게' 취급하는 것이 요청된다. 양성평등 역시 남성과 여성이 같이 취급돼야 할 점과 달리 취급돼야 할 점을 합리적으로 구분하는 가운데 실현돼야 한다.

어떤 점을 같게 취급할 것인지에 대한 기준도 사회현실의 변화에 따라 달라질 수 있다. 예컨대 남성과 여성의 직업적 경력에 대한 평가 내지 그에 대한 대우가 그러하다. 하지만 병역의 문제는 — 적어도 아직은 — 남성과 여성을 획일적으로 같게 취급할 사안이 아니다. 그 이유는 다음과 같다.

첫째, 사회활동의 대부분이 육체적 근력보다 정신적 능력을 필요로 하며, 이 점에서 남성과 여성을 차별할 이유는 없다. 그럼에도 업무 성격에 따라서 남성 또는 여성을 선호하는 경우가 적지 않다. 병역의 경우 획일적 규율에 따른 신체활동이 주를 이룬다. 따라서 남성과 여성의 신체적 차이가 매우 중요한 의미를 갖게 되는 것이다.

둘째, 여성의 경우 출산과 육아라는 사회적으로 중요한 부담을 지고 있다.

헌법에서도 모성의 보호에 관한 특별규정을 두고 있다. 그 부담이 군복무보다 훨씬 가벼운 것이라고 단언하기 어렵다. 물론 시기의 조절과 병과의 배려 등으로 군복무를 가능케 할 수 있다는 주장도 있다. 하지만 이는 여성의 병역복무를 전제한 것이지 남성과 여성에게 병역복무 자체가 같은 의미를 갖는 것으로 볼 수는 없다.

셋째, 지원병제도를 채택한 국가들과는 달리 우리나라는 의무병제도다. 따라서 일정한 결격사유가 없는 모든 남성은 군복무를 해야 한다. 이 상황에서 여성들까지 모두 군복무를 하게 될 경우 관련 비용 증가 등 문제점들이 간단치 않다.

대부분의 반대논거는 정확한 현실 분석에 기초한 것이 아니라고 본다. 여성의 병역 의무를 인정함으로써 군복무 기간을 단축할 수 있다는 주장은 군사력 약화의 위험성을 간과한 것이다. 여성에 대해 군복무에 갈음하는 공익복무를 시키면 된다는 주장은 공익복무에 따른 기회비용을 경시하고 있다. 노르웨이에서 여성의 군복무를 인정한 것은 북한과의 대치상황에서 우리 군의 역할이 노르웨이 군대와는 다르다는 점을 고려해야 할 것이다. 이스라엘의 경우에는 전체 인구와 적정 군인 수라는 측면에서 우리와 다른 점이 있다.

헌법재판소가 남성에게만 병역 의무를 부과하는 것이 평등 위반이라고 주장한 헌법소원 사건에서 현행 제도가 합헌이라고 인정한 것은 이런 점들에 근거한 것이다. 더욱이 군사력 약화 및 비용 증가에 대해서는 국방부가 직접 이를 주장했다는 점에 대해서도 주목해야 할 것이다. 앞으로 사회현실이 또다시 달라지고, 무엇보다 군대의 역할이 달라질 수 있다. 군인의 역할 및 업무방식이 크게 바뀔 경우에는 이 문제도 새로운 관점에서 재검토할 필요성이 생길 수 있다. 적어도 현시점에선 아직 아니라고 본다.

장영수 고려대 법학전문대학원 교수, 『중앙일보』, 2014.3.22.

주 장	

근 거	

03 동일한 사건을 서로 다른 관점에서 다루고 있는 신문기사(사설, 칼럼, 비평 등)를 직접 찾은 후 두 신문기사의 차이점을 정리해 보고, 어느 글이 더 설득력이 있다고 생각하는지 자신의 의견을 밝혀보자.

출 처		
제 목		
주 장		
근 거		
자신의 의견		

04 '존엄사'에 대한 자신의 주장을 밝히고, 그 근거를 제시하는 글을 써보자.

PART 02

글쓰기의 과정

주제 정하기

CHAPTER 1

주제란 한 글의 '중심이 되는 문제'이다. 주제에는 글을 쓰는 목적과 동기가 포함되어 있다. 주제 선정은 글쓰기의 첫 단계인 동시에 글쓰기의 성패를 결정하는 중요한 과정이다. 주제가 선정되어야 그에 맞춰 글의 방향, 자료, 구성 등을 계획할 수 있기 때문이다.

01 주제 선정의 원칙

글을 쓰는 목적을 파악한다

이 글을 왜 쓰는지, 글을 써서 이루고자 하는 것은 무엇인지를 파악한다. 예를 들어, 자신을 소개하는 목적의 글을 써야 한다면 자신에 대해서 깊이 생각해 보고 효과적으로 자신을 소개할 수 있는 주제를 선택해야 한다.

관심과 흥미가 있는 것이어야 한다

글을 쓰는 사람의 관심이나 흥미가 있는 주제를 정한다면 글쓰기가 즐거워질 것이다.

자신의 역량을 파악해야 한다

글을 쓰는 자신의 역량이 어떠한지 파악해야 주제를 효과적으로 설정할 수 있다. 어떤 주제에 대해 자신의 능력으로 다룰 수 있을 만한 것인지를 파악해야 한다. 자신의 역량은 파악하지 못한 채 이상적인 주제를 선택한다면 글쓰기의 과정은 매우 어려워질 것이다.

| 글을 읽는 독자를 분석해야 한다

내가 쓴 글을 읽어줄 독자의 태도, 흥미, 요구, 지식수준 등을 파악해야 독자에게 맞는 주제를 설정할 수 있다.

| 글의 주제는 명확하고 구체적일수록 좋다

글을 읽는 입장에서 글의 주제가 명확하고 구체적이지 않다면 주제를 파악하기 어려울 것이다.

02 주제 선정의 과정

주제를 선정하는 과정에서 첫 번째로 해야 할 일은 생각을 하는 일이다. 주제에 대해 생각하고 집중하기 위해서는 브레인스토밍(Brainstorming)과 마인드맵(Mind map)을 해보는 것이 좋다.

1) 브레인스토밍하는 방법

브레인스토밍이란 어떤 주제에 대해 생각을 여는 작업이다. 브레인스토밍은 다음과 같은 순서로 진행한다.

- 혼자 하거나 조를 짜서 할 수 있다.
- 주어진 주제에 대해 생각나는 것들을 단어의 형태로 자유롭게 쓴다.
- 제시된 단어들을 결합하거나 삭제한다.

활동

'대학'에 관해 브레인스토밍해 보자. '대학'이란 말을 생각하면 무엇이 떠오르는가? 이때 떠오르는 생각을 종이 위에 써보자. 최대한 많이 써보고 그중 공통점이 있는 것을 모아 보자.

대학

〈자유롭게 쓰기〉

대학캠퍼스, 미팅, 개나리, 진달래, 대학생, 교수님, 강의실, 입학식, 자유, 수업, 수강신청, 무엇을 해야할지 모르겠다. 새로운 곳, 희망, 연애, CC ……

〈공통점을 가지는 것들을 묶어 써보기〉

2) 마인드맵 작성하기

마인드맵은 상상과 언어의 연상 작용을 지도를 그리듯 글자, 기호와 그림을 사용하여 생각을 표현하고 인식하는 방법이다. 이미지, 핵심 단어, 색, 부호를 사용할 수 있다. 단어나 이미지를 유기적으로 연결해 본다.

- **중심 이미지 그리기:** 커다란 종이와 채색할 수 있는 펜을 준비한다. 이때 사용하는 종이는 백지이다. 자신이 생각하고자 하는 주제를 종이에 표현한다. 그림, 단어 등을 사용하여 자유롭게 표현할 수 있다.
- **주(主)가지:** 종이의 가운데에 표현된 단어나 그림으로부터 선 하나를 긋는다. 이를 주가지라 한다. 이 선 위에 종이 가운데에 표현된 그림이나 단어와 관계된 혹은 연상되는 단어를 쓴다. 이를 핵심 단어라 한다. 핵심 단어의 길이와

가지의 길이가 거의 같도록 만들고, 글씨는 굵게 한다.

- 부(副)가지: 주가지로부터 연결된 가지를 부가지라 한다. 부가지 위에는 핵심 단어, 그림, 상징, 기호 등을 모두 표현할 수 있다. 주가지보다 가늘게 나타낸다.
- 주의 사항: 가지별로 다른 색상을 사용한다. 가지를 그려나가다가 채울 내용이 없으면 비워두고 다시 중심으로 돌아온다. 서로 다른 가지에서 나온 단어나 이미지가 관련이 있을 때에는 화살표를 사용하여 연결한다. 제시된 아이디어를 쪼개거나 묶거나 삭제하거나 뒤집어 생각해 본다.

활동

01 '나'에 대해 자유롭게 표현해 보자. '나'에 대해서 어떤 것을 쓰거나 그릴 수 있는가? 떠오르는 것들을 종이 위에 최대한 많이 표현해 보자.

02 '나의 꿈'에 대해 마인드맵을 작성해 보자.

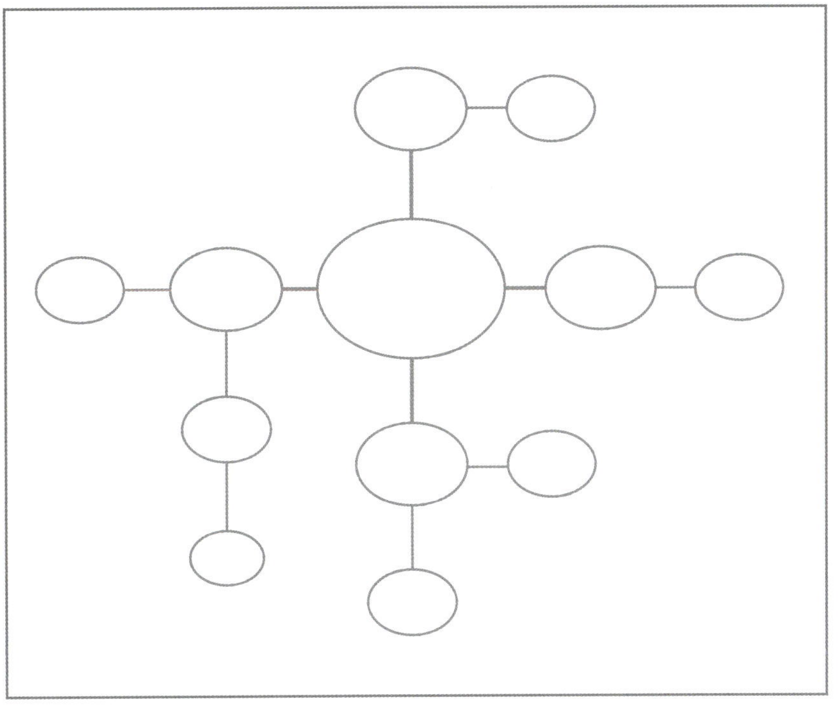

03 주제 좁히기

만일 주어진 주제가 있다면 우선 주제에 대해 깊이 생각해 본다. 예를 들어, 이번 학기 과제로 '대학문화에 관한 조사보고서'를 제출해야 한다고 가정해 보자. 대학문화에 관한 조사보고서를 쓸 때, 제일 처음 해야 할 일은 '대학문화'란 무엇인가에 대해 파악하는 일이다. 또한 '대학'과 '문화'란 무엇인가를 나름대로 설명할 수 있어야 한다. 이를 개념에 대한 정의라고 한다. 개념에 대한 정의는 주제나 주제문에는 기술되지 않지만 글을 쓰기 위해서 반드시 해야만 하는 작업이다. 실제로 글을 쓸 때 본문 안에 '대학', '문화', '대학문화'에 대한 정의가 포함되어야 한다. '대학', '문화', '대학문화'에 대해 정의하지 않으면 글쓴이가 생각하는 '대학'이나 '문화', '대학문화'가 무엇인지 독자는 잘 이해할 수 없을 것이다.

그 다음에는 글을 쓰는 목적, 글쓴이의 역량과 주어진 시간, 글의 분량 등을 고려하여 주제의 범위를 좁히는 과정이 필요하다. 글을 쓰는 사람은 대상을 깊이 생각해 보고 세부적으로 구체화할 수 있는 주제를 찾아야 한다. 어떤 주제를 정했다면 보다 구체적으로 주제를 정해야 한다. 이때 어떤 주제를 상위주제라고 하고 상위주제보다 더 범위가 좁고 구체적인 주제를 하위주제라고 한다. 하위주제에는 주제를 보는 글쓴이의 관점이나 태도가 드러난다. 예를 들어, '대학문화'에 관련된 주제를 정해 보자. 다음과 같은 순서로 범위를 좁혀나갈 수 있다.

❶ 대학문화 → ❷ 세계의 대학문화 → ❸ 동아시아의 대학문화 → ❹ 한국의 대학문화 → ❺ 서울의 대학문화 → ❻ 서울 시내 대학의 축제문화

먼저, 대학문화에 대해 지리적 관점에서 접근한다. 세계에는 많은 대학이 있다. 그중에서 한국이 속한 동아시아를 선택한다. 다음으로 한국을 선택한다. 한국의 여러 지역 중에서 서울을 선택한다. 서울의 대학문화에는 여러 가지가 있지만 그중에서도 축제문화를 선택한다. 이처럼 범위가 넓고 추상적인 주제를 범위를 축소시키고 구체화해야 보다 주제가 선명하게 되고, 그 주제를 가지고 글을 쓸 때 주제가 분명하게 드러날 수 있다.

04 주제문 쓰기

주제문이란 글쓴이의 입장, 신념, 태도 등이 드러난 주제를 하나의 문장으로 표현한 것이다. 주제문은 글의 범위를 한정하고 글의 목표를 제시하는 역할을 한다.

주제문은 글을 쓸 때, 무엇을 어떻게 쓸 것인지 계획하는 짧은 문장이다.

예를 들어, '아동학대'가 주제로 적절한가? '아동학대' 그 자체는 주제가 될 수 없다. '아동학대'의 범위가 너무 크고 '아동학대'라는 말 자체에는 어떤 갈등도 없기 때문이다. '아동학대를 막아야 한다'라는 주제는 어떨까? 아동학대를 막아야 한다는 주장에는 반대가 있을 수 없다. 찬성과 반대, 즉 갈등이 없는 주제이다. '아동학대를 막기 위해 어린이집에 CCTV를 설치해야 한다', '아동학대를 막기 위해 관련법을 제정해야 한다'처럼 찬성과 반대가 있는 주제를 선정한다면 다음과 같은 사항에 유의하여 주제문을 쓸 수 있다.

주제문은 완전한 문장의 형태로 써야 한다

예 어린이집의 아동학대 감시를 위해 CCTV를 설치해야 한다.

평서문으로 쓴다

예 어린이집에 CCTV를 설치하면 아동학대를 방지할 수 있을까? → 어린이집의 아동학대 방지를 위해 CCTV를 설치해야 한다.

한 문장 안에 하나의 주제를 쓴다

예 모성보호를 위해 출산휴가를 장려해야 하며 여성의 인권이 중요하다. → 출산휴가 장려는 모성의 보호뿐 아니라 여성의 인권을 위해서도 중요하다.

근거에 의해 증명될 수 있어야 한다

'어린이집의 아동학대 감시를 위해 CCTV를 설치해야 한다'라는 주제를 가지고 글을 쓴다면 글 안에서 CCTV 설치가 아동학대를 어떻게 감시할 수 있는지를 증명할 수 있어야 한다.

글쓴이의 의견이나 태도가 분명히 드러나야 한다

글쓴이의 의견이나 태도가 분명히 드러나지 않으면 글의 주제가 명확하게 드러날 수 없다.

명료한 표현을 쓴다

비유적인 표현이나 모호한 표현보다는 명료한 표현을 쓰도록 한다.

한 문장 안에서 모순되는 표현은 피한다

한 문장 안에서 논리적인 오류가 없도록 쓴다.

범위를 한정하여 쓴다

범위가 너무 넓은 경우에, 글쓴이가 감당하지 못할 정도로 분량이 늘어나거나 주제에 대해 글쓴이의 의견이나 태도가 분명하게 드러나기 어렵다.

활동

01 다음 주어진 예를 대상으로 주제의 범위를 좁혀 보자. 이때 유의해야 할 점은 무엇인지 생각해 보자.

● 인터넷문화 인터넷문화 ➜ 게시판문화 ➜
● 인생계획

● 모성보호

● 다문화 시대의 복지

02 다음의 주제에 대해 주제문을 작성해 보자.

● 남북통일

● 여대생 취업률

● 환경오염

자료 찾기

CHAPTER 2

자료란 글의 주제와 관련된 정보를 담고 있는 모든 매체의 기록물을 말하는데 단행본, 논문, 신문기사, 사진, 방송물, 통계자료 등이 해당된다. 글의 객관성과 설득력을 확보하기 위해서는 정확한 자료, 다시 말해 출처가 명확한 자료를 선택하는 것이 중요하다. 특히 글에서 어떤 정보를 제공하고자 할 때 출처가 불분명한 내용을 인용한다면 글에 대한 독자의 신뢰를 잃을 수 있으므로 자료 선택에 주의를 기울여야 한다.

글의 주제가 정해지면 우선 자료를 찾아야 한다. 자료를 찾는 과정에서 글의 주제에 대한 이해를 보다 높일 수 있다. 자료를 수집한 이후에는 필요한 자료들을 분류해 내고 이를 채록하는 과정으로 들어간다. 자료를 채록할 경우 자료의 중요사항들을 반드시 기입해 두어야 실제 글을 쓸 때 적절하게 활용할 수 있다.

01 자료 검색 및 수집

쓰려는 글과 관련된 자료 검색은 도서관 및 전자정보 매체를 이용하면 되는데, 전자정보 매체는 일반적으로 대학교 도서관 홈페이지의 첫 화면에 다음 그림과 같이 정리되어 있어 쉽게 사이트에 접속할 수 있다.

우선 전자정보 매체의 성격을 파악하고 해당 사이트로 접속하여 필요한 자료를 수집한다.

국내 DB

- 국내의 학술 논문 검색: RISS, DBPIA, KISS, 교보스콜라 등
- 경영 · 기업 · 주식정보: KISLINE, KISVALUE
- 법률정보: 로앤비 전자법률도서관
- 통계 · 여론조사: 데이터플러스, KSDC
- 패션 · 디자인: 트렌드포스트
- 한국학 · 예술문화: Korea AZZ, KRpia
- 백과사전: 브리태니커온라인, 한국민족문화대백과사전
- 온라인 전자잡지: 모아진
- 언론자료: 한국언론진흥재단

국외 DB

- 국외의 학술지 검색: NDSL, Springer Archival Access, ScienceDirect, ProQuest Central, ECC 등
- 예술 · 패션: Berg Fashion Library, Oxford Art Online, Vogue Archive
- 공연 · 음악 · 영상자료: Vast
- 백과사전: Encyclopedia Britannica Online

자료 검색은 도서관 홈페이지 또는 전자정보 매체의 검색창에 글의 핵심 주제 및 핵심어를 넣어 검색한다. 주제와 관련된 너무 많은 자료들이 검색되었다면 자료 유형, 주제 분류, 발행 연도 등의 조건을 설정하여 검색결과를 좁혀 볼 수 있다.

활동

도서관 홈페이지 또는 전자정보 매체에서 자료를 검색해 보자.

02 자료 분류

자료의 성격에 따라 1차 자료와 2차 자료로 분류할 수 있다. 1차 자료란 글(또는 연구)의 직접적인 대상이 되는 자료를 말하며, 2차 자료란 글(또는 연구)의 대상에 관한 분석 및 해석을 담고 있는 자료를 말한다.

예 '미셸 푸코의 권력 연구'라는 주제로 자료를 검색·수집할 경우, 1차 자료와 2차 자료는 다음과 같이 분류된다.

주제: 미셸 푸코의 권력 연구	
1차 자료	권력에 대해 쓴 미셸 푸코의 저작들
2차 자료	미셸 푸코의 권력에 대한 소개서, 연구서, 논문 등

예 '대학생의 다문화에 대한 이해와 다문화 교육 제안 – 덕성여자대학교를 중심으로'라는 주제로 자료를 검색·수집할 경우, 1차 자료와 2차 자료는 다음과 같이 분류된다.

주제: 대학생의 다문화에 대한 이해와 다문화 교육 제안 – 덕성여자대학교를 중심으로	
1차 자료	덕성여자대학교 재학생을 대상으로 한 다문화에 대한 이해도와 다문화 교육 방향에 관해 자신이 만들어 수집한 설문지와 그것의 통계자료
2차 자료	기존에 출간된 통계자료, 연구서, 논문 등 예 강진구, 「다문화교육이 대학생들의 다문화 인식에 미친 영향 조사」, 『다문화연구』, 2008. 박균열·박진환, 「대학의 다문화이해 강좌 인식 연구」, 『윤리교육연구』, 2010. 염미경, 「대학 다문화교육과 대학생들의 다문화 인식: 다문화이해 관련 교양 강좌 수강생들을 중심으로」,『현대사회와 다문화』, 2012. 조용환, 「다문화 교육의 의미와 과제」, 실린 곳: 『다문화 사회의 이해: 다문화 교육의 현실과 전망』, 유네스코 아시아·태평양 국제이해 교육원 엮음, 파주: 동녘, 2008.

03 자료 정리

자료 정리를 위해 과거에는 카드에 기록하였으나 요즘에는 다양한 컴퓨터 프로그램을 이용하여 편리하게 정리하는 경우가 대부분이다. 자료를 정리할 때에는 서지사항, 직접인용 및 간접인용 여부, 내용 등을 반드시 기록해야 한다.

저자/역자	강복정
서명/논문명	시설청소년을 위한 자립준비 교육 프로그램의 효과에 관한 연구 – 사회적응 및 건강가정형성교육을 중심으로 –
출판사/학술지	대한가정학회지
발행일/권·호	제40권 10호(2002년)
내용 요약 (직접인용 또는 간접인용)	이 논문은 퇴소대상 시설청소년들을 위한 자립준비 교육 프로그램의 효과를 알아보고 있다. 자립준비 프로그램은 시설청소년들의 자기이해 및 성장에 긍정적 영향을 끼쳤으며, 퇴소 후 사회적응 및 가정형성관, 자아정체감, 심리적 복지감, 대인관계 능력 향상에도 도움을 주었다.

	그러나 퇴소 전후 심리치료를 일정기간 동안 받을 수 있도록 하는 등의 퇴소대상 청소년들에 대한 사전·사후 관리 시스템을 마련해야 하는 개선안이 필요하다.
메모	퇴소대상 시설청소년들을 위한 현재의 자립복지방안의 문제점을 제기하고 개선안을 제안하고자 하는 나의 논문에 큰 도움이 될 것 같다. (도움이 될 만한 쪽수: 39~46쪽)

활동

자신이 찾은 자료를 다음과 같은 형식으로 정리해 보자.

저자/역자	
서명/논문명	
출판사/학술지	
발행일/권 · 호	
내용 요약 (직접인용 또는 간접인용)	
메모	

참고사항

비문헌 자료를 정리하는 경우에도 위의 정리방식에 따라 중요 사항을 기록해 둔다.

요약하기

CHAPTER 3

요약은 주어진 글을 읽고 간략하게 정리하는 것이다. 이 과정에는 남의 글을 읽고 이해하는 독해의 과정이 필요하다. 즉, 주어진 글의 의도를 해석하기 위한 적극적인 읽기 과정이 전제된다. 읽기가 끝나면 이를 단순하게 줄이는 것이 아니라 전체 구조를 파악하여 새롭게 하나의 글로 재구성하여 줄여 쓸 수 있어야 한다. 이때 주어진 글의 의도를 제대로 파악할 수 있어야 하며, 중요한 부분과 필요 없는 부분을 구별하여서 핵심 내용을 손상하지 않는 범위에서 자신의 언어로 다시 표현해야 한다.

01 요약의 활용

요약은 학문, 담화, 공동체의 쓰기 활동에서 활용되며, 이밖에 감상문, 비평문, 에세이 등 다양한 글쓰기에 기본적으로 쓰인다. 쓰기 활동 외에도 토론과 토의, 독서 세미나, 일상의 담화 활동 속에서 요긴하게 사용될 수 있으므로, 적극적으로 요약의 방법을 익히고 과정별 활동을 통해 익숙하게 활용할 수 있어야 한다.

❙ 학문적 담화 공동체의 관습을 익힐 수 있다

요약문 쓰기는 학문 담화 공동체가 요구하는 글의 구조 및 표현 방식을 습득하기 용이한 글쓰기이다. 해당 학문 분야의 지식뿐만 아니라 그 지식을 서술하는 글쓰기 방법을 익힐 수 있다. 또 내용의 완전한 이해를 전제로 한다는 점에서 요약이 학문 활동 자체가 되기도 한다.

❙ 다양한 글쓰기의 기본 구성 요소가 된다

요약은 그 자체로 하나의 활동이 되기도 하지만 감상문, 비평문, 에세이, 설명문, 논설문 등 다양한 글쓰기 활동 시에 기본 요소로서 요긴하게 활용된다.

❙ 공식적인 토의와 토론, 독서 세미나 등에서 사용된다

요약은 하나의 주제에 대해 토의하거나 토론할 때 말하기, 듣기를 위한 기본 요소가 된다. 자신의 의견을 제시하기 위해 요약을 하거나 타인의 의견을 듣고 요약하면서 토의와 토론을 진행한다. 또 독서 세미나를 위해 작가에 대해 조사하거나, 해당 도서의 내용과 줄거리를 요약할 때 필요하다.

❙ 사회 활동 속에서 정보를 선별하는 데 이용된다

현대 사회에는 넘쳐나는 정보와 지식의 홍수 속에서 필요한 핵심 정보를 선별하고, 재조직하는 능력이 요구된다. 이를 통해 사회 속에서 바람직하게 소통하면서 비판의식과 창의성을 갖춘 인재로 성장할 수 있다.

❙ 일상적인 담화 활동에서 기본적인 소통의 요소가 된다

요약은 일상적인 담화 상황에서 타인의 주관, 정보, 개성을 논리적으로 파악하는 소통의 기술과 방법이 된다.

02 요약의 과정

요약의 과정은 크게 읽기 단계와 쓰기 단계로 나눌 수 있다. 읽기 단계는 요약의 기본이 되는데, 타인이 쓴 글을 읽으면서 글에 대한 이해도를 높이고, 중심 생각을 찾는 과정이다. 글의 길이를 줄이는 것보다 더 중요한 것은 원문에 대한 정확한 이해이다. 쓰기 단계는 읽기 단계에서 파악된 정보를 정리하고 요약하는 단계이다. 글 전체의 핵심 내용이 유기적으로 재구성되도록 구조를 결정한 후 요약문을 쓴다.

1) 읽기 단계

① 전체 글을 읽으면서 글의 유형, 흐름을 파악한다.
② 단락별로 핵심어, 소주제문을 찾으며 읽는다.
③ 핵심어나 소주제문에는 줄을 긋거나 따로 메모해 놓는다.

2) 쓰기 단계

① 글의 구조를 결정한다.
② 글의 내용을 재구성하여 요약 개요를 짠다.
③ 개요에 맞게 요약문을 작성하고, 내용, 표현, 맞춤법을 점검한다.
④ 요약문을 점검하고 수정한다.

이러한 요약의 과정을 순서에 따라 도표화하여 그 내용을 정리해 보면 다음과 같다.

[요약의 과정 및 순서]

<table>
<tr><th></th><th>요약 과정 및 순서</th><th>내 용</th></tr>
<tr><td rowspan="2">읽 기</td><td>단락별로 핵심어, 소주제 찾으며 통독하기</td><td>1. 핵심어는 주제와 관련된 말을 가리키지만, 전체적인 흐름상 주제와 관련된 반대 어휘도 핵심어가 될 수 있다.
2. 핵심어를 찾으면 단락별 부분 요약을 하며 소주제를 찾는다.
3. 저자의 의도를 파악한다.</td></tr>
<tr><td>전체 주제 파악하고 주제문 작성하기</td><td>핵심어 찾기와 단락별 요약을 통해 전체 주제를 파악하고 주제문을 작성한다.</td></tr>
<tr><td rowspan="2">쓰 기</td><td>재구성:
요약 개요 짜기</td><td>요약의 재창조성이 드러나도록 요약문의 개요를 짠다.
1. 주어진 글의 구성 방식대로 쓸지,
2. 새로운 구성 방식으로 재구조화할 것인지 결정한다.
3. 개요 짜기
• 처음: 저자의 의도, 문제제기
• 중간: 요지와 근거, 사례
• 끝: 결론, 강조</td></tr>
<tr><td>요약문 쓰기:
내용, 표현, 맞춤법</td><td>1. 처음-중간-끝의 구조를 가진 간결한 문장으로 구성한다. 이때 전체 주제를 염두에 두고서 소주제문을 중심으로 내용을 연결한다.
2. 표현의 적절성, 문장 성분의 호응, 맞춤법 등을 점검한다.</td></tr>
</table>

03 요약의 규칙, 조건, 유의 사항

1) 요약의 규칙

● 사소하거나 불필요한 내용은 삭제한다.

- 중요한 내용이라도 반복적이고 잉여적인 것은 삭제한다.
- 하위 개념이나 요소들은 가능하면 상위 개념으로 대체한다.

  예 백인, 흑인, 황인종 모두 → 사람 모두
- 글 속에 주제문이 명시적으로 나타날 경우 이를 선별한다.
- 마땅한 주제문이 글 속에 없을 때는 스스로 창출한다.

  → 있을 때는 찾고 없을 때는 만든다.

2) 요약의 조건

- 순차요약: 글의 흐름에 맞추어 주어진 글을 차례대로 요약하는 경우
- 분석요약: 일정한 기준에 의해 요약하는 경우

  예 공통점과 차이점을 중심으로

3) 유의 사항

- 요약의 분량이 정해져 있다면 분량을 고려해서 써야 한다.
- 예나 일화, 부연 부분은 생략한다.
- 가능하면 본문을 보지 않고 자신의 말로 표현한다.
- 요약문을 완성한 후에는 원문과 요약문을 대조하여 오류를 점검하고 수정한다.

4) 쉽게 범하는 요약의 오류

- 각자의 사전 지식과 관련된 내용을 중심으로 요약한다.
- 글의 마지막 부분의 내용을 정리한다.

04 요약의 실제

박물관과 일반대중

유럽과 아시아의 많은 박물관, 미술관은 황실의 수집품들, 예를 들어 파리의 루브르, 마드리드의 프라도, 타이완의 국립왕궁박물관, 교토의 국립박물관, 그리고 성 페테르스부르그의 에르미타주로부터 발전했다. 어떤 박물관들은 올림피아와 델피 근처에 있는 그리스의 박물관들처럼 그 지역의 중요한 고고학적 유물들을 전시한다. 또한 최근에 건립된 박물관들은 문화의 옹호자로서 국가의 이미지를 부각시키기 위해 캔버라, 요하네스버그, 워싱턴, 오타와 같은 국가의 수도에 건립되었다. 그밖에 다른 박물관들은 리스본의 타일 박물관처럼 지역 생산물이라는 환경 덕분에 생겨나기도 했다. 또 어떤 박물관들은 스웨덴 웁살라의 구스타비아눔 박물관처럼 지역, 예술, 과학, 그리고 의학의 역사를 결합하고 있기 때문에 한가지 성격으로 범주화하기가 어렵다.

박물관들은 한 예술가의 지역적인 정체성을 반영할 수도 있다. 조지아 오키프는 그녀가 작업하는 동안의 대부분을 뉴멕시코에서 살았고 그녀의 심상은 푸에블로인과 사막의 광막한 하늘, 꽃, 표백된 동물의 뼈를 끌어들인다. 그밖에 모네의 집인 기베르니의 정원들, 암스테르담의 반 고흐 미술관, 그리고 피츠버그의 워홀 미술관 같은 단일 작가들의 미술관이 있다. 그런데 박물관은 우연히 세워지는 것처럼 보인다. 산타페의 국제민속예술관은, 쿠웨이트의 타렙 라잡 박물관이 개인적으로 수집한 이슬람 미술품을 토대로 세워진 것처럼 알렉산더 기라르의 재력과 수집 열정, 그리고 헌신으로 성장하였다. 석유상 폴 게티는 자신의 사유지가 있는 말리브에 빌라 박물관을 지었다.

대부분의 초기 박물관들은 모든 사람을 목적으로 하였지만 최근에 세워진 박물관들은 특정한 사람들을 대상으로 하는 것 같다. 국립여성미술관 혹은 아프리카계 미국인 미술박물관들, 유대인 박물관, 히스패닉 박물관 등의 박물관은 '동족(tribal)' 박물관으로 불린다. 모든 집단이 자신의 박물관을 가지고 있는(혹은 원하는) 것처럼 보인다. 아서 단토는 「박물관과 목마른 대중들」이라는 글에서 박물관의 이러한 적대적인 분열을 탐구해 왔다. 소수집단들은 '그들의' 예술가, 취미, 그리고 가치가 주류 박물관에 받아들여지지 않았기 때문에 새로운 박물관이 필요하다고 주장한다(이들은 철학자 흄이 말한, '교육받은 사람들'의 '취미의 규준'이란 단지 편협한 문화적 규범을 반영한다고 지적할지도 모른다). 이에 대응하여 더 오래된 박물관들은 그들의 수집품과 관람객을 더 확보하려고 노력해왔다. 그들은 소수파 예술을 위한 전시들을 계획한다. 즉 사람들은 개막식에서 현악 4중주 연주 대신에 아프리카 북 연주자와 무용수들을 발견할지도 모른다. 그러나 박물관들은 아직도 엘리트적 제도를 고수한다. 유럽과 북아메리카 전역에 걸쳐 그 인구의 22%도 되지 못하는 관람객들은 대부분 고소득층과 교육적 배경을 가진 사람들이다.

신시아 프리랜드, 「박물관과 일반대중」, 『과연 그것이 미술일까?』, 전승보 옮김, 아트북스, 2002.

	요약 과정 및 순서	내 용
읽 기	단락별로 핵심어, 소주제 찾으며 통독하기	(핵심어는 적고, 소주제는 밑줄 긋기) 박물관의 성격, 예술가의 지역적 정체성, 단일 작가의 미술관, 동족 박물관, 적대적 분열, 소수파 예술, 엘리트적 제도
	전체 주제 파악하고 주제문 작성하기	최근에 세워진 박물관들은 특정한 사람들을 대상으로 하는데, 유럽과 북아메리카 관람객들의 대부분이 고소득층과 교육적 배경을 가진 사람들이다.
쓰 기	재구성: 요약 개요 짜기	• 처음: 박물관 건립의 목적 • 중간: 1. 박물관 건립 목적의 다양성 2. 특정인을 대상으로 하는 최근 박물관 • 끝: 엘리트적 제도의 고수
	요약문 쓰기: 내용, 표현, 맞춤법	박물관 건립의 목적은 무엇인가? 저자는 이 물음에 대해 초기에 황실의 수집품을 모아놓는 것으로부터, 지역의 고고학적 유물들 전시, 국가 이미지 부각 등 그 목적을 한가지 성격으로 범주화하기 어렵다고 말한다. 또 조지아 오키프의 경우처럼 한 작가의 지역적 정체성을 반영하기도 하고, 기라르처럼 한 개인의 열정으로 성장한 박물관도 있다고 한다.

	요약 과정 및 순서	내 용
쓰 기	요약문 쓰기: 내용, 표현, 맞춤법	최근에 세워진 박물관은 모두를 대상으로 하기보다 특정인을 대상으로 하고 있는데, '동족(tribal)' 박물관이 그 예이며, 모든 집단이 자기들의 박물관을 원하고 있다고 한다. 박물관은 소수파 예술을 위한 전시를 계획하지만 아직도 엘리트적 제도를 고수한다. 유럽, 북아메리카의 관람객들의 대부분은 고소득층과 교육적 배경을 가진 사람들이다.
수 정	요약문 점검하고 수정하기	1. 원문을 정확히 이해하고 원문의 소주제문을 중심으로 요약하였나? 2. 원문의 일부를 그대로 베껴 쓰지 않았나? 3. 사소하거나 불필요한 부분은 삭제했는가? 4. 요약문은 원문 없이도 독립적으로 완전한가? 5. 원문을 왜곡하거나 비약한 것은 없는가?

활동

다음 예문에 나타난 '정상 과학'과 '과학 혁명'의 개념을 비교하여 요약해 보자.

정상 과학과 과학 혁명

과학 혁명은 정상 과학의 성과들이 누적되어 자연스럽게 이루어지는 과정이 아니다. 그렇다면 굳이 혁명이라는 말을 붙일 필요도 없을 터이다. 지금 우리가 사실로 믿고 있는 지동설은 프톨레마이오스의 천동설을 토대로 해서 생겨난 게 아니다. 뉴턴의 천문학은 '원칙적으로' 천동설과 달랐다. 프톨레마이오스는 천체의 운동을 중심으로 해서 천동설을 구성했지만, 뉴턴은 운동이라는 현상을 주로 고민하지 않고 운동의 원인을 문제 삼았다. 잘 알려진 사과나무 이야기에서처럼 그는 운동의 원인을 힘에서 찾았으며, 행성계에서는 운동 현상보다 운동의 원인, 즉 힘이 중요하다고 보았다. 그 결과가 곧 만유인력의 법칙이다. 프톨레마이오스는 단순히 천체의 운동이라는 경험적인 사실을 받아들였지만 뉴턴은 문제 설정 자체를 바꾸었다. 이처럼 과학 혁명은 문제를 푸는 방식이 아니라 문제를 내는 방식이 바뀌는 것과 관련된다.

우리 문화유산을 다룬 어느 책 덕분에 "아는 만큼 본다"는 말이 장안의 화제가 된 적이 있다. "이집트의 피라미드에 비하면 첨성대는 별거 아니지, 뭐." "그리스의 파르테논 신전을 보라구. 석굴암보다 훨씬 고대의 것인데도 훨씬 웅장하잖아." 이렇게 말하는 사람들은 규모만을 기준으로 해서 모든 것을 보기 때문에 그렇게 생각하고 그렇게 발언하는 것이다. 즉 그들은 예술과 문화와 역사에 관해 무지하다. 알지 못하면 피라미드나 첨성대나 그저 돌아 쌓아 올린 돌더미일 뿐이다. 어차피 같은 돌더미일 바에야 더 큰 게 더 보기 좋을 테고……. 사실 "아는 만큼 본다"는 원리는 문화유산만이 아니라 모든 예술품 감상에서 기본적인 태도이며 방식이다. 알기 위해서는 공부가 필요하다. 이렇게 본다면 "보는 만큼 안다"는 말도 "아는 만큼 본다"는 말에 못지않게 사실일 것이다. 봄과 앎은 서로 끊임없이 교대하면서 서로가 서로를 상승시킨다. 보는 만큼 알게 되고, 또 그렇게 해서 얻은 앎을 가지고 또 달리 보게 되고…….

과학의 발전사에서 정상 과학의 시기와 혁명의 시기는 봄과 앎의 맞교대에 비유할 수 있다. 정상 과학의 시기는 앎이 봄보다 우위에 있다. 누구나 "아는 만큼 본다"는 원리에서 벗어나지 못한다. 그 앎이 곧 패러다임이기 때문이다. 그러나 보는 것이 늘어날수록 즉 새로운 것이 발견될수록 패러다임의 완벽성에 금이 가기 시작한다. 이렇게 해서 정상 과학은 조금씩 균열되다가 그게 누적되면서 마침내 봄이 앎을 깨뜨리는 시기가 다가온다. 과학 혁명이 시작되는 것이다.

쿤은 산소 발견을 예로 들고 있다. 산소는 늘 우리 곁에 있었지만 그것이 발견된 때는 18세기 말이다. 산소가 발견되기 이전까지 과학자들은 물체가 가열되면 플로지스톤(phlogiston)이라는 성분에서 열소(熱素)가 방출된다고 믿었다. 플로지스톤은 사실 가상의 성분일 뿐이지만 당시의 패러다임에서는 그런게 실제로 존재한다고 믿었다. 산소가 발견된 것은 이 시기의 일이다.

산소를 발견한 공로는 적어도 세 사람에게 돌릴 수 있다. 우선 스웨덴의 약제사인 셸레가 처음으로 대기 중에서 산소를 분류해 냈다. 하지만 그는 그게 새로운 기체인지 몰랐으며, 당연히 새 이름을 붙일 생각을 하지도 못했다. 얼마 후 영국의 과학자 프리스틀리는 수은의 산화물을 가열할 때 방출되는 기체를 모았다. 그것은 바로 산소였으나 그도 역시 산소라는 것을 모르고, 단지 플로지스톤이 들어 있는 기체라고만 생각했다. 결국 그 두 사람은 아는 만큼 본 것이다.

그런데 곧이어 1755년 프랑스의 라부아지에는 프리스틀리의 연구를 발전시켜 산소를 새로운 기체라고 주장하게 된다. 물론 이전 패러다임에 속해 있던 프리스틀리로서는 결코 수용할 수 없는 주장이지만, 그것으로 플로지스톤의 패러다임은 무너지고 새로운 패러다임이 성립했다. 산소를 새로운 기체로 규정함으로써 라부아지에는 패러다임을 바꾼 것이다. 이제 플로지스톤에 기초를 두고 있던 모든 화학체계는 수정 대상이 아니라 아예 폐기 대상이 되었다.

이렇게 과학 혁명은 정상 과학에서 해명할 수 없는 현상이 일어나거나 새로운 것이 발견되었을 때 촉발된다. 그리고 그 결과는 기존의 것을 새 체계 내로 수용하는 게 아니라 전면적으로 부정하게 된다. 물론 산소의 발견도 정상 과학에서 누적된 성과(셸레와 프리스틀리의 실험)가 없었다면 불가능한 일이었듯이, 정상 과학의 성과가 언제나 완전히 무시되는 것은 아니다. 그러나 적어도 정상 과학의 연장 속에서 과학 혁명이 일어나는 게 아니라는 것만은 분명하다.

남경태, 『한눈에 읽는 현대철학』, 휴머니스트, 2012.

주제문	

요약 개요	
요약문	

개요 짜기

CHAPTER 4

개요는 글의 주요 핵심 내용을 간략하게 추린 것이다. 개요는 마치 망망대해 속 선장의 손에 들린 나침반, 미지의 세계를 여행하는 탐험가의 지도 혹은 길 안내자, 초행길 운전자의 내비게이션과 같다. 개요를 통해 글의 방향을 미리 모색할 수 있고 글 전체의 윤곽을 미리 그려볼 수 있다.

01 개요의 필요성과 기능

1) 개요의 필요성

개요 작성은 글 전체에 대한 조감을 가능하게 한다. 잘 짜여진 개요에서 출발한 글은 체계적·논리적·유기적이며 구조적으로 완성도가 높다. 좋은 개요에서 군더더기 없이 짜임새 있는 글이 나올 수 있다. 개요 없이 무턱대고 글을 쓰면, 논리의 일관성이 결여되기 쉽고 구조적으로 허점이 많은 글이 나올 가능성이 크다. 그러므로 본격적인 글쓰기 이전에 개요 작성은 필수적이다.

개요는 보통 몇 번의 수정을 거쳐 완성된다. 우선 개략적인 개요를 작성하고 이후 여러 차례 심사숙고하여 개요를 고치는 작업을 거친다. 일반적으로 수집한 자료에 대한 본격적인 탐구가 이뤄지지 않은 시점에서, 아직 주제에 대한 이해도가 낮은 상태로 처음 작성한 개요는 집필 과정에서 미비한 점과 문제점이 발견될 수 있다. 이때 개요는 구조상의 문제점 발견, 용어 선택의 오류, 통일성 결여, 집필 의도와 방향의 변화, 기술 전략 방향 전환 등의 이유로 수정된다. 신중한 수정 작업을 통해 '최상의' 개요를 완성하면 그만큼 전체 글의 완성도가 높아질 가능성이 커진다. 최상의 개요 작성을 위해 심혈을 기울여야 하는 이유는 개요가 탄탄할수록 중도에 길을 잃어버리지 않고 소기의 목적을 달성할 가능성이 커지기 때문이다. 시간과 에너지의 낭비 없이 효율적으로 소기의 성과를 거두기 위하여 체계적인 개요는 필수적이다.

2) 개요의 기능

개요를 작성하면서 비로소 연구대상과 연구범위에 대한 자신의 막연한 생각을 구체화하고 체계화하게 된다. 구체적으로 작성된 개요는 자료에 대한 체계적인 접근과 정리를 가능하게 한다. 개요의 요소요소를 되짚어 보면서 자신의 구상이 어떻게 실현될 수 있을지 방법을 찾을 수 있다. 마치 여행자가 자신이 계획한 여행의 최종 목적지까지의 여정과 이정표를 미리 확인하고 길을 떠나면 불필요한 시간 낭비를 최소화할 수 있는 것과 같다. 개요는 글 쓰는 과정에서의 모든 시행착오와 오류를 최소한으로 줄여주고 효율적인 글쓰기를 가능하게 한다. 또 개요를 완성된 글에서 목차로 전환하여 활용할 수 있다. 개요를 손질하면서 간단하고 명료한 명사구로 바꾸면 목차로 요긴하게 쓸 수 있다.

02 개요 작성의 단계

우선 잠정적 개요를 작성하고 새 항목을 가감하는 수정 과정을 거쳐 최종 개요가 완성되기까지, 대체적으로 다음과 같은 개요 작성의 단계를 거친다.

Step 1 주제와 관련된 다양한 글감을 수집하고 나열한다.

Step 2 기준을 정하고 기준에 따라 수집된 글감을 분류한다.

Step 3 논리적 흐름에 따라 배열 순서를 정한다.

Step 4 실제 개요를 작성한다.

Step 5 불필요한 군더더기를 삭제하고 새로 보충할 글감을 추가한다.

Step 6 수정을 통해 최종 개요를 완성한다.

이렇게 탐구 대상의 범위를 확정하고, 피력할 핵심 견해를 결정한 후 수집한 글감을 분류하는 작업을 마치면 잠정적인 예비 개요를 작성할 수 있다. 일반적으로 크게 서론, 본론, 결론의 삼단 구성으로 조직하면서, 본론의 구성을 확대하는 것이 좋다. 본론은 글의 핵심이기 때문에 전달하려는 중심 내용을 강화하고 심화, 확대한다. 짧은 보고서나 소논문의 경우 서론, 결론을 1장(章)씩 할애하고, 본론을 2~4장(章)으로 구성하는 것이 일반적이다. 서론 1장, 본론 3장, 결론 1장으로 구성된 가장 기본적인 예비 개요의 틀은 다음과 같다.

제 목

1. 서론
2. 세부사항 1
3. 세부사항 2
4. 세부사항 3
5. 결론

예비 개요의 기본 골격 위에 더 구체적이고 계층적인 개요를 작성한다. 각 상위 세부사항에 포함되는 하위 세부항목을 적는다. 개요를 작성하면서 각 항목들 사이에 논리적 체계성이 있는지, 하위 항목들이 상위 항목 안에 포함되는 내용인지 꼼꼼하게 점검한다.

03 개요의 종류

개요는 마치 치밀한 설계도와 같다. 개요만 보고도 글의 내용이 어떻게 조직되고 전개될 것인지 한눈에 파악할 수 있다. 개요의 주 기능과 역할은 한 마디로 글 전체의 조감이 단번에 가능하도록 만드는 것이다. 개요가 이러한 개요의 기능과 역할을 다하기 위해서는 형식을 갖추어야 한다. 문자, 기호, 번호를 각 항목 앞에 달면 글의 내용이 일목요연하게 정리된다. 깔끔한 형식은 글의 내용 사이 위계질서를 잘 드러나게 한다. 개요는 일반적으로 표시 방식에 따라 장절 개요, 수문 개요, 수 개요로 분류된다.

[개요의 종류]

장절 개요	수문 개요	수 개요
제1장 서론	1. 서론	1. 서론
제2장	2.	2.
제1절	가.	2.1.
제2절	나.	2.2.
제1항	(1)	2.2.1.
제2항	(2)	2.2.2.
제3장	3.	3.
제1절	가.	3.1.
제2절	나.	3.2.
제4장	4.	4.
제1절	가.	4.1.
제1항	(1)	4.1.1.
제2항	(2)	4.1.2.
제2절	나.	4.2.
제1항	(1)	4.2.1.
제2항	(2)	4.2.2.
제5장 결론	5. 결론	5. 결론

그 외에 다양한 조합의 개요 구성이 가능하다.

[개요 구성]

번호식 구분	번호 · 문자 조합식 구분	번호 · 문자 조합식 구분
1	I	I
1-1	A	1
1-1-1	1	가
1-1-2	2	나
1-1-2-1	a	1)
1-1-2-2	b	2)
1-2	B	2
2	II	II
2-1	A	1
2-1-1	1	가
2-1-2	2	나
2-2	B	2

어떠한 형식이 가장 맘에 드는가? 원하는 한 가지 형식을 선택하여 사용한다. 무엇보다 장, 절, 항 사이 위계질서가 확실하게 드러나도록 작성한다. 글 전체의 조감이 용이한 개요를 위하여 적절한 들여쓰기가 필요하다. 들여쓰기는 상위 항목과 하위 항목 간의 포함 관계를 시각적으로 파악하게 한다. 그 외에 글자 크기, 진하기를 조절하여 위계질서를 부각시킬 수 있다. 좋은 개요 작성의 관건은 글의 구조를 한눈에 명확하게 파악할 수 있도록 시각적으로 형상화하는 것이다.

04 개요 구성의 규칙

일반적으로 좋은 개요는 질서정연하고 단순하고 명료하다. 개요는 논리의 흐름에 따라 구조적으로 조직되어야 한다. 체계적이고 조직적이며 철저하게 일관성이 있어야 한다. 형식은 무엇을 활용해도 좋지만, 항목 세분화를 위해서 지켜야 할 규칙이 있다. 개요는 계층적 구조로 짜야 한다. 큰 항목을 논리적으로 세분하는 작업을 거쳐야 비로소 치밀한 분석이 가능하다. 큰 표제를 세분화한 동격의 표제는 병행 배열한다. 동일한 위계 계층에 놓인 항목들은 동등한 가치와 중요성을 지녀야 한다. 항목들 사이에 논리, 인과, 연대순 등등 이해 가능한 흐름을 설정한다. 예를 들면 개요의 각 항목을 조직적으로 구성하고 배열하기 위하여 세울 수 있는 기준은 다음과 같다.

- 공간적 혹은 시간적 순서에 따라
- 원인에서 결과로 혹은 결과에서 원인으로
- 내용의 중요도 경중에 따라
- 간단한 것에서 복잡한 것으로
- 이론 분야에서 응용 분야로
- 일반적인 내용에서 특수한 내용으로 혹은 특수한 내용에서 일반적인 내용으로

또한 각 항목들이 중복되지 않도록 한다. 하위 항목이 상위 항목의 범주를 벗어나지 않도록 한다. 세분해야 할 2개 이상의 동격 항목이 없으면 항목을 나누지 않는다.

05 개요의 실례

짧은 글에서도 개요 작성은 유용하다. 다음은 '한식의 세계화'를 주제로 다룬 글의 개요이다.

한식의 세계화 방안

1. 서론
2. 다양한 한식 메뉴 개발

3. 전문 한식 조리사 양성
4. 결론

한국 청년실업에 대하여 문제의식을 가진 한 학생의 소논문 개요를 통하여, 논리에 따른 항목 세분화가 어떻게 이뤄졌는지, 체계적인 개요를 완성하기 위하여 반드시 지켜야 할 규칙은 무엇인지 살펴보자.

한국 청년실업의 원인과 정부의 정책적 해결방안

1. 들어가며

2. 한국 청년실업의 원인
   2.1. 기업 고용규모 감소 및 경직성
   2.2. 중소기업 회피 현상
   2.3. 노동시장 인프라 부족
   2.4. 진로 취업 프로그램 부진

3. 한국 청년실업에 대한 정부의 해결방안
   3.1. 새 일자리 창출 지원
   3.2. 중소기업 육성
   3.3. 노동시장 인프라 개선
   3.4. 진로 취업 프로그램 보완 및 강화

4. 나오며

위의 소논문의 본론은 크게 2장이다. 본론 2장에서 한국 청년실업의 근본 원인 4가지를 지목하고, 다음 본론 3장에서 원인 4가지에 상응하는 해결방안 4가지를 제안하였다. 또 '원인'과 '해결방안'이란 논리적 순서에 따라 집필하려는 의도를 밝혀 개요 전체에 통일성을 부여하였다. 위 소논문 개요는 체계가 단순하면서도 글쓴이가 진단한 문제점과 각 문제에 대한 해결방안을 모두 담고 있어 구조적으로 완성도가 높다.

2010년 이래 한국 미등록 외국인 근로자의 문제점과 해결방안

1. 시작하며

2. 한국 미등록 외국인 근로자의 현황
   2.1. 연도별 현황
   2.2. 취업자격별 현황

3. 한국 미등록 외국인 근로자의 문제
   3.1. 인권침해 문제
   3.2. 근로 문제
   3.3. 의료 문제

4. 한국 미등록 외국인 근로자 문제의 정책적 해결방안
   4.1. 인권침해 문제 해결방안
   4.2. 근로 문제 해결방안
   4.3. 의료 문제 해결방안

5. 마무리하며

위의 소논문은 제목에서 '한국', '2010년 이래'라고 명시하여 공간적 · 시간적 범위를 구체적으로 한정하고 있다. 우선 미등록 외국인 근로자의 현황을 살펴보고, 근로자의 인권침해 문제, 열악한 근로조건 문제, 의료복지 문제를 분석한 후, 각 문제점에 부합하는 정부의 정책적 해결방안을 항목별로 제시하였다. 한국 사회의 미등록 외국인 근로자 문제를 비판하되 비판에 그치지 않고 문제에 대한 해법을 제시한 체계적인 개요이다.

06 제목과 목차 달기

완성된 글의 개요를 핵심 단어 중심으로 다듬어 목차로 사용할 수 있다. 목차는 제목처럼 글의 전반적 전개 양상을 일목요연하게 보여주므로 일반적으로 제목 아래, 서론 위에 적는다. 독자는 제목과 목차를 확인하므로 글 전체의 짜임새를 한눈에 파악할 수 있다. 그러므로 목차를 생략하기보다 제목 아래, 서론 위에 명시하는 것이 바람직하다.

제목은 글의 핵심 내용을 단순하고 명료하고 선명하게 압축하여 표현한다. 리포트, 논문의 경우 일반적으로 간결한 명사구 형태를 사용하면서 글의 주제와 주제에 접근하는 방법, 즉, 글쓴이의 관점을 구체적으로 적는다. 독자가 제목만 보고도 단번에 글의 핵심을 파악하게 만들어야 한다. 요컨대 글의 초점이 명확하게 드러나야 한다. 그래서 가능한 한 범위를 좁혀 잡는 것이 좋다. 범위가 너무 넓으면 첫째, 연구를 심화시키지 못하고 겉핥기식의 피상적인 연구에 그치기 쉽고, 둘째, 글의 초점이 흐려져 글의 주장이 명확하게 나타나기 어렵다. 문학 작품을 중심으로 몇 가지 실례를 들어보면 다음과 같다.

- 도스토예프스키의 작품 연구
- 생텍쥐페리의 『어린 왕자』를 읽고
- 미셸 투르니에의 『방드르디, 태평양의 끝』에 대하여

위의 제목은 너무 막연하다. 범위가 너무 넓고 글의 초점이 확연하게 드러나지 않는다.

- 도스토예프스키의 『죄와 벌』에 나타난 무의식

- 생텍쥐페리의 『어린 왕자』에 나타난 식물 이미지에 대한 고찰–장미와 바오밥 나무를 중심으로
- 미셸 투르니에의 『방드르디, 태평양의 끝』에 나타난 고독의 문제

반면 위의 제목은 글의 초점과 연구 방법이 분명하게 드러난다. 연구대상, 연구 범위와 접근 방법이 구체적으로 명시된 좋은 제목들이다. 두 번째 예처럼 부제를 달아 연구 대상과 주제를 더 구체적으로 명시하기도 한다.

활동

01 신문 사설, 칼럼, 논문 중 한 편을 골라 개요를 작성해 보자.

____

____

____

02 다음 개요들은 구조적으로 다소 불안정하다. 제목이 적절한지, 제목에 부합하는 분석인지, 상위 항목과 하위 항목 간의 질서, 용어, 연구 범위, 통일성, 일관성, 논리의 체계성 등을 다각도로 살피고 수정해 보자.

일본 역사 교과서 왜곡 대응방안

Ⅰ. 도입부

Ⅱ. 일본 역사 교과서 왜곡 실태와 몇 가지 쟁점

1. 일본 역사 교과서 왜곡 현황
2. 일본 과거 만행-종군 위안부 문제
3. 일본 국토 분쟁-독도 문제

Ⅲ. 일본 역사 교과서 왜곡 한국 대응 현황과 대응책 제안
  1. 정부 대응 현황
  2. 시민단체 대응 현황
  3. 일본 역사 교과서 왜곡 대응책

Ⅳ. 마무리

여자 아이돌의 성 상품화 문제점과 그 해결방안

1. 서론

2. 자본주의 사회에서 바라 본 성 상품화
  2.1. 성 상품화의 원인, 황색 저널리즘
  2.2. 기획사의 아이돌 판매 전략: 섹시 이미지가 잘 팔린다는 사고방식

3. 걸그룹의 성 상품화 실태
  3.1. 아이돌의 선정성 - 자극적인 의상, 안무, 가사
  3.2. 걸그룹의 사진, 동영상 남용 - 야동 사이트, 편집 동영상

4. 걸그룹 성 상품화에 대한 인식

5. 걸그룹 성 상품화의 해결방안 제시
  5.1. 여성의 성을 예술적인 표현으로 승화한 해결방안 제시
  5.2. 국가의 규제와 법을 통한 해결방안 제시

6. 결론

참고사항

- 개요를 기준으로 글의 조직이 촘촘하고 전개가 매끄러운지 확인한다.
- 불필요한 내용이 들어 있는지, 보강할 내용은 없는지 확인한다.
- 더 좋은 글을 완성하기 위하여 수정·보완할 내용을 정하고 실행한다.

초고 쓰기

CHAPTER 5

01 구성의 전략 짜기

주제를 설정하고 자료를 수집한 뒤 개요를 짰다면, 그 다음은 본격적으로 글을 쓰는 단계이다. 한편의 글에는 필자가 전달하고자 하는 의미가 있고 그 글을 읽는 독자가 있다. 글을 쓰는 전 과정에서 전달하고자 하는 의미와 독자를 염두에 두어야 한다. 글의 가치는 필자가 전달하려는 의미를 독자에게 얼마나 설득력 있게 전달하는가에 따라 달라진다. 따라서 글을 쓸 때에는 말하려는 것을 잊지 말고 설득력 있는 근거를 제시하여야 한다. 글의 구성은 바로 주제에 설득력을 부여하기 위한 논리적 흐름이라고 할 수 있다.

- 글을 쓰는 목적과 독자를 명확히 인식해야 한다.
- 글의 내용을 명확하고 효율적으로 전달하기 위한 적절한 배치가 필요하다.
- 글을 구체적이고 상세하게 쓰기 위한 근거와 자료가 필요하다.

글의 구성 방식은 다양하지만, 그 다양한 방식들의 공통된 목적은 '효과적인 의미 전달'이다. 구성이라고 하는 것은 달리 말하면 주제와 관련된 여러 가지 글감과 내용들을 어떻게 배치하는가라고 할 수 있다. 효과적인 의미 전달을 위해 필자는 분량과 독자를 고려해서 두괄식, 미괄식, 3단 구성, 기승전결 등의 다양한 방식을 이용한다. 실제 글을 쓰는 과정에서 주의해야 하는 부분은 이들 글감과 내용들이 주제나 문제의식에서 벗어나지 않도록 하는 것이다. 특히 자료나 예시의 인용이 전체적인 맥락에서 벗어나지 않도록 주의하여야 한다.

02 다양한 구성 방식

같은 문제에 대해 같은 자료를 가지고 쓰더라도 어떻게 배치하느냐에 따라 글의 의미와 효과는 달라진다. 논리적 흐름이 탄탄한 글은 엉성한 글보다 훨씬 쉽게 독자를 설득할 수 있을 것이다. 대개의 기사문이나 일기 등 학생들이 흔히 접하는 글 또한 이러한 논리적 흐름이나 시간의 흐름에 따른 구성 방식을 취한다. 즉, 사건의 발생 순서에 따라 서술하기 마련이다. 이와 달리 어떤 문제에 대해 주장을 펼치는 글의 경우 더욱 다양한 방식을 사용하게 된다. 예를 들면 연역적인 구성이나 귀납적 구성 등이 있다. 이러한 다양한 구성의 목적은 오로지 글의 설득력 제고에 있다. 이를 위해 한 편의 글은 문장과 문장의 관계에서부터 문단과 문단의 관계, 나아가 장과 장의 관계에 이르기까지, 처음부터 끝까지 모두 논리적 연결고리로 이어져 있다.

짧은 글이든, 긴 글이든 독자에게 말을 걸고 내용을 전달하고 다시 정리하는 과정을 거치게 된다. 따라서 글은 보통 처음 - 중간 - 끝의 3단 구성으로 이루어져 있다. 짧은 글의 경우 처음이나 끝 부분이 중간 부분에 통합되는 경우가 많다. 즉, '화제 제시 - 의미 확인'이나 '문제 제시(원인 분석) - 해결책 제시' 혹은 '현상 파악 - 문제 정립 및 원인분석'의 구성 방식을 취하는 경우가 많다. 그러나 어느 정도 분량이 되는 글은 일반적으로 3단 구성(처음--중간-끝)의 형식을 갖추고 있다.

4단 구성과 5단 구성은 3단 구성의 확대와 변형이라고 할 수 있다. 3단 구성의 중간 부분을 어느 정도 확대하느냐에 따라 4단과 5단으로 구별된다. 4단 구성은 소설이나 이야기의 전개에서 흔히 보이는 구성 방식으로 '기승전결'이라고도 불린다. 3단 구성에 '전' 부분이 추가된 것으로, 이 부분이 내용의 전환이나 혹은 이야기의 절정이 이루어지는 핵심이라 할 수 있다. 5단 구성은 4단 구성에서 더 나아가 '서론 – 문제제기 – 예상되는 반론 – 재반론 – 결론', 혹은 '발단 – 전개 – 위기 – 절정 – 결말'의 구조를 생각할 수 있다. 사실상 3단 구성부터는 대동소이하게 '처음 – 중간 – 끝'이라는 커다란 구조로 볼 수 있다. 즉, 중간 부분을 얼마나 늘리느냐의 문제이며, 이는 전적으로 글에서 다루는 주제의 폭과 깊이에 달려 있다.

03 처음 부분의 구성 전략

처음 부분은 서론, 서두, 머리말 등으로도 부른다. 가벼운 에세이의 경우에는 화제를 제시하여 독자의 관심을 끌어내는 역할을 한다. 칼럼이나 논문 등의 경우에는 주로 다루고자 하는 문제를 제시하고 자신의 주장, 관련 연구, 글의 전개 순서, 연구의 방향 등을 언급하기도 한다. 짧은 글의 경우에는 문제 제기에 그치고 다른 부분은 생략한다. 처음 부분이 너무 길 경우 독자가 흥미를 잃게 되고 글의 긴장감이 떨어지게 된다는 점을 주의해야 한다. 처음 부분은 대개 다음과 같은 방식으로 시작한다.

❙ 정의에서부터 시작하기(역사적 정의/지리적 정의/어원적 정의)

각각의 정의는 대상을 지정하고 구체화하여 독자가 명확하게 인식할 수 있도록 하는 데 도움을 준다.

일상의 경험이나 사건, 역사적 사건으로 시작하기

일상의 사건은 독자의 공감을 불러일으켜 글의 설득력을 증대시키는 효과가 있으며, 역사적 사건은 정보를 제공하여 글의 신뢰도를 높이는 효과가 있다.

격언, 명구, 문학작품의 한 단락으로 시작하기

명구나 격언은 글의 내용에 보편적 권위가 있음을 보이기 위해 사용한다.

다음은 독자의 관심을 끌기 위해 글의 처음 부분에서 방송 드라마의 대사를 활용한 경우이다.

착한 소비에서 정의로운 소비로

"선은 악마저도 포용하고 받아안는 것이지요. 허나 정의는 악을 결코 용납하지 않습니다. 정의는 오로지 악을 방벌함으로써 정의롭습니다." 에스비에스(SBS) 드라마 〈육룡이 나르샤〉에서 어린 이방원(남다름)이 홍인방(전노민)에게 던진 대사다.

근래 '착한 소비'라고도 하는 '윤리적 소비'가 대중의 주목을 받고 있다. '착한 소비·윤리적 소비'란 자연과 환경, 주변과 이웃까지 생각하는 사려 깊은 소비를 하는 것, 윤리적 가치판단에 의해 상품이나 서비스를 구매하는 것을 말한다. 나눔을 실천하거나 윤리적으로 생산한 제품 또는 서비스를 구매하는 것, 비윤리적인 제품이나 그 회사에 대해서 불매운동을 벌이는 것, 소비 자체를 자제하는 것, 재사용과 재활용을 권장하는 것, 포장을 최소화한 상품을 선택하는 것 등이 착한 소비 생활 수칙들이다.

이에 반해 정의로운 소비는 어떤가. 정의로운 소비는 어린 이방원의 대사에서 시사하듯 악을 방벌하는 데 방점을 찍고 있다. 국내 소비자들은 불매를 외치다가도, 돌아서서 해당 기업 제품과 서비스를 구매하는 경우가 많았다. 이런 역설적 메커니즘을 꿰뚫고 있는 기업은 상황을 모면하기만 하면 된다는 것을 너무나 잘 알고 있다. '정의로운 소비'는 이런 역설적 현실을 바로잡기 위한 수사적

장치라 하겠다. 즉, 제대로 된 '불매운동'을 통해 불공정한 불법과 비윤리적 기업 활동에 대한 응징 시스템을 엄정하게 작동시키자는 취지다.

나이키는 소비자의 '불매운동'을 변화의 계기로 삼아 지속가능한 성장의 발판을 마련한 대표적 사례로 손꼽힌다. 1996년 미국의 〈라이프〉지에 한 소년이 나이키 축구공을 바느질하는 사진이 실린 뒤 아동노동 착취에 대한 경각심은 전 세계를 뒤흔들었다. 이를 반면교사 삼아 나이키는 개발도상국의 청소년을 적극적으로 돕고 있다. 이젠 미국 경제지 〈포천〉이 선정한 '2015 세계에서 가장 존경받는 기업' 목록 13위에 이름을 올렸다.

국내 사정은 어떠한가. 지난 7월 롯데그룹에서 벌어진 경영권 분쟁을 계기로 황제경영·비밀경영뿐 아니라 불공정 경쟁으로 소비자에게 피해를 끼쳤다는 비난 여론이 일면서 롯데제품 불매운동으로까지 이어졌다. 하지만 불매운동에 돌입한 7월말 일주일 동안 롯데마트 매출은 오히려 전주 대비 약 4% 증가했다. 당위적인 여론만 형성했을 뿐, 휴가철과 맞물려 벌어진 불매운동이 실제 행동으로 이어지진 않았다는 뜻이다. '가습기 살균제 사태' 이후 4년이 흘렀지만, 이들 기업은 여전히 건실하다. 공식적으로 집계된 피해자 530명 중 403명이 '옥시싹싹 가습기 당번'을 사용했으며 사망자 143명 중 70%가 옥시레킷벤키저 제품을 썼다. 피해자와 유가족들은 옥시를 비롯해 가습기 살균제 제조 판매사를 상대로 불매운동을 꾸준히 벌여왔지만, 효과는 미약하다. 역시 대대적인 '불매운동'으로 이어지지 않았다. 2013년 5월 남양유업의 '물량 밀어내기'로 촉발된 불매운동이 일부 성과를 냈다고는 하지만, 2013년 상반기 커피믹스 시장점유율은 전년보다 0.9% 상승했으며, 그해 출시한 컵커피는 출시 1년 만에 매출 220억 원을 달성했다.

한국 소비자는 착하다. 이슈가 터질 때마다 불매운동의 움직임이 없지 않지만, 실제 기업의 변화를 끌어내기까지 전개되지 못하는 경우가 대부분이다. '정의로운 소비'는 작은 불편과 희생이 필요한 번거로운 일일지도 모른다. 하지만 이를 감수하고라도 착한 소비에서 한 걸음 더 나아가 정의로운 소비로 각을 세워보는 건 어떨까.

조현경, 『한겨레』, 2015.12.6.

활동

위의 예문에서 처음 부분을 다르게 작성해 보자.

04 중간 부분의 구성 전략

중간 부분은 본론, 본문이라고 부르며, 글의 핵심 문제와 세부적인 내용을 제시하는 부분이다. 처음 부분에서 주요 개념을 밝히지 않은 경우에는 중간 부분이 시작하는 곳에서 정의하기도 한다. 주장을 뒷받침하는 자료의 단순 나열이 되지 않도록 하고, 자료들 간의 유기적 연결을 통해 주장을 증명해야 한다. 때문에 일부 자료는 생략하는 것이 더 효과적일 수도 있다. 조사한 자료를 모두 글에 담으려고 하는 것은 자칫 글의 논점을 흐리거나 독자의 집중력을 흐트러뜨릴 수 있기 때문이다. 이 과정에서 본문에서 제시하는 글감은 모두 글의 핵심 문제와 직간접적으로 닿아 있어야 한다. 반론 또한 주장을 뒷받침하는 간접적인 증거이지만, 중간 부분의 뒤쪽에 간략하게 언급하여 독자의 시선을 흐리지 않도록 주의해야 한다. 중간 부분은 대개 다음과 같은 방식으로 구성한다.

- 화제 제시하고 의미 부여하기
- 문제 제시하고 해결하기
- 입장 선택하기(찬성-반대-대안 제시)
- 열거하기(시간순, 원근순, 부분별, 공통점과 차이점)

1) 화제 제시하고 의미 부여하기

짧은 에세이나 칼럼 등의 글에서 자주 사용하는 구성 방식이다. 일상의 사건이나 경험에 의미를 부여하는 방식으로 독자들에게 쉽게 다가갈 수 있는 장점이 있다. 화제는 반드시 중요한 의미를 가진 것이 아니어도 좋다. 다양한 일상의 사건이나 경험 속에서 이야기를 뽑아 의미를 부여하는 것이 중요하며, 이야기의 핵심은 화제 자체보다는 의미에 있다. 다만, 너무 진부한 화제 - 의미 유형의 글은 독자에게 참신하게 다가오지 않으니 주의해야 한다. 짧은 글의 경우에는 처음 부분이 화제의 역할을 하고 중간 부분은 의미의 역할을 하는 경우도 있다.

사물에 대한 예의

지금은 잘 알려진 시인이 된 가까운 후배가 언젠가 연구실 홈페이지에 올렸던 이야기다. 절친한 친구의 우산이 고장나서 함께 학교의 우산 수리점에 갔다고 한다. "고치는 데 얼마나 들어요?" 고장이 좀 심했던지 3천5백 원 든다고 했단다. "3천5백 원? 약간만 더 보태면 새로 하나 사겠다. 그냥 가자." 망설이다 나온 두 사람. 그러나 그의 친구는 다시 되돌아가서 3천5백 원을 주고 기어이 우산을 고쳤다고 한다. 굳이 뭐하러 그러느냐는 질문에 이렇게 말했다고 한다. "새로 사면 이 우산은 쓰레기가 되잖아."

버려진다는 것, 그것은 우산으로서는 자신의 '생명'이 다하는 것이다. 고치면 더 지속할 수 있는 생명이 우리의 약은 계산 속에서 쉽게 중단되고 버려지는 것이다. 만약 고장난 게 우산이 아니라 우리 자신의 신체였다면 어땠을까? 심지어 엄청난 돈이 든다고 해도 고쳐서 '사용하려고' 하지 않을까? 자신의 신체는 그토록 애지중지하건만, 그 신체가 자기 것이 아닌 다른 생물의 것이 되면 우리는 아주 쉽게 생각해버리고 만다. 더구나 이처럼 그게 어떤 물건이나 '생명이 없는' 사물이 되면, 고상한 윤리학자도 윤리학적으로 사고하길 멈춘다. 그건 윤리학의 대상이 아닌 것이다!

그렇게 사물은 쉽게 버려지고 쉽게 삶을 마친다. 자신에게 허용된 것보다 훨씬 빨리. 지금처럼 물건이 흔해진 경우에는 말할 것도 없다. 그 돈 들여 수리하느니 새로 산다는 식의 생각은 너무도 익숙한 태도 아닌가! 뿐만 아니라 멀쩡한 것이지만, 유행이 지났다거나 새로운 것이 나타났다는 이유로 팔리고 버려지는 일이 비일비재하다. 그리하여 옷은 2년을 채 못 가 옷장 속에 버려지고 자동차도 3, 4년이면 버림받는다. 옷장을 열면 옷을 걸 틈도 없이 빼곡하건만, 어느새 "입을 옷이 없네"라고 말하지 않는가?

이런 점에서 우리는 사물과 결코 좋은 관계를 맺고 있지 못하다. 아니, 사물은 우리 인간과 아주 나쁜 관계를 맺고 있다. 목적에 맞추어 만들어지고, 비용에 비추어 버려지는 그런 존재, 수명이 채 다하기도 전에 쉽게 버려지는 존재, 멀쩡하게 쓰레기가 되고 마는 존재, 그게 바로 사물이다. 철학자들은 인간이나 생명체와 대비되는 '도구'라는 말로 그런 태도를 정당화한다. 그들에게 사물이란 인간이나 생명의 소중함을 부각시키기 위해 지워지고 스러져야 하는 '배경'에 불과한 것이다.

이런 점에서 '좋은 시절(벨 에포크)' 이후의 자본주의는 사물에 대한 거대한 저주다. 물론 그것은 흔히들 말하듯 '생산력을 해방하여 물자의 유례없는 풍부함을 산출한 시대'다. 그 거대한 '풍요' 앞에 우리는 또 얼마나 쉽게 매혹되고 도취되는지! 그러나 그것은 사물에 관한 한, 극단적인 속도로 사물의 죽음을 촉진하고 가속화하는 시대임을 뜻한다. 사람들의 손에 있는 상품을 가능한 한 빨리 자신이 새로 만든 상품으로 대체하는 것, 그것이 사물에 대한 자본의 원칙이다. 이를 위해 유행의 형태로든 신제품의 형태로든 혹은 기능을 통해서든 새로운 스타일을 통해서든 사람들의 손 안에 있는 것을 급속하게 '낡은 것' '구닥다리'로 만든다. 10년은 쓸 만한 휴대전화가 2년만 지나면 '낡은 것'이 되어 대체되고 버려진다. 이런 식으로 사물은 자신의 생명이 채 다하기 훨씬 전에 폐기된다. 사물에 관해서도, '자연'에 대해서와 마찬가지로, 자본주의는 '죽음의 체제'요 '파괴의 체제'다.

철학이나 윤리학이 사람들의 관계를 다루는 데서 멈춘다면, 그것은 너무도 안이한 일이다. 왜냐하면 사람들의 그 '관계' 속에는 이미 수많은 사물이 들어와 있기 때문이다. 맘에 드는 사람을 향해 갈 때엔, 고운 옷이 함께 간다. 요즘처럼 취직하기 어려운 시절이라면 취직을 위해 면접을 하러 갈 때는 최신 감각의 옷을 새로 사서 입고 갈 게 틀림없다. 부모가 결혼한 자식과 식사라도 함께하는 자리에는 음식이, 그것을 담은 그릇이 함께한다. 사랑하는 사람과 함께 새로운 가족관계를 만들려고 하는 경우, 월세든 전세든 집이 없으면 안 된다.

마르크스가 "생산력이란 자연과 인간과의 관계"라고 말했을 때, 그것은 '투입량과 산출량의 관계(비율)'로 정의되는 '생산성'과 결코 동일한 것이 아니었다. 나에게 마르크스의 그 개념은 자연에 대해, 사물에 대해 자신의 삶의 일부로 다루고 사유하라는 암묵적 권유처럼 읽힌다. 자연 내지 사물에 대해 자본주의가 생산하고 유포시킨 것과는 다른 관계를 구성하라는 강력한 권유처럼 들린다.

얼마 전에 몹시 가난한 한 친구가 나에게 난데없이 양말을 선물했다. 아무 말도 하진 않았지만, 아마 내가 구멍 난 양말을 그냥 신고 다니는 것을 본 모양이다. 그러나 구멍이 났다고 양말을 버릴 순 없는 일 아닌가? 청바지에는 일부러 구멍을 내기도 하지 않나! 그러나 뜻하지 않은 양말 선물을 받고선 생각을 조금 바꾸었다. 그렇게 양말에 난 구멍이 시각적으로 불편한 사람도 있는 듯해서, 구멍 난 양말을 모아 잘 할 줄도 모르는 바느질을 했다. 구멍을 메워 번듯하게 양말의 체면을 세워주는 게 나의 도리라고 생각했다. 그것의 '생명'이 닳아 없어질 때까지 나는 그 양말들을 다시 꿰맬 것이다.

이진경, 「사물에 대한 예의」, 『뻔뻔한 시대 한 줌의 정치』, 문학동네, 2012.

활동

위의 예문에서 화제와 의미 부분을 구분하고, 화제 속에서 필자가 발견한 의미에 대해 생각해 보자.

2) 문제 제시하고 해결하기

칼럼이나 소논문의 경우 문제해결식 구성 방식을 사용하는 것이 효과적이다. 대개 현상 - 문제 - 원인 - 해결책의 구조를 가지며, 현상 속에서 문제를 파악하고 원인을 분석하고 해결책이나 대안을 제시하는 순서로 이루어진다. 누구나 알고 있는 원인의 경우 생략하기도 하며, 간혹 해결책을 제시하지 않는 경우도 있다. 해결책이 없으면 싱겁고 알맹이 없는 글이 되기 쉽지만, 깊이 있는 원인 분석이 이루어지는 경우 해결책 없이 원인에 대한 분석만 하기도 한다. 해결책을 제시하더라도 분석한 원인과 직접적으로 관련이 없다면 글의 설득력을 떨어뜨리게 된다는 점을 주의해야 한다.

[사설] 제대로 된 국민 안전시스템이 있어야 한다

기가 막힐 노릇이다. 16일 국내에서 가장 크다는 6925t 크루즈선인 세월호가 전남 진도 앞바다에서 전복되는 대형 사고가 났는데도 구비된 구명보트 42개 중 2개만 제대로 펼쳐졌을 뿐이다. 구명조끼를 얻지 못해 발만 동동 구른 학생도 있었다. 475명이나 탑승했는데도 사고 시 대처요령을 제대로 알려주는 안전교육도 없었다. 선장과 일부 선원은 승객 탈출을 돕기는커녕 자신들이 먼저 탈출했다. 어느 하나 정상적인 것이 없다. 하나라도 정상적으로 이뤄졌다면 실종자를 상당히 줄일 수 있었을 것이라는 회한만 가득하다.

크루즈 선사가 초기 대응에 실패해 수많은 실종자 발생으로 이어진 이번 사고는 긴급 사고 발생 시 대처요령, 선원 안전업무 지침 등 긴급 상황에 대처하는 안전 매뉴얼이 없거나 있어도 제대로 작동하지 않았음을 보여준다. 대형 크루즈선이 이 정도라면 다른 곳의 안전시스템은 어떤 수준인지는 짐작하기 어렵지 않다.

정부 당국도 마찬가지다. 제대로 된 정부라면 이런 긴급사고가 발생했을 때 국민을 안심시키고 사태를 신속히 수습할 수 있는 상세한 매뉴얼을 갖추고 있어야 함은 물론 평소에 훈련까지 제대로 해왔어야 옳다. 이런 안전시스템을 제대로 갖춰야 선진국이라고 할 수 있지 않겠나. 이 모든 상황으로 볼 때 이번 사고는 체계적인 안전 매뉴얼과 안전의식의 부재가 빚은 인재(人災)일 수밖에 없다. 장비보다 인력의 문제였고, 그 인력을 제대로 움직이는 안전시스템의 부재가 가장 문제였다. 국민은 실종자 규모와 함께 이 같은 안전시스템의 부재 앞에 더 큰 충격을 받고 있다. 이는 국민을 불안하게 하기에 충분하다.

큰 사고가 나면 으레 관리·감독 강화 정도의 대책이 등장한다. 하지만 이 정도로는 안전에 대한 국민의 불안과 불신을 해소하는 데 역부족이다. 다시는 이 같은 비극이 재발하지 않도록 충분한 시간과 노력을 들여 선진형 국민 안전시스템을 새로 짜야 한다. 이를 위해 민간과 정부가 힘을 합쳐 교통·자연재해·화재·식품 등 국민 생활 각 분야에 걸쳐 상황별 안전 매뉴얼을 점검하거나 새로 마련하고 종합적이고 체계적인 국민 안전시스템을 구축해야 한다. 필요하면 민간과 정부가 힘을 합쳐 시너지 효과를 낼 수 있도록 국민안전위원회를 만드는 방안도 고민해야 한다.

더욱 중요한 것은 이렇게 마련한 안전 매뉴얼과 시스템을 관련자들이 제대로 익히게 하는 일이다. 따라서 각종 안전문제에 대해서는 전쟁과 테러에 내비하는 수준으로 수시 안전교육·훈련의 제도화가 필요하다. 예로 선진국의 경우 크루즈선 승객은 탑승 직전 일정 시간 교육·훈련을 의무화하고 있으며 선원들은 수시로 안전훈련을 받는다. 국회도 적극적인 입법화를 통해 국민 안전시스템 구축을 도와야 한다. 국민 안전은 어떠한 이유로도 소홀히 할 수 없다. 비극적 사고가 우리에게 주는 뼈아픈 교훈이다.

『중앙일보』, 2014.4.18.

활동

위의 예문을 문제-원인-해결책의 구조로 나누어 보자.

3) 입장 선택하기

하나의 주제에 대해 대립되는 두 가지 입장 가운데 하나를 택한 뒤, 예상되는 반론을 제기하고 그에 대해 재반론을 하여 선택한 입장이 옳음을 밝히는 방식이다. 주로 신문의 칼럼 등에 쓰인다. 유사한 방식으로 정-반-합(대안 제시)형이 있으나, 정-반-합형은 최종적으로 반론의 주장을 일부 절충 흡수한다는 점에서 다르다. 예상되는 반론의 논거를 모두 검토하여야 하지만, 반론을 너무 상세하게 서술하다 보면 독자에게 혼동을 줄 수 있다는 점을 주의해야 한다.

[사설] 이슬람국가 대응, 무력보다 국제 연대가 중요하다

프랑스 파리 연쇄 테러의 배후로 지목된 이슬람국가(IS)를 응징해야 한다는 국제사회 여론이 커지고 있다. 실제로 이슬람국가의 행태는 2001년 미국 9·11 동시테러를 저지른 알카에다를 뛰어넘는다. 하지만 무력에 치우친 대응은 단기적으로 효과가 있더라도 사태를 더 악화시킬 가능성이 크다.

현재 거론되는 대응책은 크게 '무력 강화론'과 '구조 개편론'으로 나눌 수 있다. 무력 강화론의 주된 주창자는 이번 테러의 피해자인 프랑스다. 프랑수아 올랑드 대통령은 16일(현지시각) "프랑스는 전쟁 중"이라며 '봉쇄가 아니라 이슬람국가를 파괴할 것'이라고 말했다. 9·11 테러 직후 조지 부시 미국 정부가 밀어붙인 테러와의 전쟁을 연상시키는 강경론이다. 이번 테러를 자행한 이슬람 극단주의 세력과 서방의 충돌을 '제3차 세계대전'으로 규정한 이스라엘도 무력 강화론 쪽이다.

반면 버락 오바마 미국 대통령은 구조 개편론을 내세운다. 그는 "이슬람국가와 같은 극단주의 세력이 부상할 수 있는 역학구도를 바꾸는 데 초점을 맞춰야 한다"며 지상군 투입 가능성을 배제했다. 이 전략은 이제까지 이슬람국가 봉쇄가 성과가 있다는 판단과 연결돼 있다. 테러가 일어났다고 해서 기존 전략을 크게 손봐야 할 이유가 없다는 얘기다.

지난 수십 년을 돌아보면 구조 개편론 쪽이 타당해 보인다. 1980년대 옛소

련의 적극적인 아프가니스탄 내전 개입은 탈레반 세력을 키우는 데 크게 기여했다. 이어 1990년대 초반 미국이 주도한 이라크전과 이후 중동 내 미군 주둔 증가는 알카에다가 생겨나는 한 원인이 됐다. 이슬람국가가 만들어진 것 또한 2003년 미국의 이라크 침공이 결정적 계기가 됐다. 무력 개입에 치우친 외세와 이슬람 극단주의 세력의 '적대적 공존'이 이뤄져 온 것이다. 이런 구조가 바뀌지 않는 한 테러는 사라지기 어렵다.

그렇다고 지금과 같은 이슬람국가 대응이 성공하고 있다고 보기도 어렵다. 시리아에서는 정부군, 반정부군, 이슬람국가 세력, 쿠르드족 세력 등이 혼전을 벌이고 있다. 이들과 관련한 서방국과 러시아, 중동 나라들은 목표부터 엇갈리며 서로 충돌하기도 한다. 지금 가장 필요한 것은 중동 문제 해법에 대한 국제사회의 합의를 이뤄내는 것이다. 국제 연대는 이슬람국가에 대응하는 출발점일 뿐만 아니라 중동 평화를 위해서도 필수다.

『한겨레』, 2015.11.17.

활동

위의 예문에서 제시하고 있는 주장과 근거를 분석하고 정리해 보자.

4) 열거하기

열거하는 방식은 주로 소개서, 설명서와 같은 정보를 제공하는 글에 사용하거나 분량이 긴 글의 하부 구조를 이루는 데 사용한다. 다른 방식에 비해 굴곡이나 전환 등이 없으며 산만하여 독자의 시선이 분산되기 쉽다. 또한 독자가 쉽게 다음 논의의 양상을 짐작할 수 있어 흥미를 유지하기 어렵다. 논의 주제를 통시적, 공시적, 부분별로 분석하는 경우나 비교하는 경우에는 효과적이다.

금기 없는 현대사회

왜 현대사회에서는 고대사회와는 달리 대부분의 금기가 사라졌을까? 왜 금기가 더 이상 현대인의 의식 세계 및 사회생활에 직접적인 영향을 미치지 못하는가? 금기가 깨진 직접적인 원인은 무엇이며, 금기가 더 이상 영향을 끼칠 수 없게 된 사회적 변화의 주원인은 무엇인가?

터부가 여전히 한 사회를 지탱하는 힘으로서 작용하는 한 그 사회에서 터부는 계속 존재할 것이며, 역설적으로 터부의 힘에 대한 사람들의 믿음이 유지되는 한 터부는 작용할 수 있다. 반대로 터부가 더 이상 사회에 영향을 끼치지 못하게 되면, 역설적으로 사회가 더 이상 터부의 힘을 믿지 않게 되면 터부는 그 사회에서 힘을 잃고 사라지게 된다. 고대사회의 금기는 숨겨진 '원시적 공포와 성스러움'에서 찾을 수 있었음에 비해, '현대의 거만한 합리주의' 사회는 그러한 초월적 세계를 거의 부정하거나 '과학'의 이름으로 밝혀내기를 좋아한다.

금기가 자리할 수 있는 사회적 환경이 변했다. 사회가 분화하고 복잡해질수록 사회의 모든 구성원들이 동의하는, 즉 모든 구성원들에게 유익한 금기는 존재하기 어렵다. 다시 말해 오늘날의 사회는 이질적이어서, 폐쇄적인 사회제도나 계급, 그리고 윤리적 제휴가 더 이상 유지될 수 없게 됨에 따라 상대적으로 상응하는 공동체의 공동의식, 집단의식, 통일성이 사라지게 되고, 경제적·사회적 욕구와 이해관계가 다양해지고 복잡해짐에 따라 집단 또는 개인 모두에게 유익한 금기가 더 이상 존재할 수 없게 되어버렸다. 개방적인 현대사회에서는 폐쇄된 사회적 집단의 경험이자 산물인 금기가 불합리하다고 믿기 때문에 금기는 사라질 수밖에 없다.

……

터부로서의 성(性)과 음식은 항상 사회적 계층화, 전통적 특권 의식, 그리고 교차될 수 없는 사회적·가족적·도덕적 계통 등의 중요한 조건과 가설 위에 놓여 있기 때문에, 복잡한 사회와 다원화된 국가에서는 음식이나 성과 관련된 터부나 다른 규칙들이 열린사회의 이상과 양립할 수 없다. 특히 집단의 이익에 우선하여 개인의 권리가 보장되는 사회에서 개인의 욕구와 욕망은 더 이상 억제나 절제의 대상이 아니며, 타인의 그것과 충돌하지 않는 범위 내에서 충족의 대상이 되었다. 그럼에도 불구하고 폐쇄적인 계급 제도에 의해 유지되는 복잡 사회에서는 종교가 터부의 정당성을 뒷받침하고 있기 때문에 어느 정도 유지된다.

터부는 유아 단계의 신경증이 아니라 사회의 형성물이다. 현대사회는 억압을 잊어버린 사회이기 때문에 과거의 미신적 사회가 가지고 있던 억압기제인 금기는 낯설고 이해할 수 없는 것이 되었다. 어기고 싶은 욕망을 억제할 필요가 없으므로 넘치는 욕망을 마음대로 분출하고, 대체와 타협의 기술을 개발하여 더 이상 터부가 제공하던 도덕의식 또는 죄의식을 가질 필요가 없게 되었다. 과거에는 사회의 질서가 억압과 차이의 체계 위에 세워져 있었다면, 현대사회는 해방과 평등 위에 기초하기 때문이다.

금기가 특정 계층의 지배 이데올로기로 전락하고 힘없는 피지배계층에게만 강요됨으로써 점차 그 권위를 잃게 되었고, 결국 사회의 질서를 유지하는 힘의 구조가 해체되었다. '거룩한' 집단이 평민들로부터 자신을 분리한 것이 오히려 폐쇄적인 계급사회의 본질과 적지 않은 갈등을 야기함으로써 금기의 상실을 가져온 것이다.

대부분의 금기—그 본래의 목적이나 의도가 숨겨진 경우가 많은—가 법이나 도덕적인 이데아—이는 합리적인 설명이나 이해를 통해 분명히 그 의도나 목적이 드러난다—로 자리를 잡았다. 현대사회에서는 사회의 질서를 유지하고 지탱하는 근간이 간접적인 방식의 금기로부터 직접적인 방식의 법으로 이동했다. 사회의 질서유지 기능을 하는 것이 금기에서 법으로 대체된 것이다. 사회구조는 여러 기능들이 행사되는 틀로서 구성적인 제도들의 기능이 변함과 함께 변화한다. 마찬가지로 사회의 구조가 급격하게 변화될 때 그에 따라 제도들의 기능 역시 변하게 된다.

그럼에도 불구하고 고대사회의 문화가 현대사회의 문화 속에 여러 구조와 형태로 잔존(殘存)하고 있다. 스스로 근대인이라 칭하는 사람들에게조차 위장된 신화와 타락한 제의는 보존되고 있다. 고대사회를 연구하는 목적은 유해한 세속적 믿음으로 둔갑한 낡은 문화의 잔재를 펼쳐놓으려는 데 있는 것이 아니라, 그것이 어떻게 변화하고 소멸해갔는가를 드러내는 데 있다. 현대사회에서 고대사회가 지니고 있던 대부분의 금기가 소멸되었다고 해서, 그것이 곧 문명이 원시보다 질서정연하다고 단정지을 수 있는 증거는 아니다. 따라서 금기 연구는 고대사회가 지켜온 금기의 구조와 의미를 되찾음으로써 어떻게 영속하는 평화로운 사회 질서를 유지할 수 있는지를 숙고하게 만든다는 의미에서 여전히 유용하다 할 수 있다. 그런 측면에서 문화 과학은 개혁자의 과학이다.

최창모, 「금기 없는 현대사회」, 『금기의 수수께끼』, 한길사, 2003.*

활동

위의 예문에서 필자가 열거하고 있는 금기 소멸의 원인을 찾아보자.

* 원문에서는 단락 앞에 번호가 있으나 생략하였음.

05 끝 부분의 구성 전략

글의 끝 부분은 결론, 결어, 맺음말 등으로 부르며, 중간 부분에서 펼쳐놓은 글감들 가운데 중요한 부분들을 다시 순서대로 언급하거나 정리하여 독자로 하여금 그것의 의미를 곱씹어볼 수 있도록 하여야 한다. 또한 처음 부분에서 제기한 문제에 대한 필자의 대답의 기능을 하기도 한다. 따라서 앞에서 언급하지 않은 새로운 이야기를 꺼내서는 안 된다. 앞의 내용을 정리하거나 의미를 부여하고, 미래의 전망이나 다른 분야와의 연관성 등을 제시하는 정도에서 마무리하여야 한다.

[여적] 천경자

예술용어에서 '아우라'와 '키치'는 상반된 개념이다. 아우라가 유일한 원본에서만 느껴지는 독특하고 신비스러운 분위기를 의미한다면 키치는 원본을 모방한 가짜 복제품이나 통속미술 작품을 뜻한다. 독일 철학가 발터 베냐민은 〈기술복제시대의 예술작품〉에서 현대사회의 예술작품에 일어난 결정적인 변화를 '아우라의 붕괴'로 정의했다. 하지만 그는 아우라의 파괴를 부정적으로만 보지는 않았다. 기술복제시대에 예술이 대중 가까이 다가오면서 인간 해방을 위한 무기가 될 수 있다는 점도 주목했다. 하지만 기술복제 발달이 베냐민의 기대처럼 긍정적인 실험으로 이어진 것만은 아닌 듯하다.

미술경매시장에서 수십억 원대의 호가를 기록하는 작품이 나올 때마다 끊임없이 발생하고 있는 위작논란이 그것이다. 1987년 4000만 달러에 거래된 빈 고흐의 7번째 〈해바라기〉는 전기연구를 통해 해바라기 시리즈는 6점뿐이라는 가설이 제기되면서 지금까지 위작 논란이 이어지고 있다. 국내에서도 2005년 한 고서화 수집가가 이중섭, 박수근 화백의 미공개 작품 2800여점을 갖고 있다고 주장하면서 사상 최대의 위작시비가 일었다. 전문가의 안목감정과 과학감정을 거쳐 1, 2심에서 위작판정이 내려졌지만 아직까지 대법원의 판단을 남겨놓고 있다. 위작시비는 작가가 생존해 있다면 간단히 해결될 문제라고 볼 수도 있지만 꼭 그렇지만도 않은 것 같다.

1991년 국립현대미술관이 소장한 천경자 화백의 〈미인도〉는 작가 본인이 가짜라고 주장했음에도 제3자인 한국화랑협회가 나서 '진품'으로 판정했다. 1999년 위조범 권춘식이 "미인도는 내가 위조했다"고 진술하면서 반전의 기회를 맞았지만 검찰은 공소시효가 끝났다며 수사를 진행하지 않았다. 위작시비 후 절필선언과 함께 미국으로 건너간 천 화백 역시 두 달 전 뉴욕에서 향년 91세에 사망한 것으로 확인되면서 미인도의 위작시비는 영원한 미스터리로 남게 됐다.

칸트는 모든 구속이 배제된 자유의 상태에서 예술을 바라볼 때 진정한 아름다움을 느낄 수 있다고 했다. 이 점에서 한 화가의 절필과 쓸쓸한 죽음은 작품을 작품으로 볼 줄 모르는 우리들의 슬픈 자화상이라 하겠다.

강진구, 『경향신문』, 2015.10.22.

활동

위의 예문에서 끝 부분을 찾아보고 다르게 작성해 보자.

고쳐쓰기

CHAPTER 6

고쳐쓰기는 글의 어떤 요소에 문제가 있을 때 그 문제를 해결하여 고쳐서 다시 쓰는 것을 일컫는다. 과정 중심의 글쓰기에서는 글쓰기의 전(全) 과정에서 고쳐쓰기가 이루어진다. 따라서 주제에 대한 고쳐쓰기, 개요에 대한 고쳐쓰기, 초고에 대한 고쳐쓰기 등이 이루어진다. 실제의 글쓰기 상황에서는 고쳐쓰기를 하지 않는 경우가 흔한데 이를 꼼꼼하게 해야 완성도 높은 글이 탄생한다.

조선시대 문인인 장유의 "옛 사람은 문장을 지을 때 반드시 정성을 다하였다(古人於文章必有致意)"라는 글에는 신헌들이 초고를 집필한 후에도 얼마나 고쳐쓰기에 공을 들였는지가 잘 나타난다. 또 당나라의 백낙천이나 송나라의 구양수처럼 문장 쓰기에 천부적 재능을 지닌 사람들도 좀 더 완성도 높은 글을 짓기 위해 자기 글을 고쳐 쓰고 또 고쳐 썼다. '퇴고'라는 고사를 통해 옛사람들이 얼마만큼 고쳐쓰기를 중요하게 여겼는지 살펴볼 수도 있다. 당나라 시인 가도가 시를 짓는데 "새는 연못가 나무에 자고/중은 달 아래 문을 민다(鳥宿池邊樹/僧推月下門)"라는 구절에서 (문을) '밀다[推]'로 표현할까 '두드린다[敲]'로 표현할까 심각하게 고민하다가 그만 고관의 행차와 부딪혔다. 그 고관이 바로 한유였는데 가도는 한유의 조언대로 '두드린다[敲]'로 결정하였다고 한다.

고쳐쓰기는 글쓰기의 전(全) 과정에서 이루어진다고 앞에서 언급하였다. 따라서 주제 설정 단계, 개요 작성 단계, 초고 쓰기 단계 등 글쓰기의 각 단계에서 문제가 있으면 고쳐 쓴다. 그런데 고쳐쓰기가 글쓰기의 전 과정에서 이루어진다는 것은, 곧 글이 완성되기 전에는 어느 단계든지 고쳐쓰기의 대상이 될 수 있다는 의미이기도 하다. 다시 말해 개요 작성 단계에서 개요만 고쳐 쓰는 것이 아니라, 개요를 작성하면서 알게 된 주제의 문제점에 대하여도 고쳐 쓸 수 있다는 의미이다. 마찬가지로 초고 쓰기 단계에서도 주제를 수정하고 이를 바탕으로 개요를 새롭게 작성할 수 있다. 글을 완성하기 전에는 모든 것이 고쳐쓰기의 대상이 된다는 것이다.

고쳐쓰기 과정에서는 주제, 개요, 초고 등 단계별 검토 대상에 작문 맥락이 충실하게 반영되었는지 살펴보아야 한다. 작문 맥락은 작문 상황, 집필 목적, 글의 예상 독자 등 작문이 이루어지는 전반적 맥락을 의미한다. 대학 강의에서 보고서를 작성하는 작문 상황인지, 신문사에서 사설을 작성하는 작문 상황인지, 친구에게 보낼 편지를 작성하는 작문 상황인지에 따라 주제, 개요, 초고 등에서 글의 방향은 다르게 설정되어야 한다. 또 과학적 사실을 설명하는 것이 집필 목적인지, 사형제 폐지를 설득하는 것이 집필 목적인지, 자신의 사랑을 묘사하는 것이 집필 목적인지에 따라서도 글의 방향은 다르게 설정되어야 한다. 그리고 독자가 누구인지에 따라서도 글의 구체적 방향은 다르게 설정되어야 한다. 따라서 이러한 작문 맥락이 단계별 검토 대상에 충분히 반영되었는지 고쳐쓰기 과정에서 검토해야 한다. 이 장에서는 주제 설정 단계, 개요 작성 단계, 초고 쓰기 단계의 고쳐쓰기에 대하여 다룬다.

01 주제 설정 단계에서의 고쳐쓰기

주제는 글의 핵심이며 글 전체를 통일하는 구심점의 역할을 한다. 그러므로 주제는 선명하고 독창적인 생각을 담고 있으며 또 그것이 명확하게 표현되어 있어야 한다. 그뿐만 아니라 집필 목적을 온전히 반영하여야 하고 필자가 스스로 집필할 수 있는 것이어야 한다. 따라서 주제 설정 단계에서의 고쳐쓰기는 이와 같은 다양한 점에 대하여 확인하고 수정하는 과정이 진행되어야 한다.

주제가 선명하지 않으면 글의 논지가 통일성을 잃기 쉽다. 또 너무나 일반적인 주제를 정하면 집필 의의가 사라지게 된다. 물론 학문 공동체에 이제 막 발을 들인 대학 신입생의 경우에는 일반적인 주제라 하더라도 이를 활용하여 한 편의 글을 작성하는 것 자체가 중요한 학습 과정일 수 있다. 그러나 이러한 학습 과정을 거쳐 도달해야 하는 목표는, 독창적인 자신의 생각을 주제로 설정하는 것임을 잊지 말아야 할 것이다. 작문 상황, 글의 독자와 같은 작문 맥락에 따라 주제가 수정되어야 할 필요는 없는지에 대해서도 검토하여야 하며, 필자의 능력으로 집필할 수 있는 주제인지에 대해서도 확인해 보아야 한다.

- 작문 맥락 | 타당한 근거를 들어 주장하는 글쓰기
- 주제 | 심신미약 감경 제도는 개선되어야 한다.

위 주제는 타당한 근거를 들어 주장하는 글을 쓰려고 작성되었다. 구체적으로는 대학 글쓰기 수업에서 타당한 근거를 들고 이를 토대로 주장하는 글을 쓰려고 주제를 설정하는 상황이 작문 맥락이었다. 하지만 인용한 주제는 이와 같은 작문 맥락이 충분히 반영되지 않아 수정해야 한다. 심신미약 감경 제도를 개선해야 한다는 주장은 있지만 이를 왜 개선해야 하는지에 대하여 타당한 근거가 제시되지 않았으므로 집필의 기준점으로 부족하다. 이 주제는 단순한 주장만 제시했을 뿐 학문 탐구의 장에 걸맞은 인식적 지평을 보여주지 못하고 있다. 그러므로 이 주제는 작문 맥락을 고려하여 다음과 같이 수정할 수 있다.

- **고쳐쓰기 전** | 심신미약 감경 제도는 개선되어야 한다.
- **고쳐쓰기 후** | 심신미약 감경의 적용 범위가 국민들의 보편적 법 감정에 맞지 않고 또 이 제도가 잘못 적용되어 합리적 처벌이 이루어지지 않는 경우가 많으므로 국민적 의견 수렴의 절차를 거쳐 이를 개선하여야 한다.

주제 설정 단계에서 흔히 보이는 문제점, 즉 고쳐쓰기의 중점적 대상은 너무 일반적인 내용을 주제로 삼는 것이다. 연예인, 성형 등 뻔한 소재를 토대로 뻔한 주제를 설정하는 일이 많다. 또는 글 쓰는 시점에서의 사회적 이슈를 소재로 삼아 주제를 설정하기도 하는데, 문제는 사회적 이슈에 대한 일반적 입장을 무비판적으로 받아들여 이를 주제로 설정하는 경우가 많다는 것이다. 따라서 주제 설정 단계에서의 고쳐쓰기에서는 주제가 지나치게 일반적이어서 집필의 의의를 잃지는 않는지 살펴보아야 한다. 참신한 주제를 설정하는 것이 쉽지는 않다. 그러나 글의 주제를 스스로 탐구하고 분석하고 증명할 수 있는 것으로 한정하고 축소한다면 오히려 독창적이면서도 의미 있는 주제를 설정할 수 있을 것이다. 주제를 한정하고 축소하면 주제를 구체화할 수 있으며, 이것이 결국 주제의 일반성 문제를 해결할 수 있는 방법이 된다.

02 개요 쓰기 단계에서의 고쳐쓰기

개요는 주제가 우선적으로 구현된 것이므로 이 단계에서의 고쳐쓰기에서는 개요가 주제를 정확하게 표현하는지, 주제의 내용을 모두 반영하는지, 주제를 효율적으로 구성하는지 등을 살피고 개요의 각 구성 요소가 유기적이며 통일적인지, 실제 집필에 얼마나 유용한지 등에 주목하는 것이 바람직하다. 먼저 개요에 주목하여 고쳐쓰기를 진행한 후 필요하다면 주제 설정 단계로 돌아가 주제를 새롭게 고쳐 쓰고 이를 바탕으로 개요를 다시 쓸 수도 있다.

한편 개요 쓰기 단계에서도, 주제 설정 단계에서와 마찬가지로 작문 맥락을 고려하여 고쳐쓰기가 이루어져야 한다. 개요에 집필 목적과 상황, 예상 독자를 염두에 둔 점이 있는지 검토한다.

주제: 현대 한국 가족의 정서적 기능 실태와 그의 올바른 방향 제시

개요

1. 현대 가족의 정서적 유대감의 현실

2. 가족 간 정서적 유대감 상실의 배경
   - 2.1. 한국의 산업화와 경제 발전으로 인한 핵가족화
   - 2.2. 서양으로부터의 가족 간 개인주의 전파

3. 가족 간 정서적 유대감 상실의 폐해
   - 3.1. 자녀세대 자아 발달의 이상
     - 3.1.1. 폭력적 성향
     - 3.1.2. 대인관계 장애
   - 3.2. 부모 세대와 자녀세대 간 갈등 심화
     - 3.2.1. 재산 상속 시 부모와 자녀 간의 갈등
     - 3.2.2. 현대판 고려장

4. 가족 간 정서적 유대감의 중요성
   - 4.1. 자녀세대의 올바른 자아 발달
   - 4.2. 올바른 가족문화 형성

개요는 각 장이 유기적으로 연결되어 있어야 하며 상위 구성의 장 내용에 하위 구성의 장 내용이 포함되어야 한다. 이와 같이 유기적 짜임이 분명하고 철저하게 이루어져야 주제를 제대로 구현할 수 있다.

1장에서 '정서적 유대감의 현실'이라는 의미가 불분명하여 보충 서술이 되어야 한다는 문제가 지적되었다. 3.1장에서도 '자녀세대 자아 발달의 이상'이라는 표현이 역시 의미가 불분명하다는 문제가 지적되었다. 자녀세대는 구체적으로 어느 세대인지, 어느 시기를 살았던 세대인지를 알 수 없기 때문이다. 4장도 전체 구성에서 유기적 역할을 제대로 하지 못하는 내용으로 이루어져 있다. '가족 간 정서적 유대감의 중요성'은 당위적인 내용으로, 이렇게 중요한 가족 간 유대감을 현대 사회에서는 상실하고 있기 때문에 어떤 방법으로 회복할 수 있을까에 대한 내용이 4장에서 진술되는 것이 더 유기적 역할을 하게 된다. 이러한 취지의 피드백을 통해 다음과 같이 개요가 수정되었다. 수정된 개요도 진단을 실시해보면 문제점이 없는 것은 아니지만 수정하기 이전의 개요에 비하여 유기성이 향상된 점에 주목할 필요가 있다.

주제: 현대 한국 가족의 정서적 기능 실태와 그의 올바른 방향 제시

개요

1. 서론

2. 현대 한국 가족의 정서적 기능 약화의 배경
    - 2.1. 한국의 산업화와 경제 발전으로 인한 핵가족화
    - 2.2. 서양으로부터의 가족 간 개인주의 전파

3. 현대 한국 가족의 정서적 기능 약화의 폐해
    - 3.1. 자녀 자아 발달 이상
        - 3.1.1. 폭력적 성향
        - 3.1.2. 대인관계 장애
    - 3.2. 부부 간 갈등
    - 3.3. 부모 자녀 간 갈등

4. 가족 간 정서적 기능 회복을 위한 방법적 탐구
4.1. 가족 구성원 간의 원활한 의사소통을 통한 회복
4.2. 전문가 상담을 통한 회복

5. 결론

03 초고 쓰기 단계에서의 고쳐쓰기

초고는 1차적으로 글이 완성된 상태이기 때문에 고쳐쓰기 과정에서 확인해야 할 것이 많다. 먼저 작문 맥락에 맞게 설정했던 계획이 초고에 정확하게 반영되었는가를 점검해야 한다. 집필 목적에 따른 계획, 독자에 따른 계획, 글의 성격·유형에 따른 계획 등을 초고에서 확인한다. 그뿐만 아니라 초고가 1차적으로는 완성된 형태의 글이므로 단락과 단락 간의 관계가 통일적인지, 단락 안에서 소주제문과 뒷받침 문단의 관계는 정확한지, 문장의 연결은 자연스러운지, 어휘를 적절하게 사용했는지 등에 대해서도 종합적으로 확인해야 한다. 점검 결과 계획대로 집필되지 않은 곳을 고쳐 쓴다.

초고에 대한 고쳐쓰기 과정에서 초고의 문제점뿐만 아니라 주제나 개요의 문제점이 발견될 수도 있다. 주제를 정확하게 마련하고 개요를 철저하게 짜서 무결점의 주제와 개요가 준비되면 초고에 대해서만 고쳐 쓰면 되겠지만 현실에서 이런 상황은 나타나기 힘들다. 초고에 대한 고쳐쓰기 과정에서 글쓴이의 견해와 같은 견해를 발견하여 주제를 바꿀 필요가 생기기도 하며, 혹은 새로운 자료를 찾게 되어 주장을 강화할 수 있는 방향으로 개요를 수정할 필요가 생기기도 한다. 따라서 초고에 대한 고쳐쓰기 과정에서 주제와 개요의 문제점이 발견되면 주제 설정 단계와 개요 작성 단계로 되돌아가 주제와 개요를 고쳐 쓸 수 있다.

> 핸드볼 중흥을 위해 국가는 적극적 지원을 해주어야 한다.
> 우선 핸드볼의 기반시설이 확충되어야 한다. 현재 우리나라 핸드볼 전용 경기장은 2011년에 최초로 설립되어진 올림픽 공원 내 SK핸드볼 경기장이 유일하다. 하지만 사실 이것은 국가의 지원이 아닌 민간의 자본으로 설립된 시설이다. 이는 2004년 아테네 올림픽을 배경으로 해서 만들어진 영화 〈우리 생에 최고의 순간〉의 붐으로 핸드볼 환경의 미진한 상황이 조금이나마 알려지고 개선되어 온 결과이다. 다음으로는 이렇게 기반시설의 확충과 더불어 동호인 조직 및 네트워크 형성이 되어야 한다. 핸드볼 중계, 핸드볼 리그의 활성화를 통해 스피드하고 1분 1초의 짜릿한 승부를 느낄 수 있는 핸드볼을 알리도록 홍보에 힘써야 한다.

단락을 새롭게 시작할 때는 들여쓰기를 해야 한다. 그러나 위의 글에서는 단락에 대한 들여쓰기가 이루어지지 않았다. 학생들이 자주 하는 실수 중에서 단락에 대한 인식이 철저하지 않다는 것을 들 수 있다. 한 편의 글에서 처음부터 끝까지 단락을 구분하지 않고 쓰는 경우도 있으며, 반대로 한 문장을 서술하고 단락을 구분하고, 다시 한 문장을 서술하고 단락을 구분하는 방식으로 글을 써서, 한 문장이 곧 한 단락이 되는 경우도 있다. 하나의 소주제가 바탕이 되어 한 단락을 구성한다는 점을 잊지 말아야 할 것이다. 이러한 맥락에서 윗글은 '다음으로는' 다음의 내용은 새로운 소주제가 시작하기 때문에 단락을 새로 구성하여 집필하는 것이 좋다.

- '설립되어진': 우리말은 능동형으로 서술하는 것이 자연스럽다. 그러나 영어 번역 투의 영향으로 지나치게 수동형을 많이 쓰게 되었다. '설립되어진'은 '설립된' 정도로 쓰는 것이 좋다. '책상이 학생들에 의해 운반되었다'와 같은 경우도, '학생들이 책상을 운반하였다'처럼 능동형으로 쓰는 것이 더 자연스러운 표현이다.

- '미진한': 문장에서 필요한 의미에 맞는, 정확한 어휘를 선택하여 써야 한다. 위 문장에서는 '미진한'이라는 어휘보다는 '열악한'이라는 어휘가 더 정확하다. '미진(未盡)하다'는 '아직 다하지 못하다'라는 뜻을 지닌 단어인데, 위 문장에서는 핸드볼과 관련된 전반적인 상황이 좋지 못하다는 어휘가 제시되어야 하므로 '열악한' 정도의 말이 좋다.

- '생에': 단순한 실수인 듯 보이기는 하지만 초고를 쓴 후에 검토 작업을 소홀히 한 점을 분명하게 보여주는 잘못이다. 한 번이라도 정독하였다면 '생애'를 '생에'로 잘못 쓴 것을 수정할 수 있었을 것이다. 자신이 쓴 글을 공식적으로 제출하기 전에 꼼꼼하게 읽는 습관을 길러야 한다.

04 초고 작성 후 고쳐쓰기

효과적인 고쳐쓰기를 하기 위해서는 초고 작성 후 얼마간의 시간이 지난 후에 하는 것이 좋다. 그랬을 때 자기 글이지만 객관적인 시선으로 바라보기 쉽다. 동료 학생이나 교수자의 평가를 받는 것도 좋다. 그리고 한 번에 그치지 말고 최소한 두세 번 고쳐쓰기를 하는 것이 좋다. 처음에 잡아내지 못한 오류를 두 번째, 세 번째 고쳐쓰기에서 발견하는 일도 많다. 따라서 좋은 글을 쓰려면 고쳐쓰기 단계까지 고려하여 충분한 시간을 두고 집필해야 한다.

05 고쳐쓰기 할 때의 점검 항목

내용 생성 단계, 내용 조직 단계 등 초고 쓰기 이전 단계에서 계획하였던 사항을 확인하면 효율적인 고쳐쓰기를 할 수 있다. 즉 집필 목적에 따라 계획한 구성이 잘 반영되어 있는가, 독자 요소를 고려하여 세웠던 표현은 잘 되었는가 등 사전 계획 단계의 항목들을 점검하면 고쳐쓰기를 쉽게 할 수 있다. 이를 종합하여 실제 고쳐쓰기에서 사용 가능한 항목들을 제시해 본다.

고쳐쓰기를 할 때 다음처럼 점검 항목을 작성하여 확인하면 도움이 될 것이다. 글에 따라 필요한 점검 항목이 다르기 때문에 선택적으로 이용하면 된다.

집필 목적에 따른 계획이 제대로 수행되었는가?

- 집필 목적이 분명하게 나타나 있는가?
- 집필 목적을 분명하게 구현하는 구성인가?
- 집필 목적을 분명히 구현할 수 있게 단락이 연결되어 있는가?
- 집필 목적을 분명하게 구현할 수 있는 글감이 사용되었는가?
- 집필 목적을 분명하게 구현할 수 있는 표현인가?

독자에 따른 계획이 제대로 수행되었는가?

- 독자가 정확히 이해할 수 있는가?
- 독자가 쉽게 이해할 수 있는가?
- 독자에 따라 표현의 격식을 달리했는가?
- 독자가 원하는 정보를 썼는가?
- 독자가 관심 있는 주제인가?
- 독자의 담화 관습에 맞는 표현을 사용했는가?

❙ 글의 성격 · 유형에 따른 계획이 제대로 수행되었는가?

- 글의 성격에 맞게 구성되어 있는가?
- 글의 성격에 맞는 글감이 사용되었는가?
- 글의 성격에 맞게 표현되어 있는가?

❙ 주제에 따른 계획이 제대로 수행되었는가?

- 주제가 명확하게 나타나 있는가?
- 주제를 뒷받침하는 근거는 확실하고 분명한가?
- 주제를 분명하게 나타내는 구성인가?
- 주제 제시의 방법이 효과적인가?
- 글의 내용이 통일성이 있는가?

❙ 단락의 길이는 적절한가?

- 문장은 문법적으로 정확한가?
- 어휘가 정확하게 사용되었는가?
- 맞춤법이나 띄어쓰기의 오류는 없는가?
- 오 · 탈자는 없는가?
- 각 문장(문단)은 응집성이 있는가?

위의 점검 항목에서 필요한 것들을 뽑아 하나씩 확인해가면서 문제점을 찾은 뒤 첨가, 삭제, 재구성의 방법을 이용하여 수정한다. 작문 계획에 비추어 부족한 내용은 첨가의 방법을, 중복되었거나 관련 없는 내용은 삭제의 방법을 이용하여 고쳐쓰기를 한다. 앞뒤의 배치를 바꾸는 것이 낫다면 재구성의 방법을 이용한다.

활동

다음은 어떤 학생의 초고 중 일부이다. 이 글의 주제를 고려하여 고쳐쓰기를 해 보자.

〈주제〉 선거철 후보들의 문제성 공약에 대한 유권자들의 판단 의식 고양의 필요성과 문제성 공약을 차단하기 위한 노력

〈초고〉

요즘 길거리에서 가장 많이 보게 되는 광경은 다른 무엇보다도 선거유세 장면이 아닐까 싶다. 6월 2일 전국동시지방선거가 코앞으로 다가오면서 유권자들의 소중한 한 표를 얻기 위한 각 후보들이 노력을 기울이고 있다.

우리 국민들은 5년에 한 번씩 대통령을 선출하고, 4년에 한 번씩 국회의원을 직접 투표하여 선출한다.

해마다 각종 선거에서는 수많은 후보들이 많은 공약들을 걸고 선거에 출마한다. 선거 공약으로 내세워지는 대부분의 것들은 유권자들의 마음을 사로잡기에 충분한 가치가 있는 것이 주된 공약일 것이고 후보들의 공약들 중에서는 이행되는 공약과 불이행으로 끝나버리는 공약이 존재한다.

우리가 정당한 투표권을 행사하기 위해서는 무엇보다도 선거에 나온 후보자들에 대한 정확한 정보와 각 후보자들의 선거공약에 대해서 사전에 알아야 할 필요가 있다.

이러한 과정에서 각 후보자들이 내세우는 문제성 공약이 유권자와 언론 사이에서 이슈거리가 되고 유권자들의 후보와 공약에 대한 판단 의식을 저해한다. 그러므로 우리는 문제성 공약들에 대해서 어떤 방법으로 평가해야 하며 우리의 공약에 대한 판단의식을 고양할 수 있을지 생각해보아야 한다.

그렇다면 왜 후보자들이 문제성 공약들을 전면적으로 앞세워 선거 유세 활동을 하는 것일까?

문제성 공약이 남발되는 가장 원천적인 이유에는 후보자의 자질 부족 문제가 있다. 문제성 공약을 내세우는 것에 앞서 나오는 후보자들의 자질성에 대해서도 생각해봐야 한다. 실제로 중앙 선거관리위원회에 따르면 등록을 마친 최종 후보자 1만 20명의 전과 기록을 분석한 결과, 전체 후보자의 12%인 1천 199명이 전과기록이 있는 것으로 분석되었다는 것을 뉴스를 통해 접했다. 또한 민선 4기(2006~2010년) 광역·기초단체장 가운데 재임 중 기소된 118명(자진 사퇴 직후 기소된 단체장 포함)의 재판 기록과 후보 등록 현황을 대조한 결과 전과 있는 현직 단체장 49명이 이번 6·2 지방선거에 다시 출마한 것으로 드러났다. 이러한 뉴스는 이런 자질을 가지고 있는 후보들이 내세우는 공약들이 믿음직 한 공약인 것인지 의문을 들게 한다.

〈학생글〉

인용, 주, 참고문헌

CHAPTER 7

한 편의 글은 다른 글의 도움을 주고받으며 작성되고, 다른 글과의 관계 속에서 완성된다. 그렇기 때문에 자기가 쓴 글이 다른 글의 도움을 받았다거나 이용했다는 그 자체가 나쁘다는 것은 결코 아니다. 다만 이를 밝히지 않았을 때 엄청난 문제가 되는 것이다. 그래서 본 장에서는 글쓰기의 윤리 및 그 구체적 실천 방법으로서 인용하는 방법, 인용문에 주를 달아 자료의 출처를 밝히는 방법, 그리고 참고문헌 작성법을 익히도록 한다.

학술적인 글을 쓸 때는 그 글 속에 다른 사람들의 견해와 주장이 반드시 들어가게 마련이다. 하늘 아래 독창적인 것은 없기 때문이다. 독창적이라고 하는 것도 사실 알고 보면 그 이전에 누군가에 의해 얘기되었던 것이 아직 드러나지 않았을 뿐인 것이다. 그래서 본인이 다루고자 하는 내용 내지 대상이 의미를 갖기 위해서는 다른 연구자들의 견해와 주장이 함께 고려되어야 한다.

이와 같은 사실을 고려할 때 인용, 주, 참고문헌 작성법은 특히 다음 장에서 학습하게 될 '학술적 글쓰기'에서는 필수불가결한 사항들이다.

01 인용

설명이나 해석을 하는 데 있어서 자기가 직접 하는 말보다 자료 그 자체를 전달하는 것이 독자의 이해를 돕는 데 훨씬 효과적이라고 판단되는 경우에 사용하는 것이 인용(Quotation)이다. 인용에는 글만 해당하는 것이 아니라 그림, 표, 도형, 음악, 사진, 동영상 등 다른 사람의 창작물이라면 모두 해당된다.

이러한 인용에는 나의 견해를 뒷받침하기 위해 다른 사람의 견해를 끌어들이는 긍정적 기능과 다른 사람의 견해를 비판하고 나의 견해의 독창성이나 특수성을 보여주기 위한 비판적 기능이 있다. 하지만 일반적으로 인용은 다른 연구자들의 논의를 존중하는 태도에서 시작되어야 하고 공식적인 권위를 인정받은 글을 인용하는 것이 바람직하다.

1) 인용의 기본 윤리

인용은 다른 사람이 이룩한 정신적 성과물을 이용하는 것이다. 따라서 인용에는 반드시 지켜야 할 기본적 윤리와 책임이 있다. 그 몇 가지를 밝히면 다음과 같다.

- **인용을 했으면 반드시 그 출처를 밝혀야 한다**

  글 전체, 한 단락, 한 문장, 한 구절 등 조금이라도 남의 글을 인용했으면 반드시 전거, 즉 출처를 밝혀야 한다. 이 말은 그 인용문이 누가 어느 책에서 쓴 것인지를 밝히는 것이며, 이를 제대로 밝히지 않으면 표절이 된다. 인용의 출처를 밝히는 방법에 관한 상세한 사항은 뒤에서 언급할 것이다.

- **자기가 실제로 읽고 이해한 범위에서 인용해야 한다**

  어떤 글을 인용한다는 것은 인용자가 그것을 읽고 자기 나름대로 이해했음을 전제로 한다. 스스로도 이해하지 못하는 내용들을 피상적으로 읽고 그것들을 베껴 쓰는 식의 인용을 해서는 안 된다.

● 원문을 왜곡하여 인용해서는 안 된다

남의 글에서 일부분을 떼어서 인용할 경우, 원문을 임의로 바꾸거나 중요한 부분을 제외함으로써 본래 문맥의 의도와 어긋나게 하여 자신의 글에 적합하도록 왜곡해서 쓰지 않도록 유의해야 한다.

● 재인용은 가급적 피하되, 부득이 재인용을 했다면 '재인용'임을 밝혀야 한다

재인용이란 다른 사람이 인용한 것을 다시 인용하는 것이다. 즉, 재인용은 글쓴이가 다른 사람이 인용한 자료를 찾을 수 없기 때문에(예 너무 오래된 문헌 등), 또는 찾는다 하더라도 언어적 장벽 등과 같은 어려움 때문에 어쩔 수 없이 하는 것이다. 그러므로 그만큼 왜곡의 가능성이 커진다고 할 수 있다. 그래서 재인용은 불가피한 경우가 아니라면 하지 않는 것이 좋다.

● 아이디어를 표절해서는 안 된다

다른 사람의 글을 그대로 베끼지 않았다 하더라도, 그 글에서 얻은 아이디어를 적절한 인용 표시 없이 자신의 생각인 것처럼 표현해서는 안 된다.

● 간접인용의 경우 특히 조심해야 한다

저자표시 등 출처를 밝혔지만 큰따옴표(" ")를 치지 않고 인용문을 문자 그대로 옮기는 간접인용의 경우에도 인용자가 자기 말로 풀어쓰는 과정을 생략하면 안 된다. 이를 생략했을 경우에는 표절이 될 소지가 있기 때문이다.

2) 인용의 방법

인용에는 원문을 그대로 인용하는 직접인용과 원문의 내용을 글쓴이 자신의 말로 풀어서 인용하는 간접인용이 있다.

(1) 직접인용

다른 사람의 글을 고치지 않고 그대로 인용하는 방식이다. 인용문이 짧을 경우에는 본문 속에 넣어야 하는데, 이때 반드시 큰따옴표로 표시한다. 인용문이 길 경우에는 독립된 단락을 만들어야 하는데, 이때 따옴표는 생략한다. 또한 문단 형식이나 글자 크기를 조절하고 가급적 본문과 구별하는 것이 좋다. 기본적인 형식은 다음과 같다.

이에 대해 폴 존슨은 "노년의 톨스토이는 애국심, 제국주의, 전쟁, 그리고 모든 형태의 폭력에 등을 돌렸다. 마르크스주의자들과의 동맹은 폭력에 대한 반감만으로도 차단됐다."[1]고 주장했다.

1) 폴 존슨, 『지식인의 두 얼굴』, 윤철희 옮김, 을유문화사, 2004, 242쪽.

이에 대해 폴 존슨은 다음과 같이 말한다.

> 노년의 톨스토이는 애국심, 제국주의, 전쟁, 그리고 모든 형태의 폭력에 등을 돌렸다. 마르크스주의자들과의 동맹은 폭력에 대한 반감만으로도 차단됐다. 그는 마르크스주의자들이 권력을 잡더라도 그들이 떠드는 것처럼 현실적으로 국가를 철폐하지는 않을 것이라고 예상했다.[2]

2) 폴 존슨, 『지식인의 두 얼굴』, 윤철희 옮김, 을유문화사, 2004, 242쪽.

(2) 간접인용

인용자가 원저자의 표현을 그대로 따르지 않고 그가 말하고자 하는 내용을 자신의 말로 바꾸거나 요약해서 인용한다. 이때는 따옴표를 사용하지 않는다. 그래서 인용한 내용이 자신의 생각이 아님을 분명히 밝혀야 한다. 아울러, 따옴표가 없기 때문에 생길 수 있는 모호한 인용의 경계를 명확하게 구분해야 한다. 절대 잊어서는 안 될 것은 출처 표시 끝에 반드시 '참조'라는 말을 붙여야 한다는 것이다.

> 폴 존슨에 따르면 톨스토이는 만년에 이르러 마르크스주의자들이 내세우는 기치에 반기를 들었다고 한다.[3)]
>
> ---
>
> 3) 폴 존슨, 『지식인의 두 얼굴』, 윤철희 옮김, 을유문화사, 2004, 242쪽 참조.

이때 원문을 그대로 옮겨왔는데도 따옴표 없이 간접인용의 형식으로 인용하는 것은 설령 출처를 밝혔다 하더라도 일종의 표절 행위가 되기 때문에 각별히 주의해야 한다.

(3) 직접인용과 간접인용의 장단점

[직접인용과 간접인용의 장단점]

	장 점	단 점
직접인용	원저자의 말을 그대로 재현함으로써 정확성과 신뢰성을 얻게 됨	과다한 인용의 경우 독자는 지루함을 느끼게 되고 글을 읽는 데 부담감을 가짐
간접인용	인용문을 인용자의 말 속에 통합시킴으로써 글의 전체적 흐름을 원활하게 함	자의적인 왜곡의 가능성으로 인해 독자는 인용의 진위에 대해 의구심을 가짐

3) 인용에서 주의할 점

- 인용은 가능한 한 적게 하고, 짧고 간결하게 한다. 인용이 길어지면 그것을 정리하기 위해 스스로 다시 설명을 덧붙이게 되고, 그러다보면 인용의 효과가 감소되고 독자는 쉽게 피로해질 수 있다.
- 인용은 필요한 것이지만 그렇다고 너무 자주 인용하는 것은 지양해야 한다. 왜냐하면 빈번한 인용의 경우, 논문이 인용투성이가 되어 독자는 문체상의 통일성 등 글의 이질성에 당황하여 글 자체를 읽기가 어렵게 되기 때문이다.
- 인용할 때는 직접인용과 간접인용의 효용과 부작용을 고려하여 두 가지 방식을 적절히 섞어서 사용하는 것이 좋다.
- 인용한 문장 가운데 오류가 있다면, 그 오류가 인용문 자체의 것이라는 점을 분명히 해야 한다. 이를 위해 '〔원문대로!〕'(서양문헌이라면 〔sic!〕)라고 표시해 주면 된다.

02 주(註)

인용문의 출처에 관한 정보는 주와 참고문헌을 통해 기술한다. 주는 논문에서 설명이나 주장을 뒷받침하기 위해 어떤 자료를 활용했는지, 또 얼마나 권위 있는 자료에 근거한 것인지를 제시하는 것이다. 주는 논문의 내용과 관련된 사항으로 본문에 넣기보다는 본문과 따로 떼어서 다루는 것이 효과적일 때 사용한다. 달리 말해, 주는 본문을 보충해 주는 글이다. 이를 통해 논문 내용의 객관성, 신뢰성, 정확성을 강화할 수 있게 되므로 적절한 정도의 적합한 인용은 논문의 가치를 높여 줄 수 있다. 주의 종류는 크게 기능과 위치에 따라 구분할 수 있다.

1) 주의 종류

(1) 기능에 따른 구분(인용주, 내용주, 참조주)

① **인용주**: 다른 연구자의 의견을 가져와서 본인의 연구 내용에 사용할 때 이를 밝혀주는 기능을 한다.

② **내용주**: 해설주라고도 한다. 논문의 내용을 수월하게 이해하도록 필요한 추가 설명이나 해설을 본문이 아닌 곳에 따로 덧붙이는 것이다. 본문의 흐름을 방해하지 않으면서 본문의 내용을 보충해 준다.

③ **참조주**: 참고주라고도 한다. 참고한 인용문의 출처를 밝혀주는 것으로, 서지적으로 논문에 참고한 내용을 담고 있는 자료를 소개하는 형식으로 자료 소개의 끝에 '참조'라는 말을 넣어 인용주와 구별한다. 또 출처를 완전하게 밝혀주면 완전주(석), 생략하여 불완전하게 밝혀주면 약식주(석)으로 나뉜다.

(2) 위치에 따른 구분(각주, 내주, 미주)

① **각주**: 주가 처리되는 위치가 본문이 속한 쪽의 맨 아래쪽에 있는 주다. 가장 일반적으로 사용되는 방식이다. 한글 프로그램이나 MS 워드 프로세스에는 자동으로 각주번호나 미주번호를 삽입하는 기능이 있다. 아래아 한글의 경우 커서를 번호 매길 위치에 놓고 '메뉴-입력-주석-각주'를 차례로 클릭하면 자동으로 번호가 매겨진다. 그러면 면의 아래쪽에 주의 내용을 기입할 수 있는 공간이 생긴다.

> "노년의 톨스토이는 애국심, 제국주의, 전쟁, 그리고 모든 형태의 폭력에 등을 돌렸다. 마르크스주의자들과의 동맹은 폭력에 대한 반감만으로도 차단됐다."[4)]
>
> ---
>
> 4)

② 내주: 주가 처리되는 위치가 본문 안에 있는 경우로, 본문주라고도 한다. 본문 내의 문장 중간에 간단하게 인용문을 넣을 경우, 참조한 내용의 바로 옆에는 간략하게 해당 문헌의 저자와 발행연도, 쪽수만을 괄호 안에 넣어 주로 처리하는 방법이다. 내주의 경우 인용한 문헌에 대한 완전한 정보는 책 뒷부분의 참고문헌에 제시되어야 한다.

> 이에 대해 폴 존슨은 다음과 같이 주장한다. "노년의 톨스토이는 애국심, 제국주의, 전쟁, 그리고 모든 형태의 폭력에 등을 돌렸다. 마르크스주의자들과의 동맹은 폭력에 대한 반감만으로도 차단됐다." (폴 존슨, 2004, 242쪽)
>
> 참고문헌
>
> 폴 존슨(2004), 『지식인의 두 얼굴』, 윤철희 옮김, 서울: 을유문화사.

③ 미주: 주가 처리되는 위치가 본문이 끝난 맨 마지막 부분에 있는 경우로, 후주(後註) 또는 말주(末註)라고도 한다. 글의 끝에서 일괄적으로 주석의 내용을 보여주는 방식의 주다. 각주와 마찬가지로 주의 번호를 자동으로 매길 수 있다.

2) 주 표기 방법

- 모든 학문분야에 걸쳐서 똑같이 적용되는 보편적인 인용출처 표시방식은 없으므로, 논문 작성자가 속한 학문분야에서 정한 대로 따라야 한다.
- 이미 알고 있는 사항에 대한 주는 달 필요가 없다. 예를 들면 아리스토텔레스는 '인간은 사회적 동물'이라고 말했다는 것과 같은 서술에 주를 달 필요는 없다.
- 다른 사람의 논문에 있는 주를 본인이 인용 표시 없이 사용해서는 안 된다.

- 주가 본문의 어느 부분에 속하는 것인지를 분명히 해야 한다. 각주 번호 위치는 인용한 내용이 끝난 부분의 오른쪽 윗부분에 기입한다.
- 주에는 출처에 대한 정보를 모두 제공한다. 즉 저자명, 논문명(또는 도서명), 잡지명, 권수, 출판된 곳: 출판사, 출판 연도, 쪽수 등을 기입한다.
- 두 번째 이후의 인용에 대해서는 생략기호를 사용한다.
- 이하 자세한 사항은 다음 장에서 설명한다.

3) 주 표기의 실제

(1) 각주의 작성법

주 번호는 보통 클릭만 하면 자동으로 생성되므로 크게 어렵지는 않다. 원자료의 종류에 따라 표기 방법이 다르니 주의해야 한다. 학문분야마다 인용출처 방식이 다르기 때문에 하나의 글 내에서는 어떤 부호와 약어를 사용할 것인지 원칙을 정하고 일관성을 지키는 것이 중요하다. 어느 경우든 다음 세 가지는 꼭 유의해야 한다.

첫째, 저자 다음의 콤마(,)는 쌍점(:)으로 대신할 수 있다.

둘째, 동일한 저자의 동일한 문헌을 재인용해야 할 경우 그 중간에 다른 인용 문헌이 없다면, 'Ibid. 또는 상게서(上揭書)'라고 표기한다(Ibid.는 라틴어 'ibidem'의 약어로 '같은 책/글에서'라는 뜻을 가지고 있다). 쪽 번호가 그대로라면 Ibid.만을 표시하고, 쪽 번호가 다르다면 이를 표시해야 한다.

셋째, 동일한 저자의 동일한 문헌을 재인용할 경우 그 중간에 다른 인용된 문헌이 있다면, 'Ibid.'를 쓰면 안 되고 대신 'op.cit.'를 사용한다(op.cit.는 라틴어 'opere citato'의 약어로 '앞서 언급한 책/글에서'라는 뜻을 가지고 있다).

① 저서

저자, 『책 제목』, 출판된 곳: 출판사, 출판 연도, 인용한 쪽수.

진형준, 『공자님의 상상력』, 서울: 살림, 2012, 139쪽.

- 국내서의 책 제목에는 『 』나 ≪≫를 사용. 서양문헌의 경우 책 제목은 이탤릭체로 표시하기도 한다.
- 국내서일 경우 쪽수는 영어의 'p.'보다는 '쪽'이나 '면'이라는 한글 표현을 사용한다.
- 국내서일 경우 출판된 곳을 표기하지 않고 출판사 이름만 써도 무방하다.
- 서양서일 경우 저자 이름은 '이름 성' 순서이다. 그런데 나중에 참고문헌에 표기할 때는 그 반대가 된다.('성, 이름')
- 저자가 여러 명일 경우 맨 앞의 저자명을 쓰고 나머지는 '외' 또는 '외 몇 인'으로 표기할 수 있다('홍길동 외 2인'). 하지만 최근에는 공동저자를 모두 밝히는 경우가 관례이다.

② 번역서

저자, 『책 제목』, 옮긴이, 출판된 곳: 출판사, 출판 연도, 인용한 쪽수.

표도르 미하일로비치 도스또예프스끼, 『죄와 벌』, 홍대화 옮김, 파주: 열린책들, 2013, 157쪽.

- 책 제목 뒤에 번역자(옮긴이)의 이름을 표시한다.

③ 학술지 논문

- 저자, 「논문 제목」, 『학술지 제목』, 제○호(발행 연도), 발행처, 인용한 쪽수.
- 저자, 「논문 제목」, 실린 곳: 『학술지 제목』, 제○호(발행 연도), 발행처, 인용한 쪽수.

> 정성미, 「결혼이민자의 인문치료 사례연구 - 일기쓰기 프로그램을 중심으로」, 『인문치료』, 제1-1호(2011), 한국인문치료학회, 65쪽.

- 논문 제목을 '〈 〉'로, 학술지 제목을 '≪≫'로 표시할 수도 있다.

④ 학위논문

저자, 「논문 제목」, 학위논문사항, 출판 연도, 인용한 쪽수.

> 김선정, 「청소년의 도덕적 이탈과 또래 괴롭힘 참여자 역할행동 간의 관계: 지각된 학급규준의 매개효과를 중심으로」, 덕성여자대학교 대학원 석사학위논문, 2014, 66쪽.

⑤ 단행본에 포함되어 있는 글(또는 논문)

저자, 「논문 제목」, 실린 곳: 『학술지 제목』, 제○호(발행 연도), 발행처, 인용한 쪽수.

> 김현진, 「시선과 에로스 - 토마스 만의 소설에 나타난 사랑」, 실린 곳: 안삼환 외, 『전설의 스토리텔러 토마스 만』, 서울대학교출판문화원, 2011, 48쪽.

- '실린 곳' 대신 '수록'이라고 표시하기도 한다.

⑥ 인터넷(온라인) 기사

저자, 「글 제목」, 『신문(잡지) 제목』 발행 날짜, 온라인 주소(접속 날짜).

> 김용언, 「오만하고 돈 밝히던 작가, '민주주의'에 눈 뜨다!」, 『프레시안』 2014-03-04, http://www.pressian.com/news/article.html?no=115079(2014-03-04 접속).

⑦ 온라인 사전

표제어, "해당 용어", 『사전 제목』, 출판 연도 없음, 온라인 주소(접속 날짜).

> 표제어, "한일협정", 『NAVER 지식백과』, 출판 연도 없음, http://terms.naver.com/entry.nhn?docId=75020&cid=43667&categoryId=43667(2015-11-13 접속).

⑧ 기타

㉠ 바로 위에서 인용한 쪽을 다시 인용할 때

> 1) 김유동, 『충적세 문명』, 서울: 도서출판 길, 2011, 139쪽.
> 2) 같은 쪽.

- '같은 쪽' 대신 'Ibid.'라고 표기해도 무방하다.(서양문헌의 경우에는 'Ibid.'라는 표기 권장한다.)

㉡ 바로 위에서 인용한 자료의 다른 쪽을 인용할 때

> 1) 한상우, 『베르그송 읽기』, 서울: 세창미디어, 2015, 139쪽.
> 2) 같은 책, 378쪽.

- '같은 책, 378쪽.' 대신 'Ibid., p.378.'이라고 표기해도 된다.
- 만일 인용한 자료가 책이 아닐 경우에는 '책'이라는 표현 대신 '자료' 또는 '기사'와 같은 적절한 표현을 사용하면 된다.

㉢ 바로 위에서는 아니지만 이전에 이미 인용하였던 사료를 인용할 때

> 1) 조셉 골드, 『비블리오테라피』, 이종인 옮김, 서울: 북키앙, 2003, 139쪽.
> 2) 정성미, 「결혼이민자의 인문치료 사례연구 - 일기쓰기 프로그램을 중심으로」, 『인문치료』, 제1-1호(2011), 한국인문치료학회, 65쪽.
> 3) 조셉 골드, 151쪽.

㉣ 같은 저자의 자료를 두 권 이상 인용할 때

1) 안정효, 『글쓰기 만보』, 서울: 모멘토, 2006, 139쪽.
2) 안정효, 『오역사전: 당신을 좋은 번역가로 만드는 깐깐한 번역 길라잡이』, 파주:열린책들, 2013, 223쪽.
3) 김선정, 「청소년의 도덕적 이탈과 또래 괴롭힘 참여자 역할행동 간의 관계: 지각된 학급규준의 매개효과를 중심으로」, 덕성여자대학교 대학원 석사학위논문, 2014, 66쪽.
4) 안정효, 『글쓰기 만보』, 139쪽.

㉤ 재인용을 할 때

1) Georg Wilhelm Friedrich Hegel, *Wissenschaft der Logik*, Hamburg, 1832, p.34 (홍길동, 「논문제목」, 『학술지 제목』, 제○호(간행연도), 간행처, ○쪽에서 재인용).

- 학술적인 글에서 재인용은 바람직하지 않지만 부득이 재인용을 해야 할 때는 반드시 '재인용'이라고 표시해야 한다. 재인용은 참고문헌에서 원저자와 발행 연도, 원문의 표제와 수록 매체를 기재한 다음, '재인용' 내지 'Quoted in'이라는 어구 다음에 실제 인용한 자료의 저자명, 발행 연도, 인용한 쪽수를 표기한다.

(2) 내주의 작성법

한글 프로그램이나 MS 워드 프로그램에서 클릭을 하면 자동으로 생성되는 각주의 번호와 달리 내주는 일일이 인용부분의 말미에 괄호를 사용하여 그 출처를 표시하여야 한다. 이때 출처에 대한 완전한 정보를 표시하지 않고 저자, 출판 연도, 쪽수(또는 '저자, 출판 연도: 쪽수')만 표시한다. 자료에 대한 완전한 정보는 참고문헌에서 제시한다. 실제 보기는 다음과 같다.

① 직접인용

이에 대해 폴 존슨은 다음과 같이 주장한다. "노년의 톨스토이는 애국심, 제국주의, 전쟁, 그리고 모든 형태의 폭력에 등을 돌렸다. 마르크스주의자들과의 동맹은 폭력에 대한 반감만으로도 차단됐다." (폴 존슨, 2004, 242쪽)

참고문헌

폴 존슨(2004), 『지식인의 두 얼굴』, 윤철희 옮김, 서울: 을유문화사.

② 간접인용

폴 존슨(2004: 242)은 톨스토이가 만년에 이르러 마르크스주의자들이 내세우는 기치에 반기를 들었다고 한다.

참고문헌

폴 존슨(2004), 『지식인의 두 얼굴』, 윤철희 옮김, 서울: 을유문화사.

03 참고문헌

- 참고문헌이란 자신이 논문을 쓰기 위해 참고한 자료를 목록화한 것이다.
- 글의 마지막 부분에 자신이 참고한 문헌들을 목록의 형태로 제시한다.

학문분야에 따라서 참고문헌을 요구하지 않을 수도 있지만, 내주 방식으로 인용 출처를 밝혔다면 반드시 참고문헌을 작성해야 한다. 참고문헌은 글의 필자가 어떤 문헌을 참고했는지를 밝힘과 동시에, 다른 연구자들이 해당 주제에 관해 더 알고 싶은 경우에 어떤 문헌을 참조할 수 있는지 서지 정보를 안내해주기도 한다.

1) 참고문헌의 형식

(1) 본문에서 각주를 사용한 경우

① 참고문헌의 형식은 대체로 각주의 형식과 유사하다. 다만 각주에서 기록한 쪽수를 빼야 한다.

② 학회지나 단행본 속에 실린 논문의 경우, 논문의 처음 쪽수와 마지막 쪽수를 제시해 주는 것이 좋다.

③ 서양 문헌의 경우 각주에서 이름과 성의 순서로 제시되는 저자의 이름(예 Thomas Mann)을 '성, 이름'(예 Mann, Thomas)의 순서로 바꿔주어야 한다(번역서의 경우에는 대부분 '이름 성'을 그대로 쓴다).

④ 일정한 기준에 따라 배열해야 한다. 이것은 아래아한글 프로그램의 경우 [도구]-[정렬]을 클릭하면 자동적으로 실행할 수 있다.

⑤ 저자 이름을 반복하여 표시하지 않고, 두 번째 이후에는 줄표를 긋는다.

(2) 본문에서 내주를 사용한 경우

① '저자명(발간 연도),『저서명』, 출판된 곳: 출판사'의 형식을 취한다.

② 저자명(발간 연도)의 형식은 내주의 형식과 똑같다. 이것은 내주와 참고문헌의 연계를 분명히 하기 위한 것이다.

③ 동일한 저자가 발표한 논문이나 저서가 두 개 이상일 경우 발간 연도 다음에 a, b, c 등의 기호를 넣어 구분한다.

2) 참고문헌의 예

(1) 각주를 이용할 경우

김선정, 「청소년의 도덕적 이탈과 또래 괴롭힘 참여자 역할행동 간의 관계: 지각된 학급규준의 매개효과를 중심으로」, 덕성여자대학교 대학원 석사학위논문, 2014.

김유동, 『충적세 문명』, 서울: 도서출판 길, 2011.

김현진, 「시선과 에로스 - 토마스 만의 소설에 나타난 사랑」, 실린 곳: 안삼환 외, 『전설의 스토리텔러 토마스 만』, 서울대학교출판문화원, 2011.

안정효, 『글쓰기 만보』, 서울: 모멘토, 2006.

______, 『오역사전: 당신을 좋은 번역가로 만드는 깐깐한 번역 길라잡이』, 파주: 열린책들, 2013.

정성미, 「결혼이민자의 인문치료 사례연구 - 일기쓰기 프로그램을 중심으로」, 『인문치료』, 제1-1호(2011), 한국인문치료학회.

주셉 골드, 『비블리오테라피』, 이종인 옮김, 서울: 북키앙, 2003.

진형준, 『공자님의 상상력』, 서울: 살림, 2012.

폴 존슨, 『지식인의 두 얼굴』, 윤철희 옮김, 서울: 을유문화사, 2004.

표도르 미하일로비치 도스또예프스끼, 『죄와 벌』, 홍대화 옮김, 파주: 열린책들, 2013.

한상우, 『베르그송 읽기』, 서울: 세창미디어, 2015.

홍길동, 「논문제목」, 『학술지 제목』, 제○호(간행연도), 간행처.

Hegel, Georg Wilhelm Friedrich, *Wissenschaft der Logik*, Hamburg, 1832 (홍길동, ○쪽에서 재인용).

김용언, 「오만하고 돈 밝히던 작가, '민주주의'에 눈 뜨다!」, 『프레시안』 2014-03-04, http://www.pressian.com/news/article.html?no=115079(2014-03-04 접속).

(2) 내주를 이용한 경우

김선정(2014), 「청소년의 도덕적 이탈과 또래 괴롭힘 참여자 역할행동 간의 관계: 지각된 학급규준의 매개효과를 중심으로」, 덕성여자대학교 대학원 석사학위논문.

김유동(2011), 『충적세 문명』, 서울: 도서출판 길.

김현진(2011), 「시선과 에로스 - 토마스 만의 소설에 나타난 사랑」, 실린 곳: 안삼환 외, 『전설의 스토리텔러 토마스 만』, 서울대학교출판문화원.

안정효(2006), 『글쓰기 만보』, 서울: 모멘토.

_____(2013), 『오역사전: 당신을 좋은 번역가로 만드는 깐깐한 번역 길라잡이』, 파주: 열린책들.

정성미(2011), 「결혼이민자의 인문치료 사례연구 – 일기쓰기 프로그램을 중심으로」, 『인문치료』, 제1-1호, 한국인문치료학회.

조셉 골드(2003), 『비블리오테라피』, 이종인 옮김, 서울: 북키앙.

진형준(2012), 『공자님의 상상력』, 서울: 살림.

폴 존슨(2004), 『지식인의 두 얼굴』, 윤철희 옮김, 서울: 을유문화사.

표도르 미하일로비치 도스또예프스끼(2013), 『죄와 벌』, 홍대화 옮김, 파주: 열린책들.

한상우(2015), 『베르그송 읽기』, 서울: 세창미디어.

홍길동(간행연도), 「논문제목」, 『학술지 제목』, 제○호, 간행처.

Hegel, Georg Wilhelm Friedrich(1832), *Wissenschaft der Logik*, Hamburg, (홍길동, ○쪽에서 재인용).

김용언(2014-03-04), 「오만하고 돈 밝히던 작가, '민주주의'에 눈 뜨다!」, 『프레시안』, http://www.pressian.com/news/article.html?no=115079(2014-03-04 접속).

도표의 이해와 활용

CHAPTER 8

도표는 글의 내용과 관련된 자료를 시각화한 것으로 데이터의 효과적인 전달이 가능하다. 이러한 시각자료에는 표, 그래프, 다이어그램, 사진 등이 있다. 이 장에서는 그중 가장 많이 사용되는 표와 그래프를 위주로 그 특성과 작성방법, 작성 시 유의사항에 대하여 설명하고자 한다.

01 도표의 유용성

- 복잡한 자료를 간결하게 제시할 수 있다.
- 기본적인 정보를 알기 쉽게 재가공한 것이다.
- 중요한 정보를 두드러지게 하고 강조하는 데 유용하다.
- 도표만으로 본문과 독립적으로 정보를 제공할 수 있다.

02 도표의 종류

1) 표

- 한정된 공간에 많은 정보를 제공해 줄 수 있다.
- 정확하고 객관적이다.
- 그래프에 비해 메시지 전달력은 떨어진다.

2) 그래프

시간의 흐름에 따른 동향, 분포, 대조 등은 표보다 그래프에서 더 잘 나타난다. 표와 같이 숫자가 정확하게 표현되지는 않으나 시각적 효과는 더 좋다.

(1) 막대그래프

① 대조가 될 수 있는 요소(양의 대소)를 두드러지게 표현하는 데 효과적이다.

② 여러 개의 독립변인들의 값을 동시에 비교해 준다.

(2) 선그래프

① 시간의 경과에 따른 변화를 나타내는 데 효과적이다.

② 독립변인과 종속변인들의 관계를 선으로 보여 주는 그래프이다.

(3) 원(파이)그래프

① 전체에서 특정 항목이 차지하는 비율을 보여 주는 데 효과적이다.

② 특정 항목의 크기가 다양하거나 그 수가 많지 않을 경우에 적절하다.

03 도표의 작성 방법

Step 1 **무엇을 도표로 나타낼 것인가를 먼저 결정한다.**

Step 2 **정보의 특성에 맞는 효과적인 그래프를 선택한다.**

Step 3 **독자가 논지를 이해하는 데 도움이 되도록 한다.**

Step 4 **모든 도표는 알맞은 제목을 붙여야 한다.**

- 표의 경우 표 바로 위에 들여쓰기를 하여 〈표 1〉, 〈표 2〉 등 순서대로 번호를

붙인다.

- 제목은 명사형으로 표현한다.
- 제목은 구체적이고 간결하게 작성해야 한다.

적절한 예

〈표 1〉 우리나라 연도별 남녀 성인 비만율의 변화

부적절한 예

너무 간단하거나 너무 상세한 경우

〈표 1〉 비만율의 변화

〈표 1〉 성인 비만율의 변화

〈표 1〉 1998년부터 2013년까지 우리나라 성인 남녀의 비만율의 변화 비교

Step 5 도표는 단순해야 한다.

- 한눈에 알아볼 수 있도록 최대한 간단하게 작성한다.
- 필요한 자료만 넣는다.
- 명칭을 명확하게 붙인다.
- 표의 열과 행 이름과 그래프의 수평·수직축의 이름을 모두 붙인다.
- 숫자가 중요한 경우 그래프의 선이나 막대 또는 영역에 그 숫자를 직접 쓴다.

04 도표 작성 시 유의 사항

- 도표에 있는 용어와 본문의 용어는 일관성 있게 써야 한다.
- 도표를 만들었다면 본문에 반드시 도표 번호와 함께 도표에 대한 언급이 있

어야 한다.

- 도표는 서론 처음 부분과 결론 부분에 넣지 않는다.
- 도표는 관련된 본문과 가까이 배치한다.
- 모든 도표에는 제목을 달아야 한다.
- 사용된 측정단위나 축적은 명확하게 표기해야 한다.
- 저작권으로 보호된 도표를 인용할 경우 도표 아래에 그 사실을 명시한다. 또한 공개된 자료를 쓸 때도 그 출처를 도표 하단에 쓰도록 한다.

05 표의 종류 및 작성

1) 표의 예

수집한 데이터를 수치로 정리 요약하여 보여 주는 양적 데이터 표와 데이터 간의 차이를 통계 처리하여 유의성을 검증하는 통계 데이터 표, 서술내용을 보기 좋게 정리하여 만든 서술 데이터 표가 있다.

(1) 양적 데이터 표의 예

〈표 1〉 우리나라 연도별 성인 비만율의 변화

(%)

	1998	2001	2005	2007	2008	2009	2010	2011	2012	2013
남 자	25.1	31.8	34.7	36.2	35.3	35.8	36.4	35.1	36.3	37.6
여 자	25.2	27.4	27.3	26.3	25.2	26.0	24.8	27.1	28.0	25.1
합 계	25.2	29.6	31.0	31.3	30.3	25.9	30.6	31.1	32.2	31.4

(2) 통계 데이터 표의 예

〈표 2〉 체중조절 프로그램 참여 후 신체 계측치의 변화

	신체 계측치		
	프로그램 참여 전	프로그램 참여 후	t 값[4]
키(cm)	161.2±4.99[3]	161.3±4.91	−0.467
체중(kg)	59.9±7.72	57.6±7.04	4.630***
BMI[1]	22.9±2.42	22.0±2.25	5.002***
허리둘레(cm)	75.3±6.60	73.9±7.11	1.987
엉덩이둘레(cm)	96.4±5.27	93.3±7.93	2.950*
WHR[2]	0.82±0.75	0.77±0.54	3.790**

1) BMI: Body mass index(체질량 지수)
2) WHR: Waist and hip ratio(엉덩이 허리 비율)
3) 평균 ± 표준편차
4) t-검정으로 인한 프로그램 전·후 차이에 의한 유의성 검정(Significance between before and after program by paired t-test)
*: $p<0.05$, **: $p<0.01$, ***: $p<0.001$

(3) 서술 데이터 표의 예

〈표 3〉 토론도서와 연계한 글쓰기 수업의 적용 예

쓰기의 종류	활 동	수업의 적용
간단히 쓰기	핵심파악, 책의 내용 요약	토론 주제에 대한 의견 요약해오기 『이기적 유전자』: 저자가 주장하는 생물의 이기적인 행동과 이타적 행동이란 무엇인가? 『도둑맞은 미래』: 내분비교란물질의 개념과 이 물질이 자연환경과 인체에 미치는 영향 『역사란 무엇인가』: '역사도 과학일 수 있을까?' 에 대하여 저자가 책에서 말하고자 하는 바를 파악하고 그 근거를 정리해 보기

자유롭게 쓰기	책을 읽고 감상문쓰기	『이중나선』 『도쿄대생은 바보가 되었는가?』
확장하여 쓰기	비판적 쓰기, 보고서 쓰기	『사랑의 기술』: 사랑을 유지하기 위해서는 다른 기술을 익히는 것과 같은 훈련이 필요하다는 저자 에리히 프롬의 주장에 대하여 자신의 생각을 펼쳐 보기 논증부분 예시-논증의 구조도 만들어 보기

2) 표의 주(註)

표는 단순하고 명료해야 하므로 표 안의 항목들을 설명할 필요가 있을 경우에는 주석을 단다. 표의 주석은 크게 일반 주, 구체적 주, 확률 주로 나눌 수 있다.

- 일반 주: 표에 사용된 약어나 기호 등을 설명해 준다.

  예 BMI: Body mass index; 체질량 지수, WHR: Waist and hip ratio; 엉덩이 허리 비율(〈표 2〉 참고)

- 구체적 주: 어떤 항목에 대하여 부가적인 설명을 할 때 사용한다.

  예 BMI(체질량 지수)는 체중(Kg)/키(m^2)으로 구하고, 18.5~22.9는 정상체중, 23~24.9는 과체중, 25 이상은 비만으로 판단한다.

- 확률 주: 통계 처리 시 유의성을 나타내는 값을 보여준다.

  예 *: $p < 0.05$, **: $p < 0.01$, ***: $p < 0.001$ (〈표 2〉 참고)

3) 표 작성 시 유의 사항

- 독자가 알아보기 쉽도록 열과 행을 정리한다.
- 표에서 항목 제목은 데이터를 논리적으로 구성하게 하고 쉽게 비교할 수 있게 해 준다. 따라서 항목 제목을 간결하고 적절하게 제시해야 한다.

- 모든 표에는 순서대로 아라비아 숫자로 번호를 매기고, 표에 대한 설명을 반드시 본문에서 해야 한다.
- 표에 대한 언급은 번호를 이용해야 한다.

  예 〈표 1〉에서 보여주는 바와 같이…
- 표는 그 자체로 이해가 가능해야 한다. 따라서 표에서 제시된 약어, 기호, 첨자 등은 모두 표의 주에서 설명을 해야 한다.
- 수치 데이터의 측정 단위를 반드시 표에 제시해야 한다(단위가 전체 표의 데이터에 통일된 경우라면 표 오른쪽 상단에 단위를 표기한다).

06 그래프의 종류 및 작성

1) 선 그래프

선 그래프는 한 변수에 대한 시간의 흐름에 따른 변화를 나타내는 데 효과적이다. 또한 여러 변수들을 같은 그래프 안에 나타내면 시간의 흐름에 따른 변수들 간의 변화의 차이를 비교할 수 있다.

(1) 선 그래프의 예

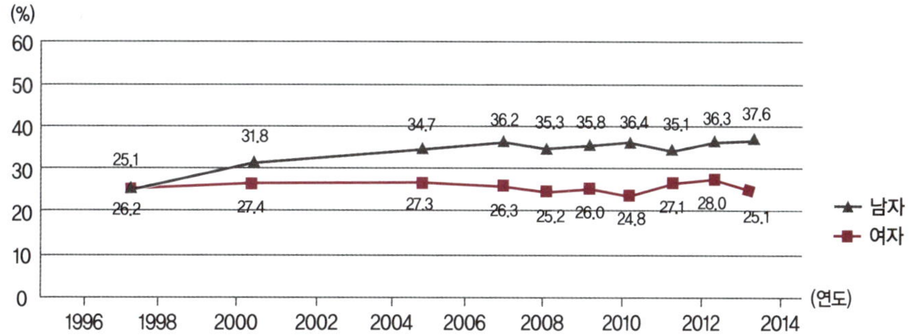

〈그림 1〉 우리나라 연도별 성인 비만율의 변화

자료: 국민건강영양조사, 2013 국민건강통계

(2) 선 그래프 작성 시 유의 사항

① 수직축을 똑같은 비율로 나누고 위쪽으로 갈수록 큰 수를 순서대로 나열한다.

② 수평축도 똑같은 비율로 나누고 왼쪽에서 오른쪽 방향으로 시간의 흐름이 진행된다.

③ 수직축과 수평축 사이의 눈금 간의 비례가 적절하도록 그래프를 작성한다. 비례를 달리했을 경우 그래프의 해석이 달라질 수 있다.

2) 막대 그래프

막대 그래프는 길이에 따라 여러 가지 통계나 양의 대소를 효과적으로 보여 준다.

(1) 막대 그래프의 예

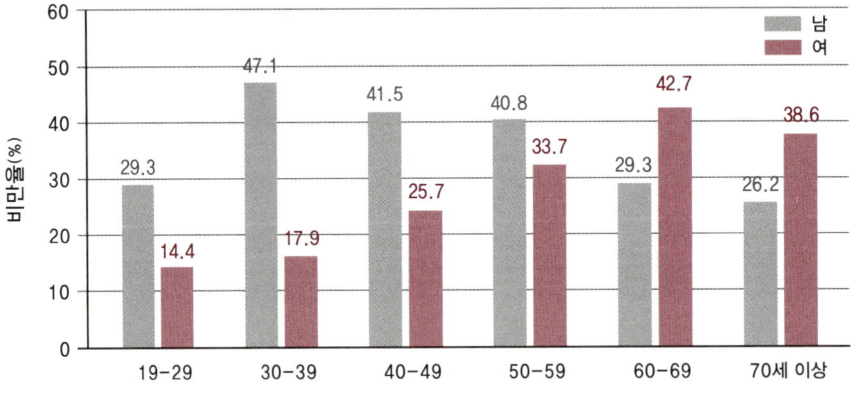

〈그림 2〉 우리나라 성인 연령별 비만율(2013년)

자료: 국민건강영양조사, 2013 국민건강통계

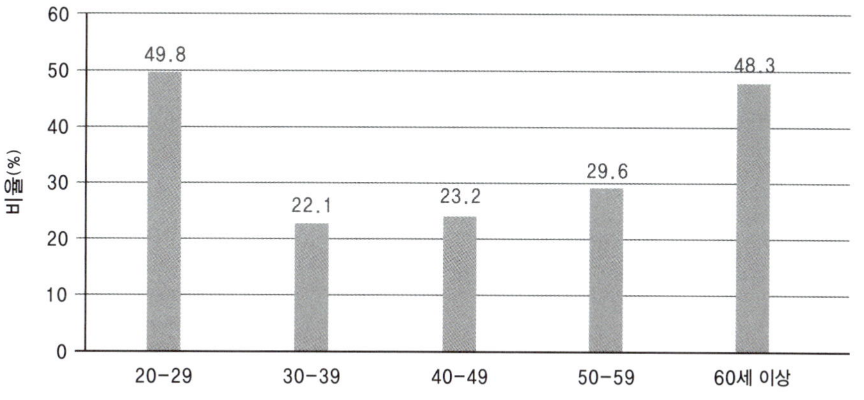

〈그림 3〉 우리나라 직장인들의 연령별 근속 1년 미만 비율도(2014년)

자료: 고용노동부, 경제활동인구조사

본문에서의 활용 예

〈그림 3〉은 2014년 우리나라 직장인들의 연령별 근속 1년 미만 비율을 나타낸 것이다. 20대의 근속 1년 미만 비율도가 49.8%로 가장 높게 나타났다.

(2) 막대 그래프 작성 시 유의 사항

① 숫자가 중요한 경우 막대에 직접 그 숫자를 넣는다.

② 항목이 잘 구분되도록 색상이나 명암, 무늬를 다르게 한다.

③ 너무 많은 항목을 표시하지 않는다.

3) 원 그래프

원 그래프는 전체에서 특정항목이 차지하는 비율을 보여주는 데 효과적이다.

(1) 원 그래프의 예

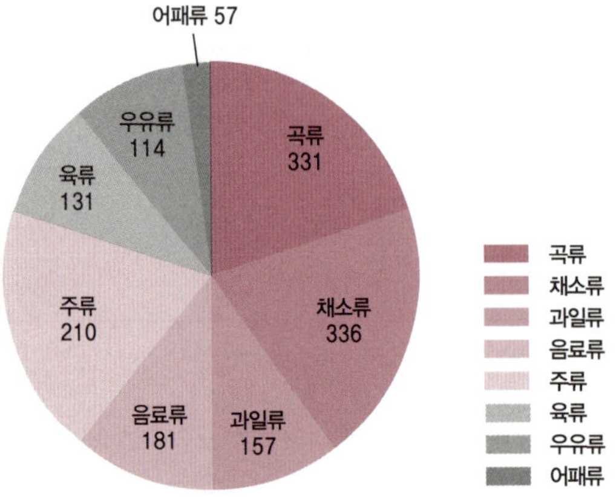

〈그림 4〉 우리나라 남자 식품군별 1일 섭취량(g)

자료: 국민건강영양조사, 2013 국민건강통계

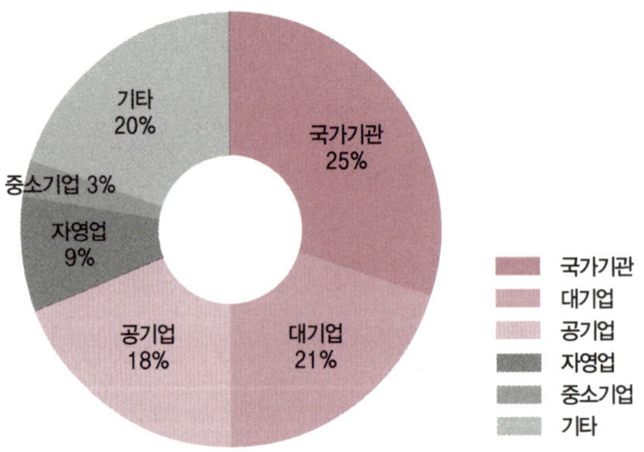

〈그림 5〉 우리나라 청년층이 선호하는 직장

자료: 경제사회발전노사정위원회

본문에서의 활용 예

〈그림 5〉를 보면 우리나라 청년들이 선호하는 직장은 국가기관(29%), 대기업(21%), 공기업(18%) 순으로 안정된 직장만을 선호하고 있음을 알 수 있다.

(2) 원 그래프 작성 시 유의 사항

① 12시 지점에서 시작하여 시계방향으로 구획을 나눈다.

② 너무 많은 항목을 표시하면 조잡해 보인다.

③ 각각의 구획에 수치(또는 백분율)와 이름을 표시해 준다.

④ 특별히 강조하고 싶은 구획이 있을 경우 그 부분을 원에서 분리해 그릴 수 있다.

⑤ 한글로 작성할 경우 표를 만든 후 [F5]를 눌러 셀의 블록을 설정한 후 [입력]-[차트]-[원형]을 누르면 된다.

07 표와 그래프의 활용

1) 표를 활용한 글의 예시

〈표 4〉 서울소재 4년제 일반대학 도서관별 주요 지표

기관명	재학생 1인당 대출도서 수	재학생 1인당 도서 수	열람석 1석당 재학생 수
건국대 상허기념도서관	11.3	58	5
경희대 도서관	15.7	76.8	4.9
고려대 도서관	23.4	90.6	3.3
광운대 도서관	8.8	52.5	6.6
국민대 성곡도서관	9.1	59.8	7.6
덕성여대 도서관	19.1	100.7	3.5
동덕여대 춘강학술정보관	8.4	60.7	9
명지대 서울캠퍼스 도서관	14.7	80.5	4.8
서울대 중앙도서관	25.6	167.9	4.3

기관명	재학생 1인당 대출도서 수	재학생 1인당 도서 수	열람석 1석당 재학생 수
서울여대 도서관	16	81.2	5.1
성균관대 학술정보관	14.4	68.5	3.4
성신여대 도서관	8.4	71.1	4.8
숙명여대 도서관	19.8	80.8	4.3
숭실대 도서관	17.9	60.5	6.1
연세대 학술정보원	20.5	77.3	4.3
이화여대 도서관	21.7	74.5	5.7

자료: 한국교육학술정보원 2014 대학도서관 통계분석

본문에서의 활용 예

〈표 4〉는 서울소재 4년제 일반대학 도서관별 주요 지표를 나타내고 있다. 덕성여대 재학생은 2014년 한 해 동안 1인당 19.1권의 책을 빌려 상위 10위권 안에 들었다. 장서 규모를 나타내는 '재학생 1인당 도서 수'에서 덕성여대 도서관은 100.7권으로 서울대 중앙도서관 167.9권에 이어 2위를 차지하였다. 또한 도서관 시설 여건을 나타내는 '열람석 1인당 재학생 수'에서도 덕성여대는 3.5명으로 조사되어 비교적 우수한 여건을 갖춘 것으로 나타났다.

2) 그래프를 활용한 글의 예시

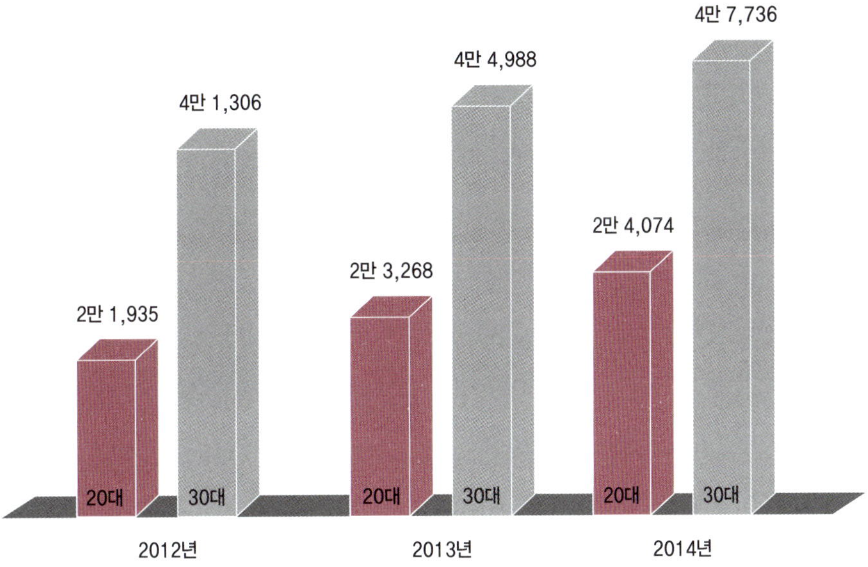

〈그림 6〉 갈수록 늘어나는 20·30대 수면 장애

자료: 국민건강보험공단(단위: 명)

본문에서의 활용 예

'잠 못 드는 청춘'이 늘고 있다. 국민건강보험에 따르면 국내 수면장애 환자 41만 4,524명(2014년 기준) 중 20·30대가 7만 2,810명(17.6%)에 달한다. 2012년 2만 1,935명이었던 20대 수면장애 환자는 2013년 2만 3,268명, 2014년 2만 4,074명으로 꾸준히 증가하고 있다. 30대 수면 장애환자 역시 2012년 4만 1,306명, 2013년 4만 4,988명, 2014년 4만 7,736명으로 불어났다.

출처: 손국희 기자·최수연 예비기자, 「숙면 돕는 앱·코디 쓰는 젊은층 "귀지 파주는 소리 들어야 잠자"」, 『중앙일보』, 2015.12.26.

PART 03

글쓰기의 실제

감성적 글쓰기

CHAPTER 1

'감성(感性)'이 살아 있어야 다른 감성을 이해할 수 있다. 감성적 공감은 요즘 시대에 꼭 필요한 역량이다. 그렇다면 감성이란 무엇일까? 감성은 인간이 감각으로 느끼는 경험과 정서를 지칭한다. 감성은 감정의 능력으로, 특정 감정 예컨대 통증, 쾌감, 공포감 등의 감정을 느낄 수 있는 우리 마음의 능력을 말한다. 감성이라는 마음의 능력은 감정, 즉 의식적으로 느껴지는 경험을 가능하게 하는 마음의 소산이다.

감성은 자극이나 자극의 변화를 느끼는 성질이며 이성에 대응되는 개념으로, 외계의 대상을 오관으로 감각하고 지각하여 표상을 형성하는 인간의 인식능력이라고 정의되기도 한다. 바움가르텐은 감성의 기능을 지성적 사유를 아름답게 완성해 주는 것으로 보았다. 감성은 끊임없이 활동하면서 생명을 이끌어가는 힘이며, 고정되어 있지 않으며 새로운 것을 찾아 부단히 운동하는 생명력을 가지고 있다.

'감성적 글쓰기'란 자신과 자신을 둘러싼 세계에 대해 반응하거나 소통하면서 얻게 된 경험과 정서를 글로 표현하는 글쓰기이다. 다양한 감성적 글쓰기 중에서 대표적으로 감상문 쓰기, 여행기 쓰기, 편지 쓰기를 통해 감성적 글쓰기에 다가가 보자.

01 감상문

1) 감동의 경험

가슴을 뒤흔드는 영화나 소설, 시, 음악, 그림 등을 접해본 경험이 있는가? 우리는 종종 일상을 잊은 채 작품이 펼쳐주는 세계 속으로 온전히 몰입한다. 현실보다도 더 현실감 있는 마법적인 세계에 온 존재를 내맡긴다. 작품을 접하고 난 후에는 세상이 새롭고 낯설게 다가오기도 한다. 이런 경험은 그리 흔하진 않지만 우리 모두가 때때로 겪어보는 예술적 체험이다. 예술작품은 우리에게 '감동'의 경험을 선사한다.

그런데 예술작품이 주는 감동은 일률적인 것이 아니다. 훌륭하다고 정평이 난 작품에 대해서도 모두가 다 감동을 받지는 않는다. 예술작품에서 감동을 받는다는 것은, 작품을 접하는 '나'의 마음이 내밀하고 섬세하게 떨리는 실존적 사건이기 때문이다. 이것은 머리보다는 가슴의 영역에서 일어나는 일이다. 우리는 삶의 모든 체험이 응축된 고유한 개인으로서 작품을 마주하게 된다. 그래서 우리 각각은 저마다 특정한 작품 속에서 '가슴의 울림'을 겪는다. 감동의 빛깔과 향기는 감상자마다 고유하게 다르다. 그런 점에서 예술작품은 바로 당신에게만 열리는 비밀스런 문이다. 바로 당신만을 애타게 기다리고 있는 예술작품이 존재한다.

활동

예술작품을 접하고 감동받은 경험을 떠올려 보자.(예술 감상을 넓은 의미로 생각하자. 그림, 영화, 연극, 소설, 시, 무용, 뮤지컬, 대중음악, 클래식 음악 등)

2) 다양한 해석의 가능성

예술작품은 직설적인 방식이 아니라 비유적인 방식으로 자신을 표현한다. 가령,

외로운 마음을 '바람'이나 '구름'이라는 언어로, 단조의 선율로, 인적 없는 해변을 침묵 속에서 걷는 주인공의 롱테이크 영상 등으로 호소하는 것이 예술작품이다. 예술은 비유적인 방식으로 세상에 건네는 메시지이다. 예술작품은 암시적으로 넌지시 자신을 드러내기에 함축적이다. 즉 밀도 높은 정서적 경험을 함축한다. 섬세하고 미묘한 감성이 복합적으로 응축되어 있다.

그러므로 예술작품이 우리에게 전하는 메시지는 단일하게 고정되어 있지 않다. 감상자에 따라서 다양한 해석이 가능하다. 또 같은 감상자인 경우에도, 지금 어떤 고민을 하고 있는지, 어떤 강렬한 인생의 경험을 겪고 있는지, 어떤 감수성으로 일상을 지내고 있는지 등에 따라 예술작품은 전혀 다른 메시지를 전하기도 한다. 많은 위대한 예술작품이 시간과 공간을 뛰어넘어 보편적인 매력을 발하는 것은 이 때문이다. 예술은 비유적이고 함축적인 방식으로 건네는 전언이므로 다양하고 다층적인 해석의 가능성을 언제나 남겨둔다. 마치 아무리 길어 올려도 마르지 않는 신비한 샘과도 같다.

활동

〈아를의 별이 빛나는 밤〉, 빈센트 반 고흐

이 그림은 어떤 감성을 호소하는가? 이 그림을 통해 어떤 마음의 울림을 느끼는가? 머리로 설명하기보다는 가슴으로, 감각으로 그림에 담긴 정서와 분위기를 직접 체험해 보자.

3) 작품에 대한 '나'의 답변

예술작품은 세상에 자신의 메시지를 비유적인 방식으로 전하는 송신자이다. 우리는 각자 마음의 주파수에 따라 그 메시지를 가슴으로 수신한다. 작품과 감상자가 마주쳐 마음이 예민하게 전율하는 것이 '감동'이고 '공감'이다. 수면에 파문이 이는 것처럼, 예술작품 감상은 우리 가슴에 내밀한 흔적을 남긴다. 그 흔적을 그냥 흘려보내지 않고 언어의 그물로 붙잡아 기록해둔다면, 우리 내면의 풍요로움은 더욱 커질 것이다. 이것이 감상문 쓰기가 지니는 의의이다.

감상문이란, 예술작품이 보내는 메시지에 대한 답변이다. 작품을 접하며 가슴으로 감응하고 깨닫고 성찰한 것, 즉 느끼고 생각한 것을 쓰는 것이다. 이때 주의해야 할 것은, 어떤 작품에 대한 '나'만의 응답을 하는 것이다. 천 송이 장미꽃이 피어 있어도 어린 왕자에게는 그의 장미 한 송이만이 의미 있는 것처럼, 우리 각자는 고유한 삶을 가지고 있는 실존적 개인이다. 어떤 예술작품에서 가슴 뛰는 감동을 받는다는 것은, 우리의 고유한 실존이 참여하여 이루어지는 사건이다. 그러므로 작품이 건네는 말에 대해 '나'만의 방식과 목소리로 응답하는 것이 중요하다.

예술작품에 대해 '나'만의 방식으로 화답함으로써 '나'라는 존재의 고유성을 실현하고 창조하게 된다. 획일적으로 요구되는 정답이 아니라, 가슴속의 느낌과 생생한 감각으로 예술작품을 바라보자. 그때 우리는 군중 속의 고독에서 벗어나 내 삶의 진정한 주인이 될 수 있을 것이다. 나만의 감성과 느낌을 회복하여 세상과 신선하게 경이롭게 마주치는 것, 이것이 예술이 주는 기쁨과 즐거움이다.

작품이 보내는 전언에 대해 '나'만의 응답을 만드는 것은, 궁극적으로 '나'를 성찰하는 것이기도 하다. '나는 누구인가?', '나의 삶은 지금 어떤가?', '나는 어떤 인간이고자 하는가?', '나는 어떤 삶을 원하는가?' 등의 질문에 대한 답변과 겹칠 수밖에 없다. '나'라는 존재와 '나'의 삶을 근본적으로 되돌아보는 것은 예술 향유가 주는 특별한 선물이다. 예술작품이 던져주는 이러한 질문들은 나만의 진지한 답변을 촉구한다. 이 속에서 우리는 '나'라는 존재의 고유성을 꽃피우게 될 것이다.

4) 감상문을 쓸 때 유의할 점

(1) 구성

- 인상 깊은 점을 재료로 하여 출발한다.
- 여러 인상적인 점들로부터 하나의 관점(작품을 바라보는 나의 시각)을 끌어낸다.
- 하나의 관점이 여러 인상적인 점들을 일관성 있게 묶어낸다.
- 이 관점이 명료한 하나의 초점(주제)이 되어 글 전체에 통일성을 부여한다.
- 이 관점을 나타내는 간결하고 흥미로운 제목을 붙인다.

(2) 내용

- 작품을 바라보는 나의 관점이 호소력과 설득력을 가질 수 있도록 한다.
- 감성적으로 섬세하며 논리적으로 정교한 근거를 풍부하게 마련한다.
- 근거는 작품 자체의 세심한 이해와 삶에 대한 깊은 성찰에서 나온다.
- 작품의 매력을 충분히 드러낸다.

5) 감상문의 예

시

자화상

윤동주

산모퉁이를 돌아 논가 외딴 우물을 홀로 찾아가선 가만히 들여다봅니다.

우물 속에는 달이 밝고 구름이 흐르고 하늘이 펼치고 파아란 바람이 불고 가을이 있습니다.

그리고 한 사나이가 있습니다.
어쩐지 그 사나이가 미워져 돌아갑니다.

돌아가다 생각하니 그 사나이가 가엾어집니다.
도로 가 들여다보니 사나이는 그대로 있습니다.

다시 그 사나이가 미워져 돌아갑니다.
돌아가다 생각하니 그 사나이가 그리워집니다.

우물 속에는 달이 밝고 구름이 흐르고 하늘이 펼치고 파아란 바람이 불고 가을이 있고 추억처럼 사나이가 있습니다.

내면의 우물 들여다보기
– 윤동주의 「자화상」을 읽고

우리 인간은 타인과 관계를 맺으며 살아가지만 때때로 혼자 있는 고독의 시간이 필요하다. 관계 속에서 피로해질 때 내면의 우물 속으로 들어가 머무르며 휴식을 얻는다. 타인의 시선으로부터의 해방을 통해 미처 몰랐던 나의 모습을 대면하기도 한다. 분주한 일상 속에서 숨겨져 있던 나의 다른 모습을 마주하는 것은 내면의 깊이를 향한 여행이다. 우리는 다시 일상으로 복귀하지만 내면의 깊은 우물에서 되돌아온 나는 그 이전보다 풍요로워진 존재일 것이다.

홀로 찾아가 가만히 들여다보는 외딴 우물. 이 우물은 시인의 마음속에 있는 우물인 듯하다. 시인의 우물은 '우물 안 개구리'의 좁은 이미지가 아니라 넓은 우주로 통하는 신비로운 매개체이다. 달과 구름, 하늘과 바람을 품은 가을밤을 드넓게 펼쳐내고 있다. 달빛이 부드럽게 만물을 감싸 안고 구름이 평화로운 노래처럼 흐른다. 광활한 하늘에서 불어오는 바람의 파아란 색조가 맑고 정결한 가을을 빚어낸다. 시인의 마음속 계절은 지금 가을이다. 뜨거운 여름의 역동성을 가라앉힌 우주가 고요하게 흐르며 응시하고 있다. 한 사나이를, 그리고 시를 읽는 우리 각자의 존재를.

우물 수면에 떠오른 사나이는 아마 시적 화자의 영상일 것이다. 화자가 사나이를 미워하다가 가여워하다가 다시 미워하다가 그리워하는 내면의 드라마는, 자기 자신에 대한 복잡한 갈등을 보여준다. 화자가 되풀이해서 보여주는 자신에 대한 미움의 감정이 시선을 끈다. 어쩌면 대부분의 인간이 지니는 (타인에 대한) 미움의 감정은 자기 자신에 대한 미움의 투사일지도 모르겠다. 이상적 기준에 미치지 못하는 자신의 초라함은 특히 현대인이라면 누구나 가끔 느끼는 것이 아닐까?

하지만 인간은 깊은 곳에서 자신의 진정한 모습을 그리워하는 존재이다. '다시 그 사나이가 그리워집니다.' 다시 들여다보면, 우물이 펼쳐 보여주는 아름답고 원대한 우주 속에 사나이가 있다. 또는 사나이 속에 달과 구름, 하늘과 바람을 다 품은 우주가 깃들어 있다. 우리 인간 각자는 소중하고 신비한 우주적 존재일 수 있다. 달빛이 아름답다면, 달빛을 아름답다고 느끼는 인간이 어찌 아름답지 않을 수 있을까? 내면의 우물을 깊고 고요하게 관조할 때, 우리는 달빛이나 파아란 바람처럼 그 자체로 아름다운 자신의 진정한 모습을 발견할지도 모른다.

〈박주현〉

시에 나타난 우물 이미지를 섬세하게 음미하고 있다. 우주가 우물을 통해 시를 읽는 독자를 응시하고 있다는 발상이 눈에 띈다. 시인의 가슴과 글쓴이의 가슴이 공명하며, 내면의 우물을 바라보며 진정한 자신의 모습을 발견하자는 성찰이 나타나 있다.

소설

우리 사회의 수많은 안티고네들
– 소포클레스의 『안티고네』를 읽고

오이디푸스의 딸 안티고네, 평강공주, 세조의 큰딸의 공통점은? 모두가 왕의 권위 앞에 숨죽이던 시대에, 왕의 부덕과 오류와 수치를 당당히 폭로한 여성들이다. 그들은 알파걸이나 슈퍼맘처럼 잘나가는 여성이 아니라, 여성에게 요구되는 순종의 굴레를 벗어던짐으로써 눈부신 자유를 찾았다.

아버지의 이름으로 각종 폭력을 정당화하는 이들에게 '당신이 틀렸다'고 말한 여성들. 이들의 행동 이면에는 어떤 허영도 사심도 없다. '내가 원하는 것'이 '내가 옳다고 믿는 것'과 일치할 때의 천진무구한 열정. 그것 외에 그들의 행동을 결정하는 변수는 없다. 아버지의 권력을 빼앗으려는 아들이 아니라, '당신의 권력이 부당하다'고 비판하는 것이 전부인 딸들의 직언이야말로 어떤 충신의 간언보다 소름끼치는 공포였던 것이다.

특히 오이디푸스를 대신해 왕좌에 앉은 외삼촌, 크레온을 향한 안티고네의 투쟁은 끊임없이 리메이크되는 고전의 힘을 보여준다. 아버지를 죽이고 어머니와 결혼한 죄를 깨달은 오이디푸스가 스스로 눈을 찔러 장님이 되자, 안티고네는 눈먼 아비를 이끌고 정처 없이 방랑했다.

……

하루아침에 국왕에서 걸인으로 추락한 아버지를 이끌고 천하를 방랑하던 안티고네는 누구의 아내도 어머니도 연인도 될 수 없었다. 그러나 안티고네는 눈먼 아비의 길을 끝까지 지켰고, 애도조차 금지된 오빠의 시신을 홀로 수습하며 인간의 도리를 지켰다. 그들에게 안티고네는 어머니보다 어머니 같은, 연인보다 더 연인 같은 존재였다. 아내 노릇, 어머니 노릇, 며느리 노릇을 요구하는 이 세상 수많은 크레온들 앞에서, 그녀는 그 모든 '역할'을 넘어 존재하는 '인간'의 길을 증언한다.

……

그렇게 안티고네는 저주받은 오이디푸스의 딸이 아니라 오이디푸스조차 제압하지 못한 크레온에 저항한 유일한 존재, 안티고네 자체로 기억된다. 안티고네는 오이디푸스의 충실한 아바타가 아니라 누구도 흉내 낼 수 없는, 유일한 '안티고네'가 된다. 크레온은 끝까지 지고한 국법을 강조하지만, 안티고네는 '법이 닿을 수 없는 삶의 장소'가 있다는 것을 일깨운다. 위대한 왕들은 연약한 줄로만 알았던 딸들의 반란 앞에서, 자신이 만든 법과 폭력이 어떤 힘도 발휘하지 못하는, 권력의 사각지대를 발견한다. 그 '누구'가 되어 나에게 복종하라는 위대한 왕들 앞에서, 딸들은 그 누구도 아닌, '그저 사람'이 되겠다고 선언한다.

아직도 우리 사회에는 수많은 안티고네들이 있다. 대단한 지위나 명분의 이름이 아니라, '아무것도 아닌 자'의 뜨거운 삶으로 말하는 사람들. 안티고네가 미래의 왕비 자리를 버리고 사랑하는 오빠의 죽음을 슬퍼할 수 있는 권리를 택했듯이. 안티고네가 두려워하는 것은 죽음보다 더 혹독한 대중의 침묵, 틀린 걸 알면서도 못 본 척하는 이들의 냉혹한 무관심이 아닐까. 저 수많은 안티고네들에게 가장 절실한 것은 아버지를 대체할 강력한 보호자가 아니라, 당신의 선택이 옳다고 믿어줄 동지들의 따뜻한 손길이 아닐까. 잔 다르크처럼 총칼을 휘두르지도, 알파걸처럼 성공의 왕관을 쓰지도 못한, 저 조그맣고 등이 굽은 안티고네들은 알고 있다. 생명보다 중요한 권력이란, 사랑보다 위대한 권력이란 없다는 것을. 슬기로운 체념이란, 아름다운 타협이란 없다는 것을.

정여울, 「우리 사회의 수많은 안티고네들」, 『마음의 서재』, 천년의상상, 2013.

왕의 부당한 권력에 복종하지 않고 당당하게 저항한 안티고네의 자유로움에 주목한 글이다. 안티고네는 대단한 지위를 지니지 않은 '아무것도 아닌 자'로서 '인간'의 길을 뜨겁게 외친다. 우리 사회로 시선을 확장하여 이러한 수많은 안티고네가 존재함을 언급하며 독자의 관심을 촉구하고 있다.

영화

한 줄의 현 위에서, 홀로
– 영화 〈현 위의 인생〉(첸 카이거 감독, 1991)을 보고

푸른 휘장이 새벽빛처럼 드리워진 어두운 방에서 눈먼 노인이 막 숨을 거두려 한다. 머리맡을 지키던 어린 눈먼 제자에게 그는 말한다. "천 줄의 현을 끊으면 현 상자가 열리고, 현 상자가 열리면 처방전이 있다. 그 처방으로 너는 눈을 뜰 것이다. 세상을 볼 것이다."

60년이 흐른다. 997줄의 현을 끊고 마지막 석 줄의 현을 남겨 놓은 흰머리의 눈먼 노인이, 역시 눈먼 젊은 제자 시두와 함께 떠돈다. 지팡이를 짚고 노래를 부르며 강과 폭포를 건너간다. 그의 연주와 노래만으로 사람들의 싸움이 그치기 때문에 그는 '성자'라 불린다.

이 영화를 처음 본 것은 스물세 살의 9월, 대학 졸업을 앞두고 있을 즈음이었다. 그때 나는 앞날에 대한 확실한 계획을 가지고 있지 못했다. 마침 포항에서 교사로 근무할 수 있는 기회가 있어 나는 갈등했다. 쓰는 것이 과연 내 길일까를 의심하던 때였다. 모든 것에 흔들리고 모든 것에 입술을 악물던 때였다. 포항으로 가 버릴까. 나는 자신에게 물었다. 연고 없는 그곳으로 떠나 버릴까.

그러던 차에 이 영화를 보았고, 꼭 그 때문만은 아니었겠지만 나는 서울을 떠나지 않았다. 장소나 여건에 구애받고 싶지 않다는, 아니 구애받을 필요가 없다는 생각이 들었다. 그저 절실한 어떤 것을 빚어내는 행위에 몰입하고 싶다는 마음이 단단한 형체로 만져졌다.

그 뒤로 나는 이 영화를 세 번 더 보았다. 지루함을 느낀 적은 없었다. 오히려 그때마다 처음인 듯 매혹되곤 했을 뿐이다. 아마도 이 영화의 머리부터 꼬리까지, 비늘 하나하나와 지느러미까지 살아 있는 상징으로 꿰어져 있기 때문일 것이다. 상징은 싫증나게 하지 않으니까. 오히려 세월과 체험에 따라 그때마다 다른 색깔과 의미로 다가오는 법이니까. 그래서일까, 이 영화를 생각할 때면 어쩐지 가만히 보기만 한 것이 아니라 직접 만져 보았던 것 같은 생각이 든다. 눈먼 젊은이 시두가 커다란 볏짚단을 끌어안고 몸을 부비던, 처녀 란수를 사랑하던 숨 가쁜 촉각의 환희 때문일까. 사랑이란 다름 아니라 쓰다듬는 것, 만지고 싶은 것, 체온과 피부와 손으로 이루어진 것임을 긴장 어린 침묵 속에서 보여주었기 때문일까.

그러나 이 영화에서 무엇보다 내 마음을 끈 것은 눈먼 노인의 모습이었다. 눈을 뜨고자 하는 갈망으로 일생을 버텨갔으며, 온몸을 촉수삼아 시간을 더듬어 나아간 그의 모습은 본질을 향한 인간의 몸부림을 압축해 보여주는 것이었다.

'세상을 보고 싶다'는 갈망과 '내가 정말 천 번째 현을 끊을 수 있을까' 하는 회의 사이에서 동요하던 그는 오랜 지병으로 깡마른 몸을 엎드린 채 앓는다. 때마침 산 아래의 손씨 집안과 이씨 집안이 들판에서 피비린내 나는 거대한 싸움을 벌이고, 노래로 싸움을 진정시키기 위해 노인은 악기를 메고 집을 나선다. 성난 군중이 노인의 노래에 일제히 각목을 버리고 어울려 들을 떠나는 장면도 장관이지만, 정작 내가 잊지 못하는 장면은 따로 있다. 산을 내려가려는 노인의 허리를 뒤에서 끌어안고 만류하려다 실패한 시두가 울부짖는 대목이다.

"사부! 지금 가면 병이 악화돼서 천 번째 현을 못 끊어요!"

왜소한 등을 보인 채 얼어붙은 듯 서 있다가, 노인은 침묵 끝에 말한다.

"못 끊으면 못 끊는 거지."

마침내 천 번째 현이 햇빛의 열기에 끊어진 뒤 그는 산을 떠나 약국을 찾지만, 60년 만에 열린 현 상자에서 나온 처방전은 백지였다. 저잣거리의 슬퍼하는 울음과 비웃음 속에서, 여전히 눈먼 채로 그는 시두에게 돌아간다. 바로 그 밤, 젊은 시두는 홀로 절규한다. "나는 볼 수 없어! 나는 못 본다!" 그의 초점 없는 눈이 활활 타오른다. 촛불에 비친 얼굴이 일렁인다. 그의 애인 란수가, 그가 두 팔을 벌리고 서 있는 앞에서 스스로 벼랑에서 떨어져 죽은 날 밤이다.

그로부터 얼마 뒤 노인은 죽음을 앞두고 마지막 노래를 부른다. 네 번 이 영화를 보았지만, 이 노래를 들으면서 눈물을 흘리지 않은 적은 없었다. 이 노래 속에 인간의 좌절과 고통, 그것들을 '몸으로 넘어섬'이 모두 들어 있다. 천 줄의 현을 끊겠다는 굳은 약속과 '못 끊으면 못 끊는 거'라는 순간의 각성 끝에, 내 안에 숨어 있던 혈관들은 고요히 떨려오곤 했다. 누구나 그렇듯이, 나는 바로 그였으므로. 그의 몸으로 한 줄의 현 위에서 나아가고 있었으므로.

한강, 「한 줄의 현 위에서, 홀로」, 강헌 외, 『내 인생의 영화』, 씨네21, 2005.

눈먼 노인의 일생을 통해 '본질을 향한 인간의 몸부림'을 포착하고 있다. 눈먼 노인 속에서 자기 자신을 바라보며 인간의 좌절과 고통, '몸으로 넘어섬'을 읽어낸다. 영화의 주인공과 글쓴이는 삶이라는 과제 속에서 하나로 겹친다. 리뷰·평론과 감상문의 경계는 절대적인 것이 아니지만, 감상문이 글쓴이의 내밀하고 개인적인 성찰을 좀 더 강하게 보여 주는 경향이 있다.

그림

〈잠자는 집시 여인〉(1897), 앙리 루소

달빛 한 줌, 지팡이 하나
– 루소의 〈잠자는 집시 여인〉에 대해

아마 보이는 것이 그녀가 가진 모든 것일 것입니다. 한 벌의 옷, 지팡이 하나, 만돌린 하나, 물병 하나! 신발도 없는 것이 그녀가 얼마나 가진 것이 없는지를 증명합니다. 그러나 소로우가 그랬던 것처럼 그녀가 불쌍하다는 생각이 들지는 않습니다. 오히려 저 그림은, 살면서 내가 잃어버린 것을 돌이켜보게 만드는 힘이 있습니다.

달빛 한 줌, 이슬을 모으는 물병, 만돌린 소리와 내 속의 사자……. 그녀의 삶의 동반자들입니다. 그것들을 보면 그녀의 단순한 삶이야말로 살아있는 삶이라 고백하게 됩니다. 안락한 생활에 길들여진 현대인의 삶이 왜 숨이 막히는지도 알 것 같습니다. 사는 데 강남의 집이 필요하고, 비싼 차가 필요하고, 인맥이 필요하고, 명품으로 도배해야 하는 사람들은 기름 낀 그 삶의 비만으로 인해 대가를 지불해야 합니다. 너무 바빠서 바람 소리를 듣지 못하고, 달빛을 느끼지 못하고, 나를 찾아 걸어 들어오는 야수를 지나칠지 모릅니다. 안락한 삶에 길들여진 우리는 불필요한 많은 것들에 의존해 살이 쪄 갇혀 있고, 길들여지지 않은 그녀는 아무것도 없지만 바람처럼 자유롭습니다. 필요한 모든 것을 가지고 있습니다.

……

그녀는 어디에도 길들여지지 않은 방랑자지만 고독한 방랑이 자연스러운 인간 중의 인간입니다. 더구나 여인 옆에서 어슬렁거리는 사자의 행태를 보십시오. 위험한 사자가 아니라 지켜주는 사자입니다. 여인의 수호신 같습니다. 사자는 홀로 사는 일을 사랑하는 동물이지요? 혼자이어도 우울하지 않고 바쁘지 않아도 불안하지 않고 재미있는 일이 없어도 심심하지 않을 수 있어야 사자가 지켜주는 인간이고, 사자 같은 인간이며, 고독을 사랑하는 인간입니다.

……

사실 저 그림에서 가장 눈이 갔던 것은 여인의 지팡이였습니다. 얼마나 소중했으면 잠든 와중에도 놓지 못하고 있을까요? 자면서도 놓지 못하는 소중한 것이 지팡이인 것으로 봐서 내일도 그녀의 삶은 지팡이가 필요한 고단한 것이겠지요. 그러나 그 고단함은 스트레스가 되어 그녀의 삶을 무차별적으로 공격하는 적이 아니라 만돌린을 연주하게 만드는 에너지일 것입니다. 지팡이가 인도하고 만돌린이 정화하는 길을 걸으며 그녀는 고독한 자신의 운명을 완성해가리라 믿습니다.

이주향, 「달빛 한 줌, 지팡이 하나」, 『그림 너머 그대에게』, 예담, 2012.

그림 속 여인의 삶에 대한 상상력이 돋보이는 글이다. 고독한 방랑이 지니는 자유의 에너지를 사유함으로써 현대인의 삶을 되돌아보게 한다. 여인에 대한 감정이입을 통해 사자, 지팡이, 만돌린 등 그림 속 사물의 의미를 세심하게 통찰하고 있다.

노래

무지개 나비가 있는 풍경

나도 모르게 흥얼거리게 되는 노래들이 있다. 길을 걷다가, 버스를 기다리다가, 버스를 타고 창밖의 풍경을 바라보다 무심코 입 밖으로 흘러나오는 멜로디가 있다. 집을 나서기 전에 들었던 노래이거나 누군가의 휴대전화 벨소리로 들려왔던 노래를 따라 부를 때가 많지만 가끔은 아무런 이유 없이 흥얼거리게 되는 노래가 있다. 갑자기 내가 이 노래를 왜 부르고 있지? 싶은, 어쩜 이렇게 정확하게 가사를 기억하고 있지? 싶은 노래들. 고찬용의 두 번째 솔로 앨범 〈Look Back〉이 발매됐다는 소식을 듣자마자 내 입은 자동 반사적으로 「거리풍경」을 흥얼거리고 있다.

대학을 휴학하고 이리저리 놀러 다니던 시절, 얼마나 이 노래를 흥얼거렸는지 모른다. "회색빛 구름에 싸인 / 푸른 하늘 / 그 속엔 초록색 나무가 보이고 / 새소리 아름답지요 / 하나둘 별이 내리네 / 눈부시게 / 그 속엔 사람들 웃음도 보이고 / 거리는 밤을 만나네." 별다른 노력을 기울이지 않았는데 가사가 생생하게 떠오른다. 대학로나 광화문 거리의 풍경을 바라보면서 「거리 풍경」을 부를 때면 늘 어깨를 들썩이거나 (마치 모이를 주워 먹으러 다니는 비둘기처럼) 고개를 위아래로 끄떡거렸던 것도 기억난다. 이 노래를 아는 사람들은 이게 무슨 뜻인지 알 것이다. 고찬용의 노래들은 롤러코스터와 같아서 몸을 가만히 둔 채 따라 부를 수가 없다. 급강하하고 급선회하고 급상승하는 멜로디를 따라가려면 몸이 같이 움직여야 하고, 그러다 보면 기분이 좋아지고 마음도 경쾌해진다.

「거리 풍경」도 그랬고, 2006년에 발매한 첫 번째 앨범도 그랬고, 이 앨범도 마찬가지지만, 고찬용의 노래는 한 번 듣고 나면 기억나는 멜로디가 전혀 없다. (재즈에 바탕을 둔 음악 스타일 때문이기도 하겠지만) 노래가 밍밍한 것 같기도 하고, 어려운 것 같기도 하고, 아무튼 한 번만 들어도 쉽게 기억할 수 있는

> 요즘의 노래들에 비해 경쟁력이 없는 셈이다. 두 번째 들어도 처음 듣는 노래 같다. 아, 이런 멜로디였나, 싶다. "어떤 노래야? 한번 불러봐"라고 누가 얘기해도 전혀 생각나지 않는다. 세 번째 들으면 아, 이런 노래였지, 하면서도 전혀 다른 노래 같다. 여러 번 반복해서 듣고 나면 멜로디가 조금씩 선명해지는데, 한번 선명해진 멜로디는 쉽게 잊히지를 않는다.
>
> 고찬용의 노래를 떠올리면 늘 나비가 생각났다. 나풀거리며 날아다니는, 가끔 어디에 내려앉는 듯하다가 다시 허공으로 팔랑거리며 솟아오르고, 궤도를 알 수 없이 사방으로 급회전하는 나비 같은 노래들이다. 이 앨범에 수록된「무지개 나비」라는 곡을 듣고는 다시 한 번 고찬용의 멜로디에 완전히 반해버렸다. 아, 중력의 지배 따위 무시하고 하늘로만 날아다니는 노래가 가능하구나. 나비를 노래하는 게 아니고, 노래 자체가 나비가 되는 게 가능하구나. 나비의 동선을 따라다니는 마음으로 요즘 나는「무지개 나비」를 흥얼거리고 있다. 멜로디가 너무 복잡해서 따라 부르기는 힘들지만 그저 흥얼거리는 것만으로도 기분이 가벼워진다.
>
> 김중혁,「무지개 나비가 있는 풍경」,『모든 게 노래』, 마음산책, 2013.

이 노래만의 특색과 매력을 생생하고 실감나게 표현하고 있다. '롤러코스터와 같아서 몸을 가만히 둔 채 따라 부를 수 없는 노래', '하늘로만 날아다니는 노래', 이런 구절을 보면 독자는 이 노래가 궁금해져서 찾아 듣고 싶어질 것이다.

활동

감동을 준 작품(시, 소설, 영화, 그림, 노래 등)을 골라 한 편의 감상문을 써보자.

02 여행기

길을 떠나 새로운 환경 속에서 직접 경험하며 스스로 생각하고 깨닫는다는 점에서 여행은 가장 위대한 스승이다. 헤르만 헤세는 "여행을 떠날 각오가 되어 있는 사람만이 자기를 묶고 있는 속박에서 벗어날 수 있다."고 말한 바 있다. 가끔은 바쁜 일상생활을 떠나 이왕이면 조금 멀리 떨어진 곳에서 잠시 쉴 필요가 있는데, 이는 여행을 통해 자기 자신에 대한 성찰의 기회를 갖기 위함이다. 또, 여행지에서 만나게 되는 새로운 사람과 새로운 광경을 통해 우리의 감정과 생각은 새로 깨어날 수 있다.

편리한 교통과 여가 시간의 확대로 인해 여행을 다니는 사람들이 점점 많아지고 있다. 이에 따라 전문 여행 작가가 아니더라도 여행 경험을 공유하고자 자신의 여행 이야기를 글로 남기는 사람이 늘어나고 있는 추세이다. 그렇다면 여행기는 어떻게 쓰면 좋을까? 여행기에는 여정과 견문, 그리고 이에 대한 감상이 드러나야 한다. 그러나 이 세 가지만을 갖추었다고 해서 좋은 여행기가 되는 것은 아니다. 여행기를 작성할 때 다음 사항들을 고려한다면, 더욱 매력적이고 흥미로운 여행기가 될 것이다.

1) 여행기를 잘 쓰는 방법

● 여행 출발 전 여행의 목적에 대해 미리 생각해 본다

스스로에게 질문을 던져 보자. '나는 왜 여행을 하려고 하는가? 휴식과 기분 전환을 위해서인가, 혹은 자신을 돌아보기 위해서인가? 아니면 발견이나 모험, 새로운 아이디어를 찾기 위해서인가?' 여행의 목적이 자아 성찰을 위한 것인지, 이야기가 있는 주제 여행인지 출발 전에 미리 생각해 본다면, 여행 일정을 짤 때 자신의 여행 목적에 맞는 의미 있는 경험들을 다양하게 체험해 볼 수 있을 것이다.

● 여행 출발 전 관련 자료를 모아 본다

여행 목적지에 대한 정보와 자료를 수집함으로써 여행지에서 무엇을 봐야 할지, 가장 흥미로운 일은 무엇일지 미리 계획해 볼 수 있고, 현지 문화에도 빨리 적응할 수 있다. 또한 사전 조사를 통해 직접 확인하거나 경험하고 싶은 요소들을 추려냄으로써 자신이 원하는 여행에 좀 더 접근해 갈 수 있는데, 자료는 오프라인과 온라인에서 모두 찾아보는 것이 좋다.

● 자신의 여행 목적에 맞는 일정을 짠 후 관련된 활동을 경험해 본다

자신의 여행 목적이 무엇인지 잘 파악한 후 이에 맞는 일정을 짜본다. 같은

장소라도 여행의 목적에 따라 경험하고 싶은 내용이 달라질 수 있기 때문이다. 또 여행 중에는 사진 찍기에만 너무 몰두하여 여행 중에 맛볼 수 있는 인상적인 장면을 놓쳐서는 안 된다. 여행지에서는 자신이 가진 모든 감각을 총동원하여 다양한 경험을 누려 보는 것이 더 중요하다.

- 여행 중에 여행일지나 일기를 통해 경험을 기록해 둔다

여행기에서는 현지에서의 경험과 분위기를 잘 전달해야 하므로 독자가 장면 그대로를 생생하게 느낄 수 있도록 직접 수집한 세부내용을 여행일지나 일기에 꼼꼼하게 기록해둔다. 만일 여행일지나 일기 작성이 힘들다면 짧게 메모라도 해두자. 그래야만 여행을 마친 후 스쳐지나가는 장면을 다시 소환할 수 있다.

- 여행을 다녀온 후 이야기를 구성해 본다

여행에서 돌아와 이에 맞는 내용을 이야기로 구성해 본다. 즉, 어떤 내용을 풀어낼 것인지에 대한 고민을 통해 자신만의 이야기를 구성해보는 것이다. 이때 단순히 여행에 대한 세부사항을 모아놓기만 해서는 독자의 관심을 얻을 수 없다. 의미 있는 내용을 갖고 있어야만 독자의 흥미를 끌 수 있다. 좋은 여행기에는 시작과 중간, 끝이 있다. 특히 여행기의 도입부는 재기 넘치고, 흥미롭고 압도적이이야 독자가 계속해서 읽어나갈 수 있다.

- 다양한 표현 방법으로 자신만의 색깔을 드러낸다

자신만의 독창적인 시각이 돋보이도록 자신의 감상과 생각을 글로 표현한다. 만일 자신이 선택한 대상이 이미 다른 사람의 글에서 다루어진 주제라면, 기존의 글과는 차별성을 띠도록 신선한 시각에서 접근해 볼 필요가 있다. 즉 잘 알려진 사실은 지워버리고, 오히려 하찮아 보이는 주변부의 내용에서 중

요한 것을 뽑아내도록 한다. 아울러 오늘날의 여행기는 예전처럼 문자 표현에만 국한되지 않는다. 인터넷 공간에서도 다양한 매체를 활용하여 독자들을 만날 수 있으므로, 자신의 글에 어울리는 사진이나 동영상 혹은 음악 등을 적절하게 곁들여 독자의 공감을 높일 수 있도록 한다.

● 제목을 단다

여행기의 경우 장소에 대한 글쓰기라고 생각해서 제목도 붙이지 않고 처음부터 끝까지 여행에 대한 자신의 견문과 일정, 감상만을 적어 내려가는 경우가 있다. 그러나 여행기에도 반드시 제목이 필요하다. 일반적으로는 자신이 여행 중에 경험한 내용이나 여행의 주제가 드러나게 제목을 붙이는데, 때로는 자신의 감상을 직접 제목으로 삼기도 한다. 하지만 여행한 장소의 지명 그 자체를 여행기의 제목으로 다는 것은 좋지 않으며, 여행기의 부제에서 언급하는 것이 좋다. 제목은 좀 더 자신의 시각이 드러날 수 있도록 단다.

2) 여행기의 실제

우리가 떠나는 여행은 크게 자신의 삶을 성찰하는 데 목적을 둔 '나를 돌아보는 여행'과 여행지의 특정 대상을 주제로 한 '이야기가 있는 여행'으로 나눠볼 수 있다. 자신의 삶을 성찰하는 데 목적을 둔 여행기에서는 여행지가 갖는 외형적인 모습보다는 그 여행지에서 자신만이 느낀 삶의 성찰이 어떻게 다뤄지고 있는지가 중요하다. 반면, 여행지의 특정 대상을 주제로 한 여행기에서는 다른 이들과는 차별적으로 어떻게 그 대상을 바라보고 표현했는지가 중요하므로 자신만의 참신한 시각이 드러나도록 해야 한다.

나를 돌아보는 여행 1

삶의 부스러기들이 모여 있는 곳

해마다 경주를 찾는다. 봄, 여름, 가을, 겨울, 계절을 달리해 찾는 것도 아니고 꼭 1월, 스산한 그 무렵에 찾아간다. 1월의 경주는 쓸쓸하다. 찾는 이가 별로 없다. 그래서 좋다. 경주가 비로소 경주다워 보인다.

경주에서 딱히 하는 특별한 일은 없다. 남산 아래쪽을 기웃거리고 황오동 골목을 휘적거리며 쏘다닌다. 홍상수 감독의 영화 〈생활의 발견〉에서 김상경이 그러했듯 '대구막창'에 가 소주를 털어 넣고 팔우정 해장국집에서 허기를 달랜다. 감은사지와 감포, 분황사, 대릉원을 기웃거린다. 무너진 석탑과 무심히 서 있는 당간지주 등을 바라보고 쓰다듬는 일, 죽은 왕들의 무덤 사이를 걷는 일이 1월의 경주에서 내가 하는 일의 전부다.

황룡사지에는 꼭 들른다. 광활한 폐사지를 이리저리 걷는다. 한때 황룡사지는 내 연애의 장소이기도 했는데, 연애의 달콤한 시절을 떠올리며 괜히 부끄럽고 흐뭇해하기도 한다. 그리고는 텅 빈 황룡사지를 보며 '우리네 삶은 곧 저러한 모습으로 외로워지겠구나' 하는 생각에 젖기도 하고, '그러니까 착하게 살아야겠구나' 하며 서툰 다짐도 해 본다.

황룡사지는 서편의 선도산 위로 해가 막 넘어갈 때가 가장 예쁘다. 해질 무렵이면 나는 거닐던 걸음을 멈추고 그 옛날 절들을 떠받쳤을 돌무더기로 간다. 가서 무릎을 구부리고 앉는다. 서쪽 끝에 있는데, 감나무 한 그루가 서 있고 그 아래 절을 짓는 데 사용됐던 돌들이 오글오글 앉아 있다. 감나무 아래 앉아 황룡사지에 천천히 깃드는 어둠을 보며 나는 고요해지고 아늑해진다.

해가 지고 캄캄해져 별이 뜰 때까지 내 머릿속에 담겼다 사라지는 생각은 대충 이런 것들이다. 남은 할부금과 밀린 세금, 읽어야 했으나 읽지 못한 책, 기억하지 못한 누군가의 생일, 잊어버린 제사, 갚지 못한 돈, 챙기지 못한 생일, 정리하지 못한 사진, 지키지 못한 약속, 점집에서 심심풀이 삼아 보았던 내 보잘것없는 미래…….

이런저런 부스러기 같은 생각 가운데에서도 '아마도 신라 적 황룡사지를 밝혔던 9층 목탑은 우리네 인간의 이런 자질구레한, 하지만 간절한 소망을 담아

세워졌을 것 아닐런가. 그래서 더 우뚝했던 것이 아닐런가' 하는 기특한 생각도 가져본다.

황룡사지에서 일어설 때쯤이면 내 머릿속에도 두세 평의 폐사지가 만들어진다. 그 폐사지에는 내 삶의 부스러기들이 유적처럼 흩어져 있고 그것들 위로 별과 달이 뜬다.

돌아보니 어느 것 하나 소중하지 않은 것이 없다.

최갑수, 「삶의 부스러기들이 모여 있는 곳」,
『내가 나를 사랑하는 일 당신이 당신을 사랑하는 일』, 위즈덤하우스, 2013.

1월의 경주는 한적하다. 여행가 최갑수는 스산하고 쓸쓸한 경주의 그 느낌을 온전히 제 몸으로 받아들이기 위해 일부러 그 시기에 경주를 찾는다. 한때는 더할 나위 없이 영화로웠지만 지금은 텅 빈 황룡사지, 그리고 그곳을 훤히 밝혔을 9층 목탑을 바라보며, 우리네 인생살이에 대해 생각해 보고 자신의 삶을 반추해 본다.

나를 돌아보는 여행 2

101번 도로는 아주 낡고 오래된 길이다. 'Historic Route of 101'이라는 현수막이 샌디에이고 어느 바다로부터 펄럭이는 것을 본 듯하다. 2,478km. 가늠 안 되는 아득한 길이의 이 길을 얼마나 많은 사람들이 달렸을까? 무심하고 심심한 길은 때로 커다란 도시를 품었다가 때로 황량한 길을 내놓기도 했다. 이대로 계속 운전만 한다면 미쳐버릴지도 모르겠다고 생각했지만 나는 미치지 않았다. 아니, 허황된 풍경을 만날 때면 잠시 그 풍경에 미치기도 했던 것 같다. 쉬지 않고 달린다면 사흘이면 끝까지 달려볼 수도 있겠다고 생각했지만 그러기에는 너무 아까운 길이었다.

황홀한 석양이나 신선한 아침을 맞을 때면 행복했지만 인내심이 필요하기도 했다. 그 인내란 지루한 이 길 위에서 다시 외로워질 일과 그 외로움 끝에 있을 불안감 같은 추상적인 감정에서 오는 피곤함을 이제 그만 멈추고 싶다는 원초적인 것이기도 했다.

수많은 사람이 달렸을 이 길을 나도 지금 달리고 있다. 그들처럼 아무 일 없는 듯 그냥 달리기만 하면 될 길 위에서 하루에도 몇 번씩 후회하고 반성하면서 나는 자주 이 길을 원망하기도 했다. 어떤 날은 이유 없는 막막함에 더 이상 길을 가지 못하고 바다만 바라보기도 했고, 어떤 날은 그 막막함에 힘을 실어 콧노래를 부르기도 했다. 아무런 변화도 없는 길 위에서 나의 마음은 하루에도 몇 번씩 변했다. 끝없이 펼쳐진 태평양을 바라보며 아이처럼 환호성을 지르기도 했고, 지나가는 갈매기에게 손 흔들며 인사하기도 했다. 가도 가도 끝이 없는 길. 누군가는 산을 오르며 자신을 만난다고 했고, 어떤 부부는 망망대해에서 자신의 모습을 발견한다고도 했다. 나 또한 길 위에서 다양한 내 모습을 보았다. 그냥 우리가, 내가, 당신이 아무렇지도 않게 달려야 했을 그 길 위에서 나는 자주 나를 만났다. 눈앞에 펼쳐지는 풍경 사이로 문득 지나간 일이 겹쳐졌고, 그럴 때마다 나는 빤하게 펼쳐진 길 위에서 길을 잃은 듯하기도 했다.

우리가 사는 것도 하나의 길고 긴 길을 걷는 것이라면 나는 지금 어디쯤 걷고 있을까? 지금껏 달려온 길을 믿고 끝까지 갈 것인가? 언제나 길은 명징하지만, 우리는 그 길 위에서 무엇을 만날지 모른 채 희미한 풍경 속으로 터벅터벅 걸어야 할 뿐인지도 모른다. 그렇게 걸음이 쌓여 길 끝에 닿았을 때 우리는 얼마나 아득한 여행을 했겠는가. 굳은살이 박이고 햇볕에 그을리며 그냥 걸었을 뿐인데 우리는 또 그만큼을 산 것이다. 내가 믿는 것에 대해 끝까지 가보는 일. 그렇게 끝에 가닿는 순간 다시 펼쳐질 또 다른 길을 만나는 것이다.

변종모, 「부탁해」, 『아무도 그립지 않다는 거짓말』, 달, 2012.

2천 킬로미터가 넘는 아득한 길을 자동차로 달리며 글쓴이는 다양한 자신의 모습을 만나게 된다. 길게 뻗어 있기만 한, 많은 여행객이 빠른 속도로 지나쳐 갔을 그 단조로운 길을 그는 천천히 달리면서, 그 길 위에서 그동안 잊고 지냈던 삶의 원리를 발견하며 자신을 돌아보고 있다.

이야기가 있는 여행 1

남도의 봄, 남도의 원색

이제 우리의 오늘 일정은 끝났다. 강진읍내 남도장여관에 여장을 풀고 해태식당에서 저녁을 먹는 일만 남았다. 나는 인솔자의 긴장을 풀고 차창 밖으로 비치는 남도의 봄빛을 한껏 끌어안았다. 내 얼마나 그리워하던 남도의 봄날이었던가. 그것은 여덟 번의 답사 중 꼭 두 번째 만나는 조선의 원색이었다.

유난히도 봄이 일찍 찾아온 금년 3월 28일, 강진땅의 모든 봄꽃이 피어 있었다. 산그늘마다 연분홍 진달래가 햇살을 받으며 밝은 광채를 발하고 있었고, 길가엔 개나리가 아직도 노란 꽃을 머금은 채 연두빛 새순을 피우고 있었다. 무위사 극락보전 뒤 언덕에는 해묵은 동백나무에 선홍빛 동백꽃이 윤기나는 진초록 잎 사이로 점점이 붉은 홍채를 내뿜고, 목이 부러지듯 잔인하게 떨어진 꽃송이들은 풀밭에 누워 피를 토하고 있었다. 그리고 강진읍 묵은 동네 토담 위로는 키 큰 살구나무에서 하얀 꽃잎이 떨어져 내리고 있었다. 이것이 바로 남도의 봄빛이었다.

피고 지는 저 꽃잎의 화사한 빛깔은 어쩌다 때가 되면 한번쯤 입어보는 남도의 연회복이라면, 남도땅의 평상복은 시뻘건 황토에 일렁이는 보리밭의 초록물결 그리고 간간이 악센트를 가하듯 심겨 있는 노오란 유채꽃, 장다리꽃이다.

한반도에서 일조량이 가장 풍부하다는 강진의 하늘빛은 언제나 맑다. 강진만 구강포의 푸르름보다도 더 진한 하늘빛이다. 그것은 우리가 알고 있는 청색의 원색이다. 색상표에서 제시하는 바 싸이언(C) 100%이다. 솔밭과 동백나무숲이 어우러지며 보리밭 물결이 자아내는 그 빛깔은 노란색과 청색 100%가 합쳐진 초록의 원색이다. 유채꽃, 장다리꽃, 개나리꽃은 100% 노랑(Y)의 원색이며, 선홍색 동백꽃잎은 100% 마젠타(M)이다. 그 파랑, 그 초록, 그 노랑, 그 빨강의 원색을 구사하며 그림을 그리는 화가는 남도의 봄 이외에 아무도 없다. 그 원색을 변주하여 흑갈색 황토와 연분홍 진달래, 누우런 바다갈대밭을 그려낸 화가도 남도의 봄 이외엔 아무도 없다.

서양 사람들이 그들의 자연 빛에 맞추어 만든 먼셀색상표에 눈이 익어버렸고, 그 수치에 맞추어 제조된 물감과 잉크로 그림 그리는 일, 인쇄하는 일, 그렇게 제작된 제품에 익숙한 우리의 눈에 저 남도의 봄날이 그려보인 원색의 향연은 차라리 이국적이고, 저 먼 옛날 단원 김홍도, 혜원 신윤복 그림에서나 본 조선왕조의 원색으로 느껴진다. 하물며 연지빛, 등황빛, 치자빛, 쪽빛의 청순한 색감을 여기서 더 논해 무엇할 것이냐.

나는 우리 시대의 화가들에게 단호히 말한다. 남도의 봄빛을 보지 못한 자는 감히 색에 대하여 말하지 말라. '되다란' 기름기의 번쩍이는 물감을 아무런 정서적 거부감 없이 사용하면서 함부로 민족적 서정이니 향토색이니 논하지 말라.

그리고 모든 화학공학자, 모든 화공품 제조업자, 모든 화장품 회사, 모든 염색업자, 모든 물감공장의 관계자들에게 민족의 이름으로 부탁드린다. 그 뛰어난 기술, 그 좋은 시설의 100분의 1만이라도 잃어버린 조선의 원색을 찾아내는 데 사용해달라고. 우리에게 무한한 평온과 행복한 환희의 감정으로 다가오는 향토의 원색을 제조해달라고.

남도의 봄, 그것은 우리가 영원히 간직해야 할 자연의 원색이고 우리의 원색인 것이다. 나는 그날 그 원색의 물결 속을 거닐고 있었던 것이다.

1992. 4.

유홍준, 「남도의 봄, 남도의 원색」, 『나의 문화유산답사기 1』, 창비, 1993.

위의 글에는 글쓴이가 문화재를 찾아가는 여정 속에 만난 남도의 자연 풍경이 잘 그려져 있다. 일반적으로 문화재에 대한 글쓰기에서는 감성이 배제되는데, 유홍준은 과감히 그 형식의 틀을 깨고 있다. 그는 역사 현장을 소개하면서 과거의 시간 속에서만 해석하지도, 찬란함이나 위대함이란 미사여구로 꾸며내지도 않았다. 이 글을 읽고 강진을 찾아가게 된다면, 우리는 강진의 유적지보다는 아마도 하늘을 먼저 바라보며 감상하게 될 것이다.

이야기가 있는 여행 2

영화 〈박하사탕〉의 촬영지 진소천 철교

"나 다시 돌아갈래!"

영화 〈박하사탕〉에서 주인공 영호(설경구)가 철교에 서서 달려오는 기차를 마주하며 마지막으로 외친 말이다. 외마디 외침과 함께 영화 속의 기차는 세월을 거슬러 순수했던 시절을 향해 2시간 내내 거꾸로 달린다.

충북선 삼탄에서 공전으로 이어지는 구간은 여전히 자동차로 접근이 불가능한 곳이 많고, 깊은 계곡을 따라 한참을 달려 터널을 지나야 진소천 철교에 이른다. 삼탄~제천 방향 철교에서 오른쪽을 보면 주인공이 '나 어떡해'를 노래하던 모래밭과 진소천이 보인다.

영화의 배경 장소였다는 점을 제외하면 별 다를 것 없는 철길과 철교의 모습일 수도 있지만, 이 지역의 지형과 주로 다니는 열차의 종류가 주로 시멘트를 운송하는 화물열차(혹자는 이것을 회색 비엔나로 부르기도 한다)이기 때문에 기차 소리가 무척 우렁차게 들린다.

유원지 물가에 앉아 몸집에 비해 빈약해 보이는 철교 교각을 통과하는 기차의 모습은 그 자체로 괜찮은 볼거리이다. 삼탄역은 찾는 사람도 많지 않아 방해받지 않고 떠날 수도 있는 간이역이기도 하다. 특히 영화 〈박하사탕〉을 인상 깊게 본 사람이나 아직 가야 할 길을 찾지 못해 방황하는 사람, 순수했던 과거를 찾아 여행을 떠나고 싶은 사람이라면 놓쳐서는 안 될 풍경이다. 그런 점에서 삼탄역과 진소천 철교는 누군가에게는 시원한 자연의 모습으로 인해 지친 일상을 쉬게 해 주는 역할을, 어떤 누군가에게는 영화 〈박하사탕〉을 통해 순수했던 삶을 되돌아보게 만드는 반환점이 되어줄 것이다.

임병국, 「영화 〈박하사탕〉의 촬영지 진소천 철교」, 『간이역 여행』, 팜파스, 2009.

각 장소마다 사연 없는 곳이 없겠지만, 그 대상이 간이역이라고 한다면 더욱 흥미롭게 다가올 것이다. 특히 이 글에서는 삼탄역과 진소천 철교가 1999년에 개봉된 이창동 감독의 영화 〈박하사탕〉의 촬영지임을 언급하면서, 별다를 거 없는 철교와 그 밑을 흐르는 하천에 새로운 의미를 부여해 주고 있다.

활동

가장 인상 깊었던 여행을 떠올리며 한 편의 여행기를 작성해 보자.

03 편지

바쁜 일상생활에서 편지 쓰기는 직접 만나서 소식을 전하기 어려울 때, 요긴하게 쓸 수 있는 의사소통의 수단이 된다. 하얀 종이에 편지를 써서 정성스럽게 우표를 붙이고 우체통에 넣던 시대가 지나고, 이제 정보화 시대를 맞이하여 인터넷상으로 간편하게 이메일을 보내는 것이 보편적인 일이 되었다.

그러나 편지든 이메일 쓰기든 시간과 공간의 제약을 벗어나 지면을 통해 혹은 인터넷상에서 타인을 만나서 마음을 나눌 수 있다는 점에서 같은 기능을 한다. 편지는 보내는 사람의 목적에 따라 연하장, 축하편지, 문안편지, 위문편지, 초청편지, 안내편지, 소개편지, 문의편지, 제안편지, 사과편지, 권유편지, 연애편지, 상담편지, 청첩편지, 격려 편지, 우정편지 등 다양하다. 이중에서 실용적 목적이 아니라 감성을 표현하는 편지글의 예시들을 보면서 자기에게 혹은 주변의 사람들에게 마음을 전하는 편지를 써보자.

1) 편지의 형식

편지는 일정한 격식과 예절을 갖추어 쓰는 글이다. 상황에 따라서 격식보다는 내용과 감성 표현이 중요한 경우도 있겠지만, 편지의 형식을 알고 이에 맞추어 쓰거나 자유롭게 응용할 수 있어야 한다.

1. 첫인사
2. 계절에 대한 인사
3. 상대편에 대한 안부
4. 자기 안부
5. 하고 싶은 말
6. 끝맺는 말
7. 날짜, 서명

2) 편지 잘 쓰는 방법

- 진실한 마음으로 쓴다.
- 예의를 갖추어 쓴다.
- 지나치게 형식에 얽매이지 말고 쓴다.
- 마주 앉아 대화하듯이 쓴다.
- 하고 싶은 말이나 내용을 충실하게 쓴다.
- 쓴 날짜와 쓴 사람을 분명하게 밝힌다.
- 글씨를 바르게 쓴다.

3) 감성적 편지 쓰기

나에게 보내는 편지

왕페이 안녕?

오늘 너에게 이 편지를 쓰는 이유는 과제 때문이 아니라, 그냥 네가 요즘 위로가 필요할 것 같아서야. 요즘 잘 지내고 있니?

수업이 너무 어렵지? 하지만 잘하고 있는 거야. 한국인도 하기 어려운 전공인데, 잘 따라가고 있는 거야. 마음을 조급하게 먹지 마. 매일 매일 최선을 다해 알차고 기쁘게 지내면 언젠가 학문에 능통한 사람이 될 거야. 나는 널 믿어. 열심히 해. 발표가 있으면 외국인이라는 핑계 내세우면서 도망치지 말고, 적극적인 태도로 해 봐. 외국인이라서 다들 이해는 하지만 이런 이해를 당연하다고 생각마. 노력해라. 사람들을 놀래켜라. 외국인임에도 불구하고 너무 잘했다는 칭찬을 받아라.

그리고 너, 요즘 봄 타나봐…. 주위에 커플이 너무 많아서 외롭니? 그러면 정신 차려라. 다이어트부터 시작해! 며칠 전 세운 다이어트 계획은 벌써 잊었니? 왕페이, 이러면 안 돼. 너도 학창시절이 다 지나가기 전에 아름다운 연애를 많이 많이 해야잖아~ 평생 간직할 추억이 될 거야. 이런 의미에서, 파이팅!

엄마, 아빠 보고 싶지? 혼자 있는 게 너무나도 힘들지? 엄마가 하시는 맛있는 요리를 먹고 싶지? 아빠가 해 주는 재밌는 이야기를 듣고 싶지? 기억해. 엄마, 아빠는 너를 훨씬 더 보고 싶어하고 있다는 걸. 엄마, 아빠는 지금도 어디에선가 너를 위해 열심히 일하고 있을 거야. 이 커다란 사랑을 항상 기억하며 살아. 전화 끊을 때마다 항상 '사랑합니다'란 한 마디는 꼭 잊지 말고. 너 힘내야 돼. 넌 외동딸이잖아!

마지막으로 왕페이, 사랑한다. 다른 사람이 너를 의심하고 비난해도, 난 항상 너를 믿고 지지한다.

너에게는 눈부신 미래가 있단다. 내가 알아! 그 눈부신 미래를 향하여 뒤돌아 보지 말고 최선을 다해 달려라! 난 미래에서 너를 기다리마….

사랑해….

미래의 내가 오늘의 너에게

〈외국인 학생의 글〉

가족에게 보내는 편지

사랑하는 여보, 초혜!

가을밤이 깊어가고 있소. 당신이 떠난 그 순간부터 가을은 문득 깊어져 내 시간을 쓸쓸한 적막으로 채우고 있소. 당신과의 23년 세월, 세월이 쌓일수록 당신을 아내로 얻었음을 하늘에 감사하게 되오. 당신도 나를 남편으로 얻었음이 나와 같기를 바라는데, 그렇지 않을까 봐 두렵소. 오늘 아침 나절에 놀라움이 깃든 음성으로 머리칼을 헤쳐 보였을 때 나는 우리의 삶 23년을 순간적으로 떠올렸고, 부끄러운 듯 숨어 있는 흰 머리카락들마저 대견하고 사랑스러웠소. 그래서, 물을 들이지 말라, 고 했던 것인데 당신은 어떻게 받아들였는지. 우리는 열심히 살아왔고 지금에 이르러 있소. 앞으로도 그렇게 살아가는 거요. 하늘은 언제나 우리를 축복하고 보살필 것이오. 혼자 자는 잠자리가 춥겠소.

1985. 9.22. 밤
죽는 날까지 당신을 사랑할 당신의 남편 정래

강인숙, 「흰 머리카락들마저 대견하고 사랑스러웠소」,
『편지로 읽는 슬픔과 기쁨』, 마음산책, 2011.

가족에게 보내는 편지

테오에게

네 편지를 보니 미술에 큰 흥미가 있는 것 같구나. 좋은 일이다. 네가 밀레, 자크, 슈레이어, 랑비네, 프란스 할스 같은 화가들을 좋아한다니 나도 기분이 좋다. 모베가 말했듯 "바로 그거다." 밀레의 그림 〈저녁 기도〉, 정말이지 '바로 그거'라니까. 장엄하고 한마디로 시 그 자체인 작품이지.

너와 그림에 대해 더 많은 이야기를 나눌 수 있기를 얼마나 바라는지…. 지금은 편지로 이야기할 수밖에 없지. 될 수 있으면 많이 감탄해라! 많은 사람들이 충분히 감탄하지 못하고 있으니까.

산책을 자주하고 자연을 사랑했으면 좋겠다. 그것이 예술을 진정으로 이해할 수 있는 길이다. 화가는 자연을 이해하고 사랑하여, 평범한 사람들이 자연을 더 잘 볼 수 있도록 가르쳐 주는 사람이다.

화가들 중에는 좋지 않은 일은 결코 하지 않고, 나쁜 일은 결코 할 수 없는 사람이 있다. 평범한 사람들 중에도 좋은 일만 하는 사람이 있듯.

1874년 1월
빈센트 반 고흐가 동생 테오에게

빈센트 반 고흐, 『반고흐, 영혼의 편지』, 신성림 옮김, 예담, 1999.

친구에게 보내는 편지

보고싶은 진영에게

진영아, 화창하고 따뜻한 봄을 군대에서 맞게 돼서 많이 슬프겠지만 대한민국 남자라면 무조건 군대에 가야 하는 현실 앞에서 어쩔 수 없구나. ㅠㅠ 훈련소 생활이 쉽지 않다는 것은 알고 있지만 어떻게 지내는지 많이 궁금하구나. 입대 전에 걸린 감기는 어떠니? 약은 제대로 챙겨 먹는지 궁금하구나.

분위기 메이커인 네가 없는 동아리 방 분위기는 조금은 썰렁하지만 여전히 회원들로 북적이고 있어. 14학번 새내기 회원들도 많이 들어와서 열심히 활동하고 있어. 아. 그리고 나의 영원한 탁구 라이벌 네가 없어서 나는 한쪽 날개를 잃은 외기러기 신세가 됐어. 이렇게 펜을 들고 글을 쓰다 보니 너와의 옛 추억이 새록새록 살아나는구나. 기억나니? 새내기의 패기로 동아리 방에서 탁구치고 한잠도 못 자고 수업 들어가서 끄덕끄덕 많이도 졸았지. 이제 자대 배치가 되면 네가 좋아하는 탁구도 칠 수 있으니까 조금만 참고 견디자. 아직 2년이라는 시간이 남았지만 언제 어디서나 최선을 다하는 너라면 잘할 수 있을 거야.

올 여름방학에 네가 좋아하는 피자 사들고 면회 갈게. 그때까지 아프지 말고 잘 지내렴.

2014년 3월 28일 아디오스, 혁이가

〈학생글〉

활동

부모님께, 선생님께, 연인에게, 친구에게 감성을 담은 편지를 써보자. 친필로 쓰는 편지는 말로 표현하기 힘든 많은 것을 담고 있어서, 주는 이나 받는 이에게 예쁜 추억이 될 것이다.

참고사항

이메일 쓰기

전자우편, 즉 이메일(e-mail, Electronic Mail)은 컴퓨터 통신망을 통해 편지를 주고받는 시스템과 그 편지를 가리킨다. 오늘날에는 사적인 편지는 물론 공적인 내용의 서신 또한 이메일이 일반 우편을 대체하여 폭넓게 쓰이고 있다. 이렇게 이메일이 일반 우편을 대체하게 된 가장 주요한 원인은 주어진 전자우편 주소로 분실이나 누락의 걱정 없이 도착하는 정확성, 수초, 늦어도 수분 이내로 도착하는 신속함, 그리고 편지지나 봉투 등을 필요로 하지 않고 통신환경에 접속할 수 있는 간단한 도구만 있으면 되는 편리함 등을 꼽을 수 있다. 이밖에도 대량발송 기능, 파일 첨부 기능, 비용의 저렴함, 수신 확인 기능 등으로 인해 이메일은 현대 사회의 중요한 통신수단이 되었다.

그러나 이메일의 다양한 장점은 곧 글쓰기의 가벼움으로 연결되기 쉽다. 쉽고 빠르고 편리하게 쓸 수 있다는 것이 곧 편지의 내용까지 쉽고 빠르고 가볍게 쓰라는 의미는 아니다. 편지의 매체가 달라졌을 뿐이지, 이메일도 편지글의 하나이므로 항상 격식을 갖추어 글을 작성하고, 발송하기 전에 다시 한 번 확인하는 습관을 들이는 것이 좋다. 특히 공식적인 메일의 경우에는 오탈자가 신뢰를 떨어뜨리게 되므로 소심할 필요가 있다. 사적인 메일의 경우에는 표현의 부적절함으로 오해를 사거나, 순간의 감정을 이기지 못해 후회하는 일이 발생하지 않도록 주의하여야 한다.

활동

조별 프로젝트 팀원에게 모둠학습 일정에 관해 협의하는 이메일을 작성해 보자.

실용적 글쓰기

CHAPTER 2

'실용(實用)'이란 실생활에 쓰임을 의미한다. 따라서 '실용적 글쓰기'는 실생활에 자주 쓰이는 글을 쓰는 행위이다. 이러한 실용적 글쓰기에는 대표적으로 자기 소개서, 기사문, 리뷰 등 실로 다양한 종류의 글이 있다. 글을 통해 학술적 이론이나 주장을 내세우는 글이나, 개인의 감정이나 감상을 펴내는 글을 제외한 대부분의 글쓰기는 사실상 실용적 글쓰기의 영역에 속한다고 할 수 있다.

실용적 글쓰기는 공통적으로 타인에게 무언가를 '소개'한다는 특징을 지니고 있다. 즉, 실용적 글쓰기는 기본적으로 매우 목적지향적인 글쓰기라고 할 수 있다. 물론 그 가운데 자아 성찰이나 자신에 대한 표현 등도 담고 있지만, 실용적 글쓰기는 타인의 이해, 타인과의 소통을 주요 목적으로 하고 있는 글쓰기라고 할 수 있다. 따라서 실용적 글쓰기에서는 독자와 상황을 고려한 표현, 구체적이고 분명한 표현에 주의하여야 하며, 나열식 표현이나 모호하고 추상적인 표현은 피해야 한다. 아래에서 자기소개서, 기사문, 칼럼, 리뷰 등을 살펴보자.

01 자기소개서

자기소개서는 자기를 다른 사람에게 소개하는 글이다. 자기소개서는 자기를 글로써 다른 사람에게 소개하는 글이므로 '자기'에 대한 냉철한 분석과 자기소개서를 읽는 사람에 대한 분석이 필요하다.

자기를 냉철하게 볼 수 있는 사람은 많지 않다. 그럼에도 불구하고 다른 사람에게 자기를 소개하기 위해서는 먼저 자기를 냉철하게 살펴보는 일이 우선이다. 자기를 냉철하게 살펴보지 않는다면, 글쓴이 자신의 주관적인 판단으로 '자기'를 실체와 다르게 부풀려 쓰거나 혹은 자신만의 매력적인 장점을 쓰지 못할 수도 있다. 자기를 냉철하게 살펴보기 위해서는 자신의 주관적인 감정과 판단보다는 객관적인 시선을 유지해야 한다. 또 자기소개서를 원하는 곳에서 요구하는 사항에 맞추어 객관적으로 나를 살펴볼 필요가 있다. 이를 위해서는 충분한 시간을 가지고 '독자가 무엇을 원하는가?', '독자에게 매력적으로 다가갈 수 있는 나의 장점은 무엇인가?'를 찾아내야 한다.

1) 자기소개서와 자아 성찰

자기소개서는 주로 기업에 입사하기 위해, 또는 진학하기 위해 작성한다. 혹은 동아리에 가입하거나 봉사활동단체에 지원하고자 할 때에도 필요하다. 기업에 입사하기 위해 제출하는 자기소개서는 작성하기 전에 먼저 기업에서 원하는 인재상을 파악하면 좋다. 진학을 위한 자기소개서를 작성하기 위해서는 진학하고자 하는 학교에서 원하는 학생의 자격을 파악해야 한다. 동아리에 제출하는 자기소개서라면 자기소개서 작성 전에 가입하고자 하는 동아리의 성격을 파악할 필요가 있다. 자원봉사단체에 가입하기 위해서 작성하는 자기소개서는 쓰기 전에 자원봉사단체에 대해 알아야 한다. 이처럼 자기소개서는 작성하기 전에 자신에 대한 성찰과 자기소개서의 독자에 대한 분석이 이루어져야 한다.

'자아 성찰'이라는 말은 자신을 깊이 반성해 보고 관찰한다는 뜻이다. 이를 통해 자신의 단점을 파악할 수 있다. 그러나 단점은 단순하게 '나쁜 점'으로만 이해해서는 안 된다. 단점은 상황에 따라 장점이 될 수도 있다. 예를 들어, '욕심이 많다'라는 나의 특성은 단순하게 생각하면 단점이다. 그러나 시각을 바꾸어 '하고 싶은 일이 많다.'라고 보면, 이것은 단점이 아니라 장점이 될 수도 있다. 따라서 자아 성찰은 단순히 자신의 단점을 반성하는 행위가 아니라 자신을 다양한 각도에서 바라보고 이해하는 행위로 바꾸어 해석할 수도 있다.

다음은 자기소개서를 쓰기 위해 자아 성찰을 하는 과정을 예로 든 것이다.

나의 성격

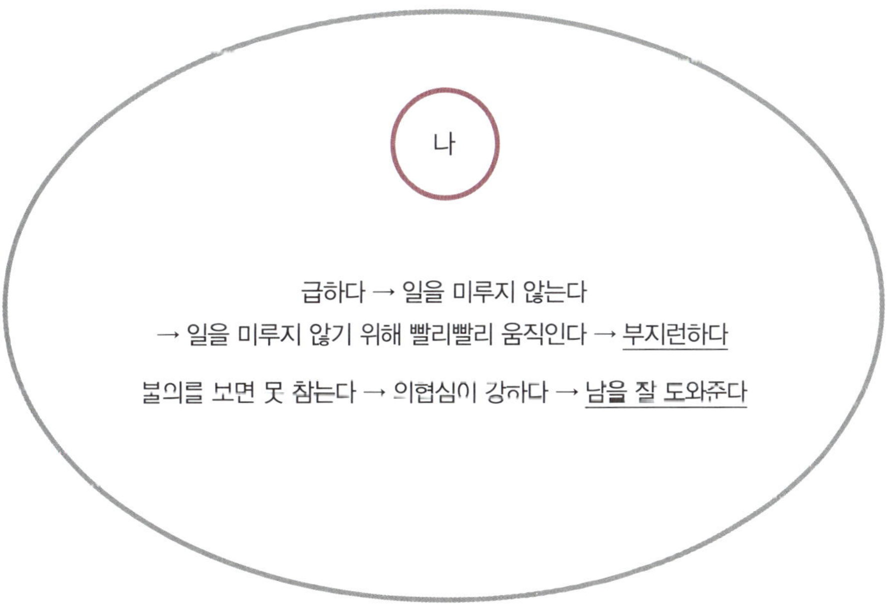

활동

자아 성찰을 위해 자신의 여러 가지 면을 살펴보고 다음의 원을 채워보자.

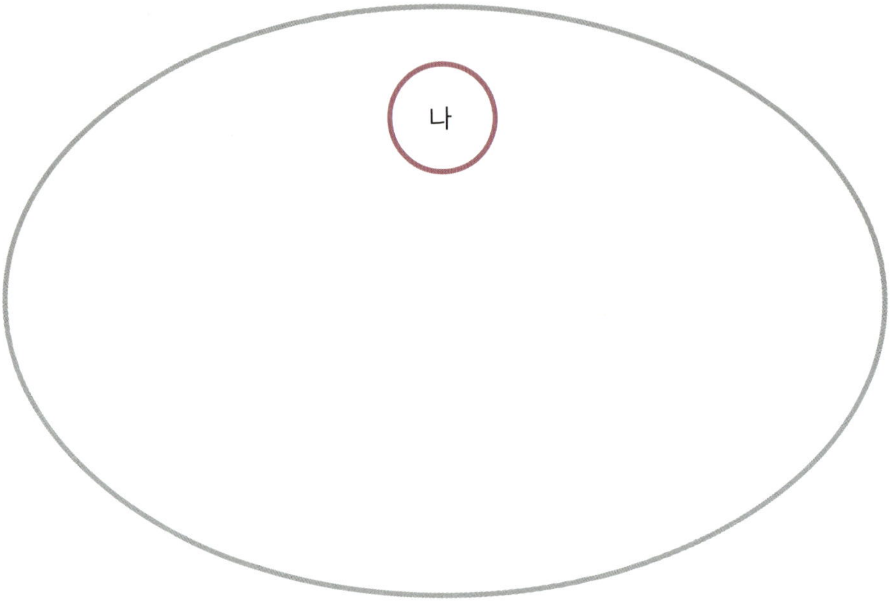

2) 자기소개서 작성 과정

자기소개서의 종류는 여러 가지가 있지만 여기서는 기업에 제출하는 자기소개서를 중심으로 자기소개서 작성 과정을 소개하고자 한다. 자기소개서 작성은 단기간에 이루어지지 않는다. 자신이 지원하고자 하는 기업과 업무에 대한 파악, 자신에 대한 냉철한 분석이 시간을 두고 이루어져야 한다. 따라서 평소에 자신이 어떤 직업을 갖기를 원하는지, 어떤 기업에 입사하고 싶은지를 파악해야 한다. 또한 자신이 원하는 직업과 일하고 싶은 기업에 대한 분석이 필요하다. 또한 나 자신이 하고자 하는 업무를 수행할 능력이 되는지, 기업이 원하는 인재상과 나는 얼마나 부합하는지 판단해야 한다.

일반적으로 자기소개서 작성의 과정은 '독자 분석과 자기 분석', '개요작성', '내용구성', '집필', '고쳐쓰기'의 다섯 단계로 나눌 수 있다. 다음에서 자기소개서 작성을 과정별로 자세히 살펴보자.

(1) 독자 분석과 자기 분석

자기소개의 과정에서 자아 성찰과 함께 이루어져야 할 부분은 독자 분석이다. 자기소개서를 요구하는 독자에 따라 자기소개서에 특정한 양식을 부여하기도 하고 반드시 써야 할 내용을 제시하기도 한다. 자기소개서를 제출하고자 하는 단체의 성격을 파악해야 하고 자기소개서에서 요구하는 형식과 내용을 잘 읽어야 한다.

기업에 입사하기 위해 제출하는 자기소개서라면 그 기업이 원하는 인재상을 파악하여야 한다. 대개 기업의 홈페이지에는 기업에서 요구하는 인재상이 서술되어 있다. 더불어, 사원모집 공고에도 기업이 원하는 인재상이 드러나기 마련이다. 특히 사원모집 공고문을 자세히 읽고 기업이 어떤 인재를 원하는지를 파악해야 한다. 또한 할 수 있다면 현재 그 기업에 입사하여 일을 하고 있는 사람을 찾아 기업의 분위기, 요구하는 인재상 등을 파악할 수도 있다.

독자 분석과 병행되어야 할 과정은 자신에 대한 분석이다. 기업이 원하는 인재상과 자신이 얼마나 일치하는지 살펴보고 자신에 대해 혹시 파악하지 못한 장점이 있는지 놓치지 말아야 한다. 기업이 원하는 인재상과 자신이 완벽하게 맞지 않는 경우라 하더라도 자신을 성찰하여 반성하고 대안을 찾을 수도 있다. 예를 들어, 현재 내가 지원하고자 하는 기업에서 요구하는 어학능력에 비해 나의 어학능력이 부족할 경우에는 시간을 두고 어학능력을 개발할 수도 있다. 해당 업종에 지원하기 위한 특별한 경험이나 경력이 부족할 경우에는 그러한 경험이나 경력을 만들 수 있도록 계획을 세워 진행할 수도 있다.

따라서 자기소개서를 쓰기 위한 독자 분석은 단기간에 이루어지지 않으므로 평소에 지원하고자 하는 기업과 업무에 관심을 가지고 정보를 모아야 한다. 지원서 2~3일 전부터 부랴부랴 작성하는 자기소개서는 좋은 결과를 기대하기 어렵다.

(2) 개요 작성

자기소개서의 종류에 따라 다르지만 먼저 개요를 작성하는 것이 좋다. 만약 자기소개서를 요구하는 독자가 특정한 내용을 요구한다면 특정한 내용에 대한 개요를 작성하는 것이 좋다. 자기소개서에 성장과정을 써야 한다면 나의 성장과정을 돌이켜보아야 한다. 예를 들어 교육 단계별로 자신의 성장과정을 기술하려고 한다면, 다음과 같이 각 단계별로 키워드를 먼저 써보는 것이 좋다.

나의 성장과정

- 태어나서 취학 전까지: 유치원, 평범한 부모님, 1남1녀 중 막내, 조부모님과 생활
- 초등학교 시절: 7살에 초등학교 입학, 초등학교 시절의 친구들, 초등학교 졸업식의 기억
- 중학교 시절: 특별했던 중학교, 중학교 때 선생님, 친구들, 방과후 학습
- 고등학교 시절: 수학여행, 동아리 활동, 논술, 다중지원, 추웠던 고등학교 졸업식, 대학 입시
- 대학 시절: 덕성여자대학교, 여자대학, 아름다운 캠퍼스, 우이동, 친구들, 전공, 동아리……

위의 내용을 그대로 자기소개서에 쓸 수는 없다. 자기소개서를 읽는 독자가 읽고 싶어하는 내용은 무엇인지 파악한 후에 꼭 필요한 것들을 선택해야 한다. 또한 분량에 제한이 있다면 주어진 분량에 맞추어 글을 써야 한다.

위의 개요는 '무엇을 쓸 것인가?'를 생각하고 정리하는 '1차 개요'라고 할 수 있다. 나의 성장과정 중에도 자기소개서의 독자에게 매력적으로 보일 수 있는 장점이 있다면 그 장점을 중심으로 위의 내용 중에서 선택하면 된다. 혹은 다른 사람과는 다른 나만의 특별한 점이 있다면 그것을 골라도 된다.

(3) 내용구성

일반적으로 기업에서 요구하는 자기소개서의 내용은 아래와 같다.

● 성장과정

자기소개서를 읽는 독자인 기업의 인사담당자는 지원자의 성장과정을 읽으면서 기업이라는 조직에 융화될 수 있는 사람인지, 책임감을 가지고 임무를 수행할 수 있는 사람인지를 살피고자 한다. 또는 특정기업이 요구하는 인재상과 부합하는가를 살피고자 한다.

대부분 자기소개서의 첫 부분은 '성장과정'이다. 따라서 자기소개서의 첫 부분을 매력적으로 써야 한다. 평범하거나 천편일률적인 성장과정은 인사담당자에게 흥미를 줄 수 없다. 이때, 흥미를 끌 수 있는 방법 중의 하나는 '이야기'를 쓰는 것이다. 예를 들어, '책임감이 강하다.'라는 직접적인 문장보다는 '책임감을 보여 줄 수 있는 재미있는 이야기' 혹은 '책임감을 보여 주는 독특한 나만의 이야기'가 독자에게 훨씬 더 흥미로울 것이다.

● 성격의 장점과 단점

성격의 장점 및 단점 역시 구체적인 경험이 바탕이 된 이야기 형식으로 쓰는 것이 좋다. 성격의 장점은 지원하는 직종의 업무적 특성과 지원하는 기업의 문화적 특성과 연관지을 수 있도록 쓰는 것이 좋다.

성격의 단점은 솔직하게 쓰는 것이 좋다. 그러나 그 단점이 인사담당자에게 부정적으로 인식되어서는 안 된다. 단점이지만 어떤 측면에서는 장점일 수 있는 부분을 기술하는 것도 좋다. 혹은 단점을 극복한 사례를 적는 것도 좋은 방법이다.

● 경력

지원하는 분야와 관련된 경력을 적는다. 신입사원으로 지원하는 경우에는 지원분야와 관련된 경력이 적을 수밖에 없다. 이럴 때에는 지원하고자 하는 분야를 면밀히 살펴보는 것이 우선이다. 그 다음 자신의 여러 가지 경험 중에서 지원하고자 하는 분야와 가장 가까운, 혹은 관련이 있는 경험을 적는다. 봉사활동 경험, 아르바이트 경험, 동아리 경험, 인턴 경험, 공모전 수상 경험 등을 적는다.

봉사활동 경험에 대해 글을 쓸 때는 봉사활동을 통해 자신이 깨달은 바는 무엇이고, 자신의 생활과 세계관에 어떤 영향을 주었는지 쓰는 것도 좋다. 물이 부족한 곳에 가서 우물을 파는 봉사를 했을 때, 물의 소중함을 깨달은 이야기를 봉사활동 이후의 삶의 변화와 연관지어 쓴다면 독자는 필자의 성찰에 대해 좋은 인상을 받을 것이다.

아르바이트 경험에 대해 글을 쓴다면 다음과 같은 내용으로 쓰는 것도 좋다. 예를 들어, 간장을 만드는 식품회사에 지원하고자 할 때 자기소개서에 마트에서 간장을 판 경험을 써도 좋다. 일정한 기간 동안 주부들에게 제일 잘 팔리는 간장은 무엇인지, 왜 잘 팔리는지, 그 이유를 분석하는 내용도 좋다.

지원하고자 하는 회사에서 인턴을 했다면 좋겠지만 그렇지 않더라도 유사한 업종의 회사나 다른 업종의 회사에서 인턴을 한 경험을 쓸 수 있다. 자신이 어떤 일을 했으며 주위 사람들과 어떻게 잘 지냈는지를 구체적으로 쓰면 좋다. 또한 자신의 성실성을 보여줄 수 있는 이야기를 더하면 더욱 좋다.

공모전에 수상한 경험을 쓰면 좋겠지만 공모전에서 수상하지 못하였더라도 그 과정을 자신만의 이야기로 쓸 수 있다면 자기소개서에 써도 좋다. 이때에는 공모전 참가에서 재미있었던 일, 수상하지 못한 이유, 공모전에 여러 번 도전한 이야기, 공모전 참가를 위해 열심히 노력한 과정, 공모전 참가를 위해 만난 사람들과 맺은 인연 등을 쓸 수 있다.

(4) 지원동기

자신이 이 업무에, 이 기업에 왜 지원하고자 하는지를 설명하는 부분이다. 따라서 먼저 지원하고자 하는 업무와 지원하고자 하는 기업에 대해 세밀한 분석이 필요하다.

나는 왜 이 업무를 좋아하고, 왜 이 일을 하고 싶은지에 대해 깊이 생각해 보고 글로 적는 연습이 필요하다. 또한 지원하고자 하는 회사에서 이 업무가 어떻게 진행되고 있는지, 신입사원으로 지원했을 때 어떤 방식으로 일을 하게 되는지 조사해 볼 필요가 있다. 아직 입사하지 않은 지원자의 입장에서 이러한 정보를 알기는 쉽지 않다. 그러므로 기업의 홍보팀에서 배포하는 기업의 홍보자료, 기업과 관련된 신문기사 및 방송 보도를 평소에 눈여겨 볼 필요가 있다. 또, 기업의 임직원 중 해당업무와 관련이 있는 사람이 신문이나 방송에 등장하는 자료를 분석하는 일도 해당기업과 업무에 대해 분석하는 방법이 될 수 있다.

지원동기를 쓸 때 유념해야 하는 사항은 '다른 지원자와 내가 어떤 점이 다른가?'이다. 이는 '자신만의 특징이자 장점'이라고 할 수 있다. 기업에서 신입사원을 모집하면, 수많은 지원자들이 몰린다. 따라서 기업의 인사담당자는 수많은 지원서를 읽게 될 것이다. 이러한 상황에서 다른 지원자들과 내가 다른 점, 혹은 인사담당자가 읽었을 때 흥미를 끌 만한 점 등이 지원동기에 드러나야 한다.

(5) 입사 후 계획

지원자가 입사한 이후의 계획을 적는 부분이다. 아직 입사를 하지도 않았는데 입사 이후의 계획을 쓰라고 하면 무엇을 써야 할지 난감할 것이다.

이 부분을 서술하기 위해서는 지원하고자 하는 기업의 향후계획, 지원하고자 하는 해당 업무 및 직종에 대한 분석과 전망에 대한 예측이 선행되어야 한다. 또한 한국뿐 아니라 세계적 변화의 흐름도 예측할 수 있어야 한다. 예를 들어 대중음악 분야의 업종에 지원한다면, 현재 우리나라의 대중음악의 현황을 파악하고 있어야 한다. 또한 해당 기업의 연매출, 순이익, 주가의 변화, 향후 사업계획 등을 조사해야 한다. 또한 세계적인 대중음악시장과 지원하고자 하는 기업이 어떤 관계에 있는지 살펴야 한다.

이러한 일들은 단기간에 그 성과를 이루어내기 어렵다. 따라서 충분한 시간을 들여 조사하고 분석해야 한다. 평소에 지원하고자 하는 기업과 업무에 관련된 보도를 눈여겨 보고, 지원하고자 하는 업무 및 직종에 대한 신문기사를 스크랩하는 것도 좋은 방법이다. 이때 단순하게 스크랩을 하는 것이 아니라 내용을 요약하여 메모하고 잘 찾아볼 수 있도록 정리해 두는 습관을 들이자.

또한, 내가 지원하고자 하는 분야에서 일을 하고 있는 사람들이 현재 어떤 일을 하고 있는지 조사해야 한다. 지원하고자 하는 분야에서 일하고 있는 지인이 있다면 좋겠지만 그렇지 않을 경우에는 학교의 취업관련 부서를 활용하는 것도 좋은 방법이다. 학교의 취업관련 부서는 취업에 관한 분야를 다루고 있는 전문적인 기관이므로 지원자가 원하는 바를 상담하고 도움을 얻을 수 있다.

3) 집필

(1) 매력적인 서두

취업을 위한 자기소개서의 목적은 지원하고자 하는 기업에 입사하고자 자신을 소개하는 글이다. 기업의 인사담당자는 지원자의 자기소개서를 읽고 지원자를 뽑아야 할지 말아야 할지 결정한다. 취업난 시대에 일자리는 한정되어 있고 지원자는 넘친다. 기업의 인사담당자는 수많은 자기소개서를 읽게 된다. 매력적인 서두는 자기소개서를 읽는 인사담당자를 사로잡을 수 있다.

그렇다면 어떻게 독자에게 매력적인 서두를 쓸 수 있을까? 먼저, 지원하고자 하는 기업의 성격을 파악해야 한다. 기업은 원하는 인재를 뽑으려고 하기 때문에 지원자의 자기소개서 서두에서 기업이 원하는 인재라는 인상이 강렬하게 드러나야 한다. 그러면서도 진부한 표현은 피해야 한다. 예를 들어, '성실한 인재'를 원하는 기업에 제출하는 자기소개서의 서두에 '저는 성실하다고 자부합니다. 지금까지 가족이나 친구들로부터 성실하다는 칭찬을 듣고 살았습니다'와 같은 서두는 진부하다. 자기소개서의 첫 문장은 기업이 원하는 인재상과 자신이 얼마나 부합하는지 일치점을 찾고 그것을 효과적으로 표현해야 한다. 이를 위해 성실이라는 주제어를 가지고 연관되는 유의어, 옛이야기, 책, 신문기사, 자신의 경험담 등을 엮어 볼 필요가 있다. 성실함을 나타내는 자신만의 독특한 경험을 재미있는 이야기처럼 쓴다면 독자는 흥미를 가지고 자기소개서를 읽을 것이다.

(2) 독자의 몰입 유지하기

기업에 제출하는 자기소개서의 궁극적인 목적은 지원한 기업에서 일하는 것이다. 따라서 지원자가 제출한 자기소개서를 독자가 처음부터 끝까지 집중해서 읽을 수 있어야 한다. 그래야만 독자는 자기소개서에 나타나는 지원자의 장점을 읽을 수 있기 때문이다. 따라서 자기소개서의 독자를 몰입시킬 수 있는 전략이 필요하다.

앞서 매력적인 서두로 독자의 관심을 집중시켰다면 독자가 자기소개서를 다 읽을 때까지 자기소개서에 대한 흥미를 유지시킬 수 있어야 한다. 너무 지루하거나 천편일률적인 내용은 삼가자. 자기소개서에는 단순한 사실의 나열이 아니라 지원자가 직접 한 경험을 재미있는 이야기로 서술해야 한다. 자기소개서를 읽으면서 독자가 지원자의 입장에서 생각해 볼 수 있도록 쓴다. 지원자의 경험을 느끼고 감동할수록 좋다. 지원자가 어떤 고민을 했고, 그 고민을 어떻게 풀어나갔는지 독자가 이해하기 쉽도록 쓰는 것이 좋다. 고민과 경험 이후에 어떤 것을 얻었는지 설득력 있게 써야 한다.

어떤 경험을 하게 되었다면 왜 그 경험을 하게 되었는지 설명해야 한다. 예를 들어, 소외계층 어린이들을 위한 봉사활동을 하였다면 그 동기를 되도록 자세하고 정직하게 써야 한다. 졸업요건을 채우기 위해 봉사활동을 시작했더라도 그 과정에서 자신에 대한 반성, 감동적인 사건, 문제해결 과정, 타인에게 준 도움 등이 있다면 그런 것을 솔직하게 쓰는 것이 좋다.

자기소개서를 읽는 독자는 지원자가 쓴 자기소개서를 읽으면서 지원자가 기술한 경험에 대해 다각도로 평가하게 된다. 지원자가 어떤 경험을 통해 자신을 발전시키고 타인을 도울 수 있다면 그 경험은 업종을 막론하고 지원자가 속한 공동체에 이익이 될 수 있다.

기업의 인사담당자가 자기소개서를 읽으면서 지원자를 '같이 일해도 좋을 사람'으로 판단할 수 있도록 쓰면 좋다. 그런 결과를 얻기 위해서 자기소개서는 처음부터 끝까지 독자를 배려하는 마음으로 써야 한다.

4) 고쳐쓰기

자기소개서의 내용을 구성하고 한 편의 글로 완성했다면 반드시 꼼꼼하게 다시 읽어야 한다. 이때 다음의 항목을 활용하여 자기소개서의 내용을 점검하고 고쳐 쓰는 것이 좋다.

[자기소개서 평가항목]

평가항목	○	△	×
도입부분에서 독자의 흥미를 유발하는가?			
인사담당자(독자)가 자기소개서를 읽고 채용하고 싶은 마음이 들까?			
나만의 독특한 경험, 나만의 장점이 부각되었는가?			
지원을 위한 경력사항, 자격증, 어학능력 등이 빠지지 않았는가?			
지원자를 부정적으로 인식할 만한 표현이 있는가?			
지원동기가 독자의 몰입을 유지하도록 서술되었는가?			
회사가 원하는 인재상이 표현되었는가?			
회사가 요구하는 항목에 맞게 내용을 서술하였는가?			
문장이 너무 길거나 주어와 서술어의 호응이 맞지 않는가?			
맞춤법, 띄어쓰기 등이 올바른가?			

자기소개서를 고쳐 쓸 때는 되도록 다른 사람에게 읽어주기를 부탁해야 한다. 자신에 대해 쓴 글이기 때문에 잘못된 점을 찾기 어려울 수도 있고, 자신의 생각에 갇혀 다른 사람이 읽었을 때 이해가 가지 않거나 부정적인 표현을 고치지 못할 수도 있기 때문이다. 회사에 입사한 선배나 기업에서 근무하고 계시는 부모님, 학교의 취업관련부서나 글쓰기상담센터를 이용하는 것도 좋은 방법이다.

활동

○○해외봉사단

지원동기 및 자기소개

저는 대한민국의 건강한 여대생으로서 베트남 아이들에게 저의 건강한 에너지를 전수할 자신이 있기에 이에 지원했습니다. 먼저 저는 체력적으로 건강합니다. 저는 왕복 다섯 시간의 통학거리를 지각, 결석해 본 적이 없습니다. 걷기를 좋아하여 일주일 동안 제주 올레길 걷기여행을 떠나기도 했으며, 생명사랑 밤길걷기 대회, 63빌딩 오르기 대회 등 걷기대회에 자발적으로 참여하여 모두 완주에 성공하기도 했습니다. 또한, 저는 건강한 마음을 지녔습니다. 저는 세 번의 입시를 경험하고 대학에 입학했습니다. 긴 입시기간은 저에게 항상 저를 위해 응원해 주는 사람들이 있다는 것을 알게 해 주었습니다. 이후로 저는 혼자만을 위한 인생이 아니라 누군가와 함께 더 나은 내일을 만들어 나가는 삶을 추구하게 되었습니다.

저는 이러한 저의 신념을 위해 3월부터 청소년을 대상으로 생명의 소중함에 대해 알려주는 만들기, 플래시몹, 상담과 같은 캠페인을 진행해오고 있습니다. 또한, 서울 마지막 달동네인 백사마을부터 외국인 방문객들이 많은 명동, 이태원까지 다양한 곳을 방문해보며 나이, 처지 그리고 살아가는 방식이 다른 사람들의 삶과 그 삶속 희망을 알아가려 노력하고 있습니다. 저는 경험을 통해 다양한 삶의 방식을 있는 그대로 받아들이는 법과 봉사에 대한 저의 열정을 발견했습니다. ○○해외봉사단 활동을 통해 제 경험을 바탕으로 열악한 환경의 베트남아이들에게 삶에 대한 긍정력과 더 나은 내일을 향한 희망의 믿음을 선사하겠습니다. 또한, 더 넓은 세상과 소통하고 그들의 다른 삶의 방식을 이해하며 함께 공존하는 시간을 만들 것을 약속드립니다.

봉사활동 계획 및 포부

저는 저의 다양한 경험을 바탕으로 베트남 아이들에게 진정성 있는 봉사를 하겠습니다. 먼저 아이들의 눈높이에 맞추어 친근하게 다가가겠습니다. 저는 9월부터 소외지역 중학생들을 대상으로 경제교육봉사를 해오고 있습니다. 저는 처음 봉사를 진행했을 때 수업에 집중하지 않고 딴짓하는 아이들 때문에 울기까지 했지만, 참을성 있게 아이들의 입장에서 무엇이 문제였는지 생각하며 수업을 개선시켰습니다. 아이들의 이름을 외우고, 항상 웃으며 아이들을 맞이하며, 쉬운 용어와 일화를 활용하는 방법을 활용하였습니다. 이러한 노력들을 통해 현재 아이들은 수업시간 과제를 모두 마무리하며 수업 후 자리정리까지 함께하고 귀가합니다. 이처럼 베트남 아이들에게도 그들의 이름을 외우고 쉽게 따라할 수 있는 놀이, 베트남어 등을 미리 준비해가겠습니다. 이를 통해 아이들과 문화의 차이를 넘어 공감과 진심을, 소통의 시간을 만들겠습니다.

또한, 교육을 통해 아이들에게 자신만의 꿈을 만들 수 있도록 돕겠습니다. 저는 ○○대학생 해외봉사단원 중 한 분의 블로그 후기에서 안타까운 부분이라 느낀 점이 있었습니다. 바로 많은 학생들의 꿈이 농부였다는 점이었습니다. 저는 청소년들을 대상으로 경제교육봉사와 다양한 생명사랑 캠페인들을 진행해왔습니다. 그리고 그들에게 어떠한 상황에서도 자신의 소중함을 잃지 않고 최선을 다한다면, 자신이 원하는 꿈에 도달할 수 있음을 알려주었습니다. ○○대학생 해외봉사단은 이러한 저의 경험을 활용하여 베트남 아이들에게 도전정신과 더 큰 세계를 보여줄 수 있는 기회라 생각합니다. ○○봉사단이 제공하는 과학, 미술, 비전 교육들에 최선을 다하여 아이들과 '함께' 더 큰 꿈을 꾸며 성장해나갈 것을 약속드립니다.

〈학생글〉

01 위의 자기소개서를 읽고 〈자기소개서 평가항목〉에 따라 평가해 보자.

02 자기소개서 작성요령에 따라 자신이 지원하고자 하는 기업에 제출할 자기소개서를 써보자.

02 기사문

기사문은 우리 사회에서 발생한 사건 가운데 보도할 만한 가치가 있다고 판단되는 것을 신속하게 대중에게 전달하는 것을 목적으로 쓰는 글이다. 신문, 방송, 인터넷 신문과 같은 대중매체에 실려 정보를 전달하는 글뿐만 아니라 잡지, 소식지, 단체 홈페이지, 회보 등에 수록되어 정보를 전달하는 글 또한 기사문으로 볼 수 있다. 기사문은 정보의 전달을 기본적인 목적으로 삼고 있다는 점에서 설명문과 비슷하지만, 최근에 발생한 가치 있는 사건을 불특정 다수에게 공개하는 것을 목적으로 한다는 점에서 설명문과 구별된다.

1) 기사문의 종류

기사문은 크게 보도 기사문과 해설 기사문으로 나눌 수 있다. 보도 기사문은 사건이나 사실의 정보 전달을 목적으로 하는 전통적인 기사문이다. 해설 기사문은 정보의 전달보다는 정보의 해설, 의제의 설정 등을 목적으로 하며, 사설이나 논설, 칼럼 등이 이에 해당한다. 똑같은 사실에 대해서도 해당 신문사의 입장이나 글쓴이의 취향에 따라 다른 논조의 해설 기사문을 게재하는 것을 발견할 수 있다. 즉, 보도 기사문이 공정하고 객관적인 사실 보도에 우선 가치를 두는 것에 반해, 해설 기사문은 정보에 대한 주관적인 해설이나 의견을 독자에게 설득하는 데에 우선 가치를 두고 있다. 따라서 같은 기사문이라고 하더라도 보도 기사문이 설명문의 성격을 띠는 반면, 해설 기사문은 논설문의 성격을 띠게 된다.

2) 구성요소

기사문을 구성하는 요소는 내용과 형식으로 나누어 볼 수 있다.

(1) 기사문의 내용 구성요소

기사문의 내용 구성요소는 바로 기사문의 특징이라고 할 수 있는 '육하원칙'-누가, 언제, 어디서, 무엇을, 어떻게, 왜-에 대한 정보이다. 기사문이 정보를 전달하는 만큼 '육하원칙'은 가장 중요한 구성요소라고 할 수 있다. 보도 기사문의 경우 이 여섯 가지의 요소를 생략하거나 빠뜨리는 것은 기사문으로서 자격을 갖추지 못한 글이 되기 때문에 더욱 주의하여야 한다. 해당 정보를 명확하게 제시하지 않아도 되는 경우에는 한두 요소가 생략되거나 잘 드러나지 않기도 한다. 특히 해설 기사문의 경우에는 간략하게 해당 정보를 언급하기 때문에 육하원칙을 지키지 않는 경우가 많다.

(2) 기사문의 형식 구성요소

기사문의 형식 구성요소는 표제, 부제, 전문(前文), 본문, 해설, 기사작성자로 실제 기사문에서는 단락, 글자체, 글자크기 등에 의해 구별되며 간혹 생략되는 부분이 있다.

① 표제는 '헤드라인'이라고도 하며 가장 크고 두드러진 글자체로 작성되는 기사의 제목을 가리킨다. 표제만 보고서도 기사의 전체적인 내용을 예측하거나 파악할 수 있도록 하기 위해서 핵심적인 내용을 명사구의 압축된 표현으로 제시한다. 이를 위해서 흔히 표제에는 조사가 생략된다. 조사의 생략이나 압축된 표현으로 인해 사건의 행위 주체나 대상에 대한 혼동이 일어날 수 있다는 점을 유의하여야 한다. 또 독자의 시선을 끌기 위해 실제 본문과 동떨어진 선정적인 표제를 작성하는 것을 피해야 한다.

② 부제는 표제의 압축된 표현을 보완하는 기능을 한다. 때문에 표제보다는 구체적인 정보를 담고 있으며, 표제보다 살짝 작고 본문과는 구별되는 글

자로 작성된다. 기사문에 따라 부제를 작성하지 않는 경우도 있다.

③ 전문(前文)은 기사문의 정보를 요약해서 육하원칙에 따라 정리한 것으로 기사문에서 전달하려는 정보를 간결하게 제시한다. 독자는 전문을 읽고 계속해서 본문을 읽을 것인지를 판단한다. 보도 기사문과 달리 해설 기사문의 경우에는 전문이 화제로 삼는 사건에 대한 정보의 전부이고, 이후 본문에서는 글쓴이의 해석이나 의견이 뒤따른다. 인터뷰 기사문에서는 인터뷰한 내용의 본문을 제시하기 전에 인터뷰 대상자와 관련된 정보를 전문으로 제시하여 독자의 이해를 돕는다.

④ 본문은 기사문에서 전달하고자 하는 정보를 구체적으로 기술하는 부분이다. 표제, 부제, 전문에서 언급하지 않았던 자세한 정보들을 제시하게 되는데, 정보와 관련된 배경이나 전후 사정, 영향 관계, 향후 예측 등에 관한 설명 등도 포함된다.

⑤ 해설은 본문에서 제시한 정보에 대하여 기자가 주관적인 논평이나 예측을 하는 부분이다. 속보나 단순한 보도 기사문의 경우에서는 흔히 생략된다. 보도 기사문의 경우에도 심층 취재나 집중 보도의 경우에는 해설 기사문 못지않게 해설 부분이 중요하다. 단순한 정보 제공에서 더 나아가 하나의 사건, 표면적인 수치나 통계자료 등에서 겉에 드러나지 않는 맹점을 찾아내거나 그것에 의미를 부여할 수 있어야 한다.

⑥ 기사 작성자의 이름은 해당 기사문의 내용이 사실이며 공적인 글이 가지는 영향력과 파급력에 책임을 진다는 서명과도 같다. 간혹 기사 작성자의 이름이 생략된 글도 있지만, 그럴 경우 기사의 신뢰도는 떨어질 수밖에 없

다. 인터넷에 게재된 기사의 경우에는 시작 부분이나 끝부분에 기자의 이메일주소를 표기하여 해당 기사에 대한 반론이나 독자 의견을 제시할 수 있도록 하고 있다.

3) 작성 과정

(1) 내용 선정

무수히 많은 사건과 정보 가운데 어떤 것이 보도할 만한 가치가 있는 것인지 고르는 것이 기사문 작성의 첫 번째 단계이다. 무엇이 보도할 만한 가치가 있는 것인가? 일반적으로 선정의 기준은 독자 대중이 알 만한 가치가 있는 사건인가가 될 것이다. 기사문의 내용 자체는 객관적이라고 하지만, 기사문으로 선정되는 과정에는 기자나 매체의 성향, 편집부서의 주관적인 판단이 들어갈 수 있다.

(2) 정보 확보

육하원칙에 따른 구체적이고 객관적인 정보를 확보하여야 객관적이고 공정한 기사문을 작성할 수 있다. 흔히 기사는 발로 쓴다고 한다. 사건 현장의 분위기나 세세한 정보, 무엇보다 정확한 정보를 놓치지 않기 위해 현장에 달려가는 수고를 마다하지 않아야 좋은 기사를 쓸 수 있다. 구체적인 수치나 자료의 확보와 제공은 기사의 신뢰도와 객관성을 높인다는 점에서 기사문에서 가장 중요한 부분이라고 할 수 있다.

(3) 내용 구성

문장은 최대한 간결하게 쓰도록 한다. 주어와 술어의 호응을 잘 살펴서 독자로 하여금 혼동을 일으키지 않도록 유의하여야 한다. 지면 기사와 달리 인터넷 기사의 경우, 가독성을 위해 단락과 단락 사이에 한줄 띄어쓰기를 한다. 보도 기사문의 사건 서술 등은 시간의 흐름을 따라서 구성하는 것이 올바르나, 인터뷰나 해설 기사문의 경우에는 관련된 내용끼리 묶어서 재구성하는 것이 적절하다. 관련 도표나 사진 등을 적절히 활용하면 기사문의 내용을 간략하게 정리하거나 기사의 현장감을 높이는 데 도움을 준다.

(4) 교정 및 확인

최종적으로 오자, 탈자, 띄어쓰기, 외래어 표기법 등의 어문규정을 준수하고 있는지, 제시된 정보의 사실 여부 등을 확인한다. 사소하다고 할 수 있는 것들이 기사문의 신뢰를 떨어뜨릴 수 있기 때문에 반드시 복수의 확인이 필요하다.

4) 유의 사항

기사문은 사적인 글이 아니라 공적인 글이므로 항상 다음과 같은 사항들을 생각하고 작성하도록 한다. 또 이상의 과정을 거쳐서 기사문을 작성하고 나서도 다시 기사문이 지니는 사회적 영향력을 생각해 보아야 한다.

(1) 정보제공

독자에게 가치 있는 정보를 제공한다는 점이 기사문의 으뜸가는 미덕이다. 따라서 기사문의 정보는 구체적이고 객관적이며, 무엇보다 정확한 정보여야만 한다. 자의적인 판단이나 사적인 목적을 위해 사실을 왜곡하거나 변형하는 것은 기사문 작성의 온당한 태도가 아니다. 또 최근 현장을 가보지도 않고 다른 기자가 잘못 작성한 기사문을 베껴서 함께 오보를 한다든지, 외국통신사의 기사문을 오역하고 인용 보도하여 망신을 사는 경우를 심심치 않게 볼 수 있다. 오보로 인한 피해는 되돌리기 힘들며, 기사문은 정확한 사실보도가 생명이라는 점을 잊지 말아야 한다.

(2) 공공성

기사문은 사적인 글이 아니라 공적인 글이다. 기사문은 공개된 매체에 수록됨으로써 다수의 불특정 독자를 대상으로 한다는 점을 주의해야 한다. 사건 보도 등에 있어 판매부수나 조회 수를 올리기 위한 선정적인 묘사나 자극적인 문구 등은 피하여야 한다. 과거 우지라면 사건이나, 최근 여러 연예인의 개인사에 대한 보도의 경우를 보면 언론보도의 폐해를 쉽게 발견할 수 있다. 기사문은 사회적 공기로서 공공의 이익을 위한 정보전달을 목적으로 한다. 그러나 기자가 수집한 정보는 과연 어디까지 공개될 수 있을까? 또 수집한 정보가 사실이고 공익을 위해서라고 하더라도 그것이 사적인 영역과 충돌할 경우 어떻게 처리할 것인가? 기사문이 지니는 사회적 파급력과 영향력을 잊지 말아야 한다.

아기공룡 '둘리뮤지엄'·김수영문학관…도봉구 역사문화벨트 완성됐다

함석헌기념관 등 9월까지 모두 공개

〈아기공룡 둘리〉의 모든 것이 담긴 둘리뮤지엄, '서울 1호' 기적의 도서관, 그리고 근대사를 관통하는 함석헌기념관, 전형필 가옥이 이달부터 서울 도봉구에서 잇따라 문을 연다. 2013년 개관한 김수영문학관 등과 함께 즐길 수 있는 '도봉구 역사문화 벨트'가 만들어졌다.

도봉구는 15일 "단일 만화 주인공 주제로는 국내 최대 규모인 둘리뮤지엄을 오는 24일 개관하는 등 마을 곳곳의 명소들을 하나로 묶어 벨트화하는 작업을 완성했다"고 밝혔다.

쌍문동에 자리한 둘리뮤지엄은 박물관 겸 어린이도서관으로 조성됐다. 〈아기공룡 둘리〉를 그린 김수정 작가가 쌍문동에 살았고, 작품에도 '쌍문슈퍼' 등이 등장해 쌍문동이 둘리의 '지구 고향'으로 간주되기도 한다. 도봉구는 지하철 쌍문역을 '둘리역'과 병기하는 방안도 추진하고 있다.

어린이 친화를 표방하며 2000년대 초반 인기를 끌었던 '기적의 도서관'도 30일 도봉동에 문을 연다. 『씨알의 소리』를 펴냈던 민중운동가 함석헌 선생의 생가를 개조한 함석헌기념관(쌍문동)은 오는 9월3일, 〈훈민정음 해례본〉, 〈미인도〉 등 문화유산을 수호한 간송 전형필 선생의 100년 고택을 복원한 전형필 가옥(방학동)은 같은 달 10일 공개된다.

도봉구는 한국전쟁의 잔재인 대전차방호시설도 문화예술공간으로 개조하고 있다. 이동진 구청장은 "홍명희 선생, 송진우 선생 등 도봉 현대사 인물길과 아레나공연장 등이 더해지면 '문화도시 도봉'의 입지가 더 확고해질 것"이라고 말했다.

임인택 기자, 『한겨레』, 2015.7.15.

활동

01 위의 기사문에서 내용 구성요소와 형식 구성요소를 구분해 보자.

02 주변에서 일어난 사건을 기사문의 형식으로 작성해 보자.

03 칼럼

칼럼은 신문 또는 잡지에 시사, 사회, 풍속에 관하여 짧게 평을 하는 것을 말하는데, 기둥이라는 뜻의 라틴어 '콜룸나(Columna)'에서 유래하였다. 로마인들은 도로에 거리표시와 도로를 만든 사람의 이름 등 여러 정보를 적은 기둥(콜룸나)을 세웠는데, 사람들에게 지침이 될 만한 올바른 정보를 제시하자는 의미에서 칼럼이라는 말을 사용하게 되었다.

칼럼은 논리적이고 딱딱한 분위기인 사설과는 다르게 다른 사람의 주장이나 말, 글 등을 자유롭게 인용할 수 있고, 필자 자신의 주관적인 의견이나 주장을 제시할 수도 있다. 칼럼은 신문지면의 난(欄), 특별기사, 매일 일정한 자리에 연재되는 단평란 등의 형식으로 게재된다. 신문이나 잡지인 경우에는 전문적인 칼럼니스트뿐만 아니라 교수, 행정 관료, 기업인 같은 사회 여론 주도층이 필자가 된다. 그러나 전문 칼럼니스트가 아니더라도 칼럼 형식으로 글을 쓴다면, 현재 이슈가 되고 있는 사회문제와 해결방법 등을 고민해 봄으로써 비판적 사고력과 논리적 사고력을 향상시킬 수 있다. 요즘 칼럼의 분야는 정치, 경제, 시사를 넘어서 영화, 음악, 여행, 심리, 과학, 의학, 책, 스포츠, 음식 등 점점 세분화되고 다양해지고 있다. 각 대학에서 발행하는 대학신문에도 이런 유형의 코너가 있는데, 대학생의 경우 학내 문제나 학생복지의 개선점에 대한 자신의 의견을 기고해 봄으로써 문제의식을 기르고 논리적인 글쓰기의 훈련을 할 수 있다.

1) 좋은 칼럼의 조건

(1) 전문성

사회현상을 올바르게 이해하고 분석하여 비판하기 위해서는 그에 대한 전문적인 식견이 바탕이 되어야 한다. 꼭 전문가가 아니더라도 충분한 자료 조사를 통해 좋은 글감을 만든다면 이는 사회적으로 영향력 있는 칼럼이 될 수 있다. 꾸준한 책 읽기는 전문성과 통찰력을 키우는 좋은 방법이다.

(2) 창조성

자신의 견해가 누구나 다 아는 내용이 아닌지 검토한다. 칼럼에서는 문제나 대상에 대한 자신만의 창의적인 해석이 필요하다. 이러한 창조성은 전문성을 바탕으로 하는 비판적 안목과 통찰력으로 대상을 새로운 시각으로 바라보는 연습을 통해 신문이나 방송 등의 다양한 대중 매체를 통해 유용한 정보를 얻고 시대의 흐름을 파악해 보자.

(3) 공정성

칼럼은 사회적 쟁점을 다루는 경우가 많다. 사회적 쟁점은 주장의 대립에 그치는 경우도 있지만 실질적인 이해관계의 대립인 경우도 있게 마련이므로, 객관적인 자세로 공정하게 어느 한쪽 관점에 치우치지 않았는지를 점검해야 한다. 또한 근거로 제시하고 있는 자료, 통계자료, 과학적 연구 결과, 사례 연구 등이 정확한 것인지 확인해야 한다.

2) 칼럼 작성 시 유의 사항

● 사회 구성원에게 의미 있는 주제를 정하자

우선 어떤 시사적인 문제를 다룰 것인가를 결정해야 한다. 자신이 경험한 것을 바탕으로 쓸 수도 있지만 일반적으로 사회적인 의미를 가지는 주제를 선택하자. 이미 주요한 사회문제로 대두되었으나 이면의 본질이 알려져 있지 않은 경우도 좋은 소재가 된다. 좋은 칼럼 소재를 찾기 위해서는 비판적 시각으로 대상을 관찰하는 안목과 날카로운 통찰력을 갖추어야 한다. 통찰력은 지식보다 높은 가치를 지닌다. 문제의 핵심을 짚어내는 훈련을 통해 통찰력을 키울 수 있다.

● 충분한 자료 조사가 필요하다

자료를 충분히 수집하여 칼럼 주제를 분석한 후 집필에 임해야 한다. 칼럼은 사회적 이슈에 대한 글쓴이의 주관적인 견해이지만, 독자를 설득하기 위해서는 타당한 자료에 근거를 둔 주관적인 견해이어야 한다. 충분한 자료조사는 보다 논리적이고 설득력이 높은 글을 쓸 수 있는 밑거름이 된다.

● 글의 구조도를 그리자

글을 쓰기 전에 먼저 글의 뼈대를 만들고 여기에 살을 붙여야 한다. 또한 다른 글쓰기와 마찬가지로 서두와 결말에 신경을 쓰자.

● 감정적인 표현을 피하고 균형감을 가져야 한다

칼럼은 주관적인 자신의 견해와 그 견해를 논리적으로 설득할 수 있는 객관성이 필요하다. 따라서 너무 개인적인 감정에 치우치지 않도록 노력해야 한다.

● 해결방안을 제시하자

단순히 문제 그 자체만을 언급하기보다는 합리적인 해결방안을 제시함으로써 칼럼의 가치를 높일 수 있다.

● 간결한 문장으로 쓰자

정확한 단어를 사용하고 문장은 간결하게 쓰는 것이 좋다. 불필요한 수식어, 이미 언급한 내용의 반복 같은 군더더기를 빼자.

3) 다양한 칼럼 예시

진정한 여성으로서의 가치

대학 축제가 한창이다. 대학 축제 선정성 논란은 매년 있었지만 올해는 타 여대에서 논란이 점화돼 이러한 문제가 표면 위로 떠올랐다. 우리대학 역시 축제를 앞두고 주점 콘셉트의 선정성에 대한 우려와 지적의 목소리가 있었다. 이에 대한 학우들의 의견은 대개 '사서 비난 여론을 만들지 말자', '지성인답게 행동하자', '자신의 가치를 올리자' 등의 내용이 주를 이뤘다. 지난 세계대회 개최와 관련해 벌어신 소동 이후로 외부의 비난 여론에 촉각을 곤두세우는 학우들의 마음은 이해가 된다. 그러나 나는 대부분의 학우들이 취한 지나친 '자기검열'의 모습에 대해 문제를 제기해 보고자 한다.

우리는 왜 '노출'을 그들의 자유로운 선택에 입각한 자기표현의 방법이라고 생각하기 전에 '선정성'에 초점을 맞춰 비난하는 것일까? 우리가 다른 여성의 자기표현 욕구는 도외시한 채 그저 선정적인 옷차림 자체만을 지적할 때, 그 문제 제기가 '남성주의 시각'의 틀을 그대로 차용한 데서 비롯된 것은 아닌지 생각해봐야 한다. 여성의 노출 여부에 따라 재단되는 '성녀-창녀'의 이분법적 도식은 남성 주류 사회의 시각에서 바라본 여성에 대한 차별적 인식에 기초하기 때문이다.

그렇다면 우리는 왜 이러한 차별적 인식을 그대로 내면화해 끊임없는 자기 검열의 기제로 삼는 것일까? '정숙함'이 여성의 가치를 판단하기에 편협한 기준은 아닌지 생각해보기도 전에 말이다. 여성들이 기존 관습에 대해 보수적인 태도를 취하며 그것을 재생산하는 이유로는 남성들이 만들어 놓은 기존 체제를 긍정해야 남성 중심인 주류 세계에 편입하기가 쉬워지며, 타 여성들의 진보성(기존 체계에서 벗어나려는 움직임)을 지적할수록 상대적으로 자신의 가치가 더 커지기 때문일 것이다. 우리 또한 기존 체계의 시선을 비판 없이 내면화하고 편협한 이분법적 도식에 따라 타 여성을 분류하는 차별적 시선의 공모자는 아닌지 생각해 보았으면 한다.

'우리의 가치는 우리 스스로 올리자'는 여러 학우의 의견에는 동감하는 바이다. 그러나 정숙한 여성은 배운 여성이며 노출한 여성은 배우지 못한 여성이라는 편협한 분류를 그대로 답습하는 것이 진정으로 우리의 가치를 올리는 일인지는 의문이다. 기존의 사고를 그대로 답습한 위계질서를 만들고 그 안에서 우위를 점하기보다는 남성적인 시각에서 재단돼왔던 여성의 고착된 이미지를 전복시키는 것, 지나친 자기 검열로 인해 관습적인 여성상과 자기표현 욕구 사이에서 끊임없는 분열을 겪기보다는 우리 스스로의 행위에 당당한 태도를 견지하는 것이야말로 진정한 가치 향상의 길이 아닐까 생각한다.

윤민지(법학 4), 『덕성여대신문』, 2014.9.30.

이 칼럼은 여대생이 '노출'에 대한 자신의 의견을 대학 신문 칼럼으로 기고한 것이다. 노출을 자유로운 선택에 입각한 자기표현의 방법이라고 생각하기보다 '선정성'에 초점을 맞춰 비난하는 대학생들의 모습에 문제를 제기하고 있다. 글쓴이는 다른 여성의 자기표현 욕구는 무시한 채 선정적인 옷차림 자체만을 지적하는 것은 남성중심주의 사고에서 비롯된 것은 아닌지 생각해 보아야 한다고 주장한다.

인간 가치와 자본주의를 생각한다

며칠 전 친분이 있던 교수로부터 음악공연 초대를 받아 실내악 공연을 관람했다. 브람스의 클라리넷 3중주와 피아노 4중주를 비롯해 이신우 교수의 피아노 4중주곡이 무대에 올려졌다. 브람스의 두 곡은 그의 만년과 초기의 실내악 작품을 동시에 즐길 수 있는 좋은 기회였다면, 소리 자체에 중점을 둔 후자의 곡은 쇤베르크 이후 다양한 변화를 거치면서도 소리의 절대성에 집중하고자 하는 서양 현대음악의 특징을 엿볼 수 있어 흥미로웠다.

무엇보다 연주자들이 보여준 열정은 관객들의 가슴에도 기분 좋은 감성을 느끼게 하는 기회가 됐다. 음악의 연주자는 악기라는 매체를 통해 자신을 드러내는데, 관객이 감동을 하는 연주의 순간은 아마 연주자가 악기와 완전히 동화되어 그가 마치 음악을 전달하는 매체처럼 느끼게 해 줄 때일 것이다.

사실 음악의 악기처럼 특정 정보를 전달하는 모든 매체는 미디어라 할 수 있다. 하지만 많은 미디어는 정보와 함께 어떤 일정 가치도 전달해 준다. 여기서 '어떤 미디어'는 인간에게 유익한 가치를 전달해주거나 새로운 가치를 창출하기도 한다.

음악의 연주자가 그렇다. 연주자는 한 곡에 담긴 정보를 단순히 전달하는 것이 아니라 적극적으로 해석해내고 그 가치를 구현하는 존재다. 이런 연주자는 음악의 가장 훌륭한 매체가 된다. 예술을 포함한 세상의 모든 창의적인 작업은 모두 이런 가치 창출의 미디어라고 할 수 있다. 이런 맥락에서 보면 인간은 그 자체가 가치를 창출하는 가장 중요한 미디어라고 할 수 있다. 인간을 그 자체 목적으로 대하지 수단으로 대하지 말라는 칸트의 유명한 정언명법도 이런 맥락에서 확인할 수 있다.

인간이 행하는 모든 활동도 일정 가치와 연관돼 있다. 20세기 대표적 정치사상가의 한 사람인 한나 아렌트는 저서 『인간의 조건』에서 인간의 노동(Labor)과 작업(Work)을 이런 점에서 구분해 전자를 생계와 관련된 고된 일로 본 반면, 후자를 더 가치 있는 창조행위로 인식했다.

하지만 아담 스미스 이후 서양의 자본주의는 인간의 노동을 '보이지 않는 손'이 작동하는 시장과 함께 인간에게 가치를 창출해 주는 두 가지 핵심 미디어로 인식했다. 아렌트가 간파한 것처럼 스미스의 주장은 다소 순진한 공리주의적 시각이다. 분업적 노동을 통해 개인의 경제적 부(富)가 늘어나면 국가의 부도 늘어날 것이라는 단순한 시각은 물질적 양이 많을수록 행복하다는 유물론적 시각의 단순함과도 연관된다. 이런 시각은 초기 자본주의에서는 경제적 규모와 자본의 양을 늘리는 데 기여했지만 최근 자본주의의 위기로 그 치명적 약점이 드러나고 있다.

20세기 말 사회주의의 실패를 보고 자부하던 현대 자본주의가 이제는 거꾸로 인간의 가치를 자본과 경제적 가치의 종속물로 전락시켰다는 세계적 비판에 직면해 있다. 이는 자본주의가 인간의 활동 중 주로 이론적 시장경제에 의존하는 노동만을 경제적 가치의 영역으로 끌어들인 데 기인한다.

사실상 인간의 모든 행위가 가치를 전달하고 새로운 가치를 창출하는 것으로 연결될 수 있다면, 자본주의의 모든 경제활동은 인간의 가치와 연관되어야 한다. 또 자본주의가 고안한 다양한 상품들의 가치는 인간의 가치를 중심으로 재편되어야 한다.

경영학 교수 로저 마틴이 최근 주장한 성공적 경영을 위한 생각의 디자인에 앞서 인간가치의 디자인이 선행돼야 할 것이며, 이것은 21세기 자본주의 경영의 화두로 자리 잡아야 한다. 현대의 정보통신기술 또한 자신의 융합적 기술을 인간의 가치와 연결해 인간이 지닌 가치와 인간이 지향하는 사회의 가치가 가장 효과적으로 결합될 수 있도록 노력해야 할 것이다.

이제 자본주의는 21세기가 몰고 올 거대한 사회적 변화의 물결 속에서 다시 원점에서 인간가치 중심의 자본주의로 거듭날 수 있게 하고, 아담 스미스 이후 230년, 막스 베버 이후 100년 넘게 문제점의 먼지들로 뒤덮인 자신의 교과서를 바꿀 필요가 있다.

조우호 덕성여대 교수, 『헤럴드경제』, 2014.12.18.

미디어는 정보와 함께 어떤 일정 가치도 전달해 준다. 글쓴이는 연주자나 예술가들의 창의적인 작업을 예시로 인간은 그 자체가 가치를 창출하는 가장 중요한 미디어라고 말한다. 또한 인간이 행하는 모든 활동도 일정 가치와 연관되어 있음을 주장한다. 그리고 현대 자본주의가 인간의 가치를 자본과 경제적 가치의 종속물로 전락시킨 것은 자본주의가 인간의 활동 중 주로 이론적 시장경제에 의존하는 노동만을 경제적 가치의 영역으로 끌어들인 데 기인한 것임을 지적한다. 따라서 이제 자본주의의 모든 경제활동은 인간의 가치와 연관되어야 하고, 또한 자본주의가 고안한 다양한 상품들의 가치는 인간의 가치를 중심으로 재편되어야 함을 주장한다.

대학생 주거 대책 세워 주세요

정부의 주요 부동산 정책은 대부분 실수요 층인 중산층에 초점이 맞춰져 있다. 주택임대 정책 역시 무주택자 혹은 신혼부부가 그 대상이다. 하지만 대학생의 주거 문제에 대한 고민은 찾아보기 어렵다. 이런 상황에서 전·월세난은 대학생들의 경제 부담을 더욱 가중시킨다.

저금리 기조에 집주인들은 전세를 월세로 전환한다. 1000만 원이 넘는 보증금과 매달 40만·50만 원의 월세는 가뜩이나 학자금 대출로 허덕이는 대학생들에게 큰 위협이 된다. 학교 기숙사가 저렴하다는 것도 옛말이 됐다. 최근 몇 년 사이 대학 기숙사에 '민자'라는 이름표가 붙기 시작하더니 웬만한 월세보다 더 비싸졌다. 치열한 경쟁 탓에 기숙사에 들어가는 것도 하늘의 별따기다.

정부가 대학생을 위한 정책을 내놓기는 했다. 2013년 마련한 '대학생 주거 지원 추진 현황 및 개선 과제'인데, 정작 대학생들이 혜택을 보긴 어려운 구조다. 예를 들어 대학생 전세 임대주택은 가구당 월평균 소득 50% 이하의 가구 대학생에게 소형 임대주택의 전세금을 빌려 주는 사업이다. 이 소득 분위에 해당하지 않는 학생은 혜택을 받지 못한다. 소득 분위에 해당하더라도 절차가 복잡해 임대인도 쉽게 임대를 하려 하지 않는다. 기숙사 확충도 대학가 인근 임대업자들의 반대로 어려운 상황이다. 대학생들은 새 학기가 두렵다. 정부와 정치권이 대학생 주거 문제에 관심을 보여 주길 바란다.

이상협, 「독자투고」, 『동아일보』, 2014.12.29.

이 칼럼은 독자투고 칼럼으로 최근 심각한 사회문제로 떠오르고 있는 대학생들의 주거문제를 다루고 있다. 정부 정책의 문제점을 먼저 진단하고 정부와 정치권에 효과적인 대학생 주거문제 해결을 촉구하고 있다.

활동

자신이 최근에 읽은 칼럼 중 인상 깊었던 것을 소개해 보자.

04 리뷰

리뷰(Review)는 대상에 대해 구체적으로 이해하고 분석하며 그것의 가치를 평가하는 글을 말하며 평론, 비평을 뜻하기도 한다. 일반적으로 서평, 영화평론도 리뷰에 해당되며 서비스 및 제품에 대해 간단히 평한 것 또는 사용 후기까지도 리뷰라고 할 수 있다. 그러나 최근 평론, 비평과 리뷰를 구분하자는 필요성이 제기되면서 이를 구분하는 경향이 늘고 있다. 간략하게 적은 소개 글·단평·사용 후기를 리뷰로, 객관적이고 구체적인 논거를 통해 가치를 평가한 글을 평론, 비평으로 구분하는 추세이다.

블로그, 카페 같은 인터넷상의 글쓰기 공간이 활성화되면서 리뷰는 전문가뿐만 아니라 일반 대중 누구라도 쓸 수 있는 대중화된 글쓰기가 되었다. 그리고 평론, 비평이 대상에 대해 높은 관심 및 식견을 가진 독자층을 염두에 두는 것과는 달리 리뷰의 독자는 보다 일반적인 대중이다.

리뷰는 형식과 내용에 특별한 제한이 없으나 일반적으로 대상을 전체적으로 소개하거나 대상의 중요한 점을 추려내 소개하면서 이에 대해 평가를 한 글이라고 할 수 있다. 리뷰를 쓸 때는 대상에 대한 소개와 평가라는 리뷰의 기본적인 요건을 갖추고 일반 독자의 눈높이를 고려하여 쓰도록 하자.

1) 리뷰 작성 시 유의 사항

어떤 대상을 다루는가와 상관없이 리뷰를 쓰는 데 있어 가장 중요한 점은 대상의 사실적인 정보를 제공해야 한다는 데에 있다. 리뷰는 리뷰대상에 관심을 갖고 있는 독자(소비자)의 선택에 큰 영향을 끼친다. 따라서 독자(소비자)가 리뷰대상에 대해 판단할 수 있도록 대상의 정보를 정확하고 이해하기 쉽게 제공하고 평해야 한다. 이를 위해서는 리뷰 작성 시 다음을 고려하는 것이 좋다.

● 리뷰대상에 대한 이해

리뷰대상에 대한 충분한 이해가 전제되어야 대상에 대한 정확한 소개가 이루어질 수 있다. 리뷰가 독자의 판단 및 선택에 기준이 되기도 한다는 점에 유의하여 잘못된 정보를 제공하지 않도록 해야 한다.

● 소개하고자 하는 내용의 선택

리뷰대상을 전체적으로 소개할 것인지, 대상의 중요한 점을 골라 소개할 것인지를 판단해야 한다. 특히 리뷰를 쓸 수 있는 지면이 정해져 있다면 어떤 내용의 소개가 독자의 흥미를 끌 수 있을지 판단하여 소개할 내용을 적절히 선택해야 한다.

● 독자층에 대한 고려

리뷰는 일반 대중을 독자로 한다. 따라서 너무 학술적인 글은 적합하지 않다. 자신의 전문적인 식견을 강조하는 현학적 글쓰기가 되지 않도록 조심하며 독자의 눈높이를 생각해서 독자가 이해하기 쉽게 글을 써야 한다.

2) 다양한 리뷰 예시

리뷰의 대상은 연극, 무용 등의 공연물, 책, 영화, 제품, 장소 등 매우 다양하다. 다루는 대상이 무엇이냐에 따라 연극리뷰, 무용리뷰, 책리뷰, 영화리뷰, 제품리뷰, 여행리뷰, 음식점리뷰 등으로 부를 수 있다. 사실 리뷰의 대상에 제한은 없으며 자신이 읽거나 경험한 대상에 대한 소개와 평가의 글이 모두 리뷰가 될 수 있다. 이 장에서는 특히 영화리뷰, 책리뷰, 제품리뷰의 예를 통해 리뷰의 특징을 살펴보고자 한다.

영화리뷰

가슴 먹먹해지는 76년간의 사랑과 이별

세상에는 사랑 이야기를 다룬 영화가 셀 수 없이 많이 있다. 영화 속 커플들은 수없이 많은 장애물을 넘어서며 사랑을 지켜낸다. 나이, 성별, 심지어 시공간까지도 사랑하는 이들을 갈라놓을 수 없다. 영화 〈님아, 그 강을 건너지 마오〉에는 보통의 사랑 영화에 나오는 역동적인 스토리는 없다. 대신 '현실'의 사랑이 가진 '울림'이 있다. 영화는 76년의 세월 동안 한결같이 서로만 바라보고 살아온 한 노부부의 실제 사랑 이야기를 담았다.

영화에 나오는 조병만·강계열 부부는 이미 꽤 유명하다. KBS1 〈인간극장〉 등 지상파 방송 다큐 프로그램에 76년 동안 한결같이 금실 좋게 지낸 노부부로 여러 차례 소개됐다.

이들의 사랑은 '금실'이 좋다는 말로는 표현하기 부족할 정도로 생기 넘치고 아름답다. 100세를 앞둔 나이에도 막 연애를 시작한 커플 같다. 조병만 할아버지는 시도 때도 없이 부인에게 장난을 치며 까르르 웃는다. 쓸던 낙엽을 모아서 할머니에게 던지고, 냇가에서 빨래를 하는 할머니 앞에 조약돌을 던져 물을 튕긴다. 젊은이들이 커플 티를 맞춰 입고 다니듯 두 노부부는 항상 똑같은 한복을 맞춰 입고 손을 꼭 잡은 채 다닌다. 여름엔 하얀 모시 한복을, 겨울엔 잘 누빈 분홍 한복을 입는다.

70년이 넘는 세월 동안 한결같은 사랑을 유지해온 커플을 갈라놓는 것은 '죽음'이다. 두 사람의 일상만 카메라에 담으려던 진모영 감독은 두 사람이 죽음을 준비하는 과정까지도 영화에 담아냈다. 영화 촬영 중 조병만 할아버지의 건강이 악화된다. 할아버지는 더 이상 장난을 치지 않고, 할머니가 지은 밥을 맛나게 먹지 않는다. 매일 웃음이 넘치던 집에는 웃음이 끊기고, 할머니는 할아버지의 얼굴을 만지며 "석 달만 더 이렇게 내 옆에 있어줬으면 좋겠네"라고 말한다.

영화는 지난 9월 열린 DMZ국제다큐멘터리 영화제에서 전석이 매진되며 관객상을 수상했다. 샌타바버라 국제영화제 다큐멘터리 경쟁 부문에도 초청받았다. 진모영 감독은 "영화를 통해 '끝없는 사랑'이 무엇인지 관객들이 보게 하고 싶었다"라고 한다. 개봉은 오는 27일이다. 상영시간은 86분.

이혜인 기자, 『경향신문』, 2014.11.12.

영화평론

기계의 역습
– 김기덕 감독의 〈피에타〉(2012)

기계의 비약적인 '발전'과 함께 도래한 새로운 시대, 근대. 새로운 세상을 창조한 기계에 인간은 매혹됐고 그것이 삶을 더 윤택하게 만들어 줄 수 있을 것이라 믿었다. 아니, 인간의 한계를 극복하게 하고 구원을 가능하게 해주리라 믿었다. 그것은 '신'의 자리를 꿰찬 것이나 다름없었다. 그런 점에서 근대는 인간이 주인이 된 시대라고 하기보다 기계가 주인이 된, 즉 기계의 시대로 명명할 수 있다. 그런데 시간이 흘러 '새로운' 근대가 도래해도 그것은 인간의 바람에 충분히 응하지 않았다. 도리어 인간의 성장과 구원은 지연되었고 기계와 함께한 미래는 의심스러운 것이 되어 있었다. 기계의 운동에 장단을 맞춰 신체를 기계화했으나 몸과 정신은 피폐해졌다. 기계를 신에 가까워지도록 개발하였으나 도리어 감당할 수 없는 무한을 대면할 뿐이었다. 기계화 또는 기계주의는 절대화되었으나 깊은 상처와 허무를 안길 뿐, 인간은 기계에 의해 더 무력해졌다. 생존을 위해, 밥벌이를 위해 기계에 의존하고 충성할 수밖에 없는 기계의 제국 또는 기계의 독재가 도래한 것이다.

그럼에도 여전히 인간은 기계를 절대화했다. 기계에 집착하여 인간성보다 기계성을 최대 가치로 삼았다. 하지만 기계에 의한 상처와 허무를 역사화하면서부터 어느덧 그를 의심하고 저항하고 있기도 했다. 무릇 제국과 독재가 저에게서부터 균열과 틈을 키우듯, 그 의심과 반성이 기계로부터 이루어지는 역설이 생겨난 것이다. 그러니까 기계를 존재론적 기반으로 둔 숱한 언어-매체 등에 의해서 말이다. 기계를 기반으로 둔 숱한 언어-매체가 있지만 가장 대중적인 그러면서 이중적인 언어로 '영화'를 들 수 있다. 영화는 기계의 발진을 바탕으로 태어났으며, 그 어떤 언어보다 기계를 신격화하는 데 이바지했다. 카메라-기계로 이미지의 설득력과 흡입력을 극대화하고 그 속에 시간과 속도를 부여하여 그 무엇보다 기계의 특질에 근접했다. 그런데 그렇게 스펙터클화의 최전선에 있으면서도 기계적 이미지의 공허함, 타자화의 문제를 알리는 언어로 기능하기도 했다. 기계처럼 반복되던 클리셰와 선정성, 그리고 기계의 눈으로 왜곡된 존재에 이르기까지. 이 때문에 인간은 기계-영화로 기계화된 세계를 인식할 수 있었으며 나아가 기계-영화로 그 문제를 지적할 수도 있었다.

근대가 도래한 이 땅도 기계의 제국이라 할 수 있다. 외부로부터 유입된 근대적 기계에 의해 역사적 상처를 입었으며 그로부터 급진적으로, 강박적으로 기계화에 집착한 공간이다. 하지만 병적인 기계화로 다양한 고통을 겪은 만큼 그에 대한 불만과 저항이 전개된 공간이기도 하다. 특히 '50년 동안' 기계 제국의 엔진이었으며 앞으로도 '빌딩'으로서 그 정체성을 연장할 청계천은 이 땅의 가장 기계적인 공간이다. 허나 그런 만큼 "50년을 여기서 버텼지만, 결국엔 아무것도 없었어," "돈이 뭔가," "죽음이 뭔가"라는 의심과 회한을 불러일으키는 공간이기도 하다.

〈피에타〉는 그 공간에서 일어난 기계 또는 영화적 고장(Error)으로서 기계를 의심하는 그리고 인간을 성찰하는 기계-언어라 할 수 있다. 영화의 첫 장면에서부터 카메라는 기계의 문제에 집중한다. 즉 자살을 시도하는 '인간'이 아닌 인간의 자살을 유도하는 '기계'에 초점을 맞춘다. 프레임을 가득 메우고 클로즈업된 기계는 한 인간을 둘러싸고 있고 그의 몸속에 침투하고 있다. 또는 강조된 쇠갈퀴와 쇠사슬로 '뱀', 즉 인간의 '원죄'를 상기시키며 우리의 각성을 유도하고 있다.

자살 '당한' 인물의 마지막 거처를 통해 알 수 있듯 기계화는 하층계급에 더 지독하게 적용됐다. 기계의 제국을 가장 낮은 자리에서 떠받치고 있는 그들은 가장 성실한 기계 또는 부품이 되어야 했기 때문이다. 그래서 기계화를 거부하고 다른 삶 또는 욕망을 채우려 하면 그들은 가감 없이 상처 입거나 죽음을 대면해야 했다. 기계를 멈추고 섹스를 하던 부부, 기계가 아닌 노모의 머리를 쓰다듬으려던 계송, 아스피린이 아닌 친구와 술을 마시려 했던 자살남, 돈을 "실컷 쓰고나 죽자고 빌렸"던 추락남 등 기계의 바깥을 꿈꿨던 모두는 상처와 죽음을 맞이하고 만다.

이들의 내면을 감시하던 제국의 하수견 이강도 또한 마찬가지. 모성이라는, 기계성의 바깥을 붙잡으려던 그는 삶을 놓치게 된다. 그의 죽음이 하필 트럭-기계에 의해 이루어진 것은 죽음 이후에도 중단되지 않는 기계의 전일적 영향력을 말한다. 그 죽음 주변을 뒤덮고 있는 기계 이미지들. 도로-기계와 그를 오가는 수많은 차-기계, 그와는 반대로 생명력을 잃어버린 앙상한 나뭇가지와 침묵하는 한겨울의 산. 이는 세계를 지배하고 있는 기계(성)의 영향력을 표지하는 것으로서 기계의 바깥은 없음을 보여준다.

기계 또는 부품이 되지 않으면 존재할 수 없었던 그들. 그들은 벗어날 수 없는 기계의 제국에서 일그러진 행동으로 자신의 고통을 표현하고 있었다. 영화에서 확인할 수 있듯 그들은 '살아 있는' 동물을 가감 없이 죽이며 자신의 고통을 표현하고 있었다. 즉 기계화의 전일적 지배에도 여전히 자연성을 유지하며 존재하는 동물을 죽이며, 그에 대한 질투를 표현하고 있었다. 그들은 상실된 자연성을 동물을 통해 확인하거나 지워버리면서 비극적 운명을 분담하려 했다. 동물을 향한 그들의 잔혹함이 심해지면 심해질수록 그들의 고통은 더 진하게 드러난다. 미선이 자기 아들을 강가에 묻었던 것도 기계의 제국에서 벗어나 자연 일부로 복귀하고 싶기 때문이다. 나아가 한 그루의 나무를 심었던 아니, 한 그루의 나무가 '되고자' 했던 것과 저의 아들과 땅으로 '되돌아가고자' 했던 것도 그 같은 이유 때문이다. 기계의 제국에서 인간은 죽이거나 자신을 죽이지 않으면 그 고통에서 헤어날 수가 없다. 카메라가 이들의 삶 아닌 삶을 매번 프레임 속 프레임으로 담아내는 이유도 그 때문이다. 항상 기계에, 쇳덩이에, 청계천에, 깨질 듯한 창문에 그들이 갇혀 있던 모습으로 말이다.

'죽임'과 '죽음'으로밖에 제국의 독재에서 벗어날 수 없는, 그조차도 완전한 해방에 이르지 못하게 된 이 세계를 어떻게 이해해야 할까. 겹겹이 쌓여가는 상처와 고통의 역사에 침묵으로 일관해야 할까. 기계처럼 무한히 침묵하지 '못하는' 것이 인간이라면 〈피에타〉가 전하는 비명에 응답해야 하지 않을까. 아니 우리는 이미 응답하고 있지는 않을까. 진술했지만 기계의 제국이 지닌 역설적, 반동적 언어-영화로서 〈피에타〉를 인식하여 그의 가능성과 생산성을 일궈내야 할 것으로 보인다. 〈피에타〉의 카메라는 제국의 엔진, 즉 서울의 청계천에서 무한히 운동한다. 마치 내시경처럼 엔진의 내부를 속속들이 점검한다.

그런데 그것이 포착한 것은 온갖 고장 난 기계-부품이다. 카메라는 그들을 포착하느라 균일한 동선을 그리지 못하고 전전긍긍한다. 불안정한, 흔들리는 움직임으로 내파된 엔진 또는 심장을 보여준다. 그 움직임이 격정적이지는 않지만, 완벽할 것 같았던 제국의 파국을 암시하는 의미심장한 언어로 기능한다. 제국의 심장이 지독하게 병들어 있음을 목격하며, 그 체제가 더는 지속할 수 없음을 예감하고, 더는 지속해서는 안 됨을 선언하는 것이다. 인간에 대한 기계의 역습에 대응하는 영화-기계의 역습, 그의 예감과 선언은 죽음이 아닌 삶으로 인간성의 회복을 꾀하는 이 시대의 가장 생산적인 역습이지 않을까.

엄준석, 웹진 『문화다』, 2012.11.26.

활동

리뷰와 평론의 개념을 구분 없이 사용하기도 하지만 일반적으로 어떤 독자를 대상으로 하느냐에 따라 리뷰와 평론의 성격이 달라질 수 있다. 위에 제시된 영화리뷰와 영화평론의 예를 비교해 보고 리뷰와 평론의 차이를 판단해 보자.

책리뷰

변기가 작품이 되는 '현대예술의 풍경'

'한길그레이트북스' 100번째로 나온 『일상적인 것의 변용(The Transfiguration of the Common Place)』은 1982년에 출간된 아서 단토(Arthur C.Danto, 1924~)의 저작이다.

단토는 현대 미국을 대표하는 철학자 · 미술비평가 가운데 한 사람이다. 단토가 이 저작에서 의도하는 것은 '예술이란 무엇인가'라는 예술철학의 고전적 물음에 대한 답을 다시 찾아내는 것이다. 지은이가 논의를 펼 때 염두에 두는 것이 현대예술의 풍경이다. 현대예술이란 고전예술과 달리 예술과 비예술 사이의 경계가 너무도 흐릿하여, 과연 어떤 것이 예술인지, 예술이라면 왜 예술인지 설명하기가 지극히 어렵다는 것이 그가 예술 정의를 다시 시도하는 이유다. 평범한 관람객들이 현대예술에 맞닥뜨릴 때 종종 느끼는 당혹감, '과연 이걸 예술이라고 할 수 있나' 하는 그런 의혹에 하나의 답을 주는 책이라고도 할 수 있다.

그런 당혹감을 불러일으키는 가장 대표적인 사례 가운데 하나인 마르셀 뒤샹의 〈샘〉과 앤디 워홀의 〈브릴로 상자〉에서 시작하면, 이 책의 논리 속으로 들어가기 쉽다. 뒤샹의 작품은 남자 화장실에 달린 '소변기'를 뜯어내 거기에 '샘'이라고 써놓은 것이다. 기성품에 제목을 덧붙여놓았을 뿐인데, 현대 미술사에 남는 작품이 됐다. 앤디 워홀의 작품은 한발 더 나아간다. 부엌 세제를 넣는 '브릴로 상자'를 쌓아올려 놓고 예술이라고 한 것이다. 이 상자 더미가 미술작품이 된 것은 순전히 워홀이라는 유명 화가가 미술 전시장이라는 공간에 그것을 들여놓았다는 그 사실 때문이다. 여기서 자연스럽게 따라 나오는 질문이 '일상적인 것'(평범한 것)이 어떻게 예술작품으로 '변용'되는가 하는 질문이다.

단토는 여기서 '창작자의 의도'를 작품의 한 근거로서 제시한다. 예술가가 제목을 달아 작품으로 전시함으로써 어떤 물리적 대상에 '예술의 지위'를 부여하며, 동시에 '의미론적 기능'도 부여한다는 것이다. 그러나 예술가의 주관적 의도나 의미가 언제나 통하는 것은 아니다. 그 주관적 의도가 객관적인 맥락 속에서 수용돼야 한다는 점을 단토는 강조한다. 그 '객관적 맥락'으로 지은이가 지목하는 것이 예술계, 예술사, 예술이론이다. 그런 장 안에서 이해되고 납득될 때, 변기와 같은 평범한 사물이 예술작품으로 새롭게 태어날 수 있다는 것이다. 따라서 〈샘〉과 같은 작품은 그것을 수용할 장이 확보되지 않은 시대에는 그저 변기에 지나지 않는다. 워홀의 〈브릴로 상자〉도 〈샘〉이라는 미술사적 선례가 있었기 때문에 작품이 될 수 있었다.

그런데 그 객관적 장이라는 것도 따지고 보면 어떤 주관적 해석의 장이다. 따라서 중요한 것은 '해석'의 문제다. 해석이야말로 예술을 예술로 존재하게 해주는 요건이다. 사물적 대상이 해석을 통과해 비로소 존재론적으로 다른 지위, 곧 예술작품이라는 지위를 얻게 되는 것이다. 그렇다면 감상자마다 해석이 다르다면, 작품은 그때마다 달라진다고도 할 수 있다.

이런 논의를 통해 단토는 현대예술을 이해할 방법론적 근거를 마련하지만, 그렇다고 해서 그가 현대예술의 전망을 긍정적으로 보는 것은 아니다. 그는 예술사가 사실상 종말을 고했다고 말한다. 현대의 예술이 자신의 본질을 탐구하는 예술철학으로 변모하면서 마침내 작품은 사라지고 이론만 남았다는 것이다. 〈브릴로 상자〉는 그 종말을 보여주는 단적인 사례다. 개별 작품은 계속 창작되겠지만, 예술사적 의미는 이미 소진했다는 것이 단토의 결론이다.

고명섭, 「변기가 작품이 되는 '현대예술의 풍경'」, 『즐거운 지식』, 사계절, 2011.

위의 책리뷰에서는 우선 저자와 저서에 대한 기본적인 정보를 제시하고 있다. 아서 단토가 현대 미국을 대표하는 철학자이자 미술 비평가이며 그의 『일상적인 것의 변용(The Transfiguration of the Common Place)』은 '예술이란 무엇인가'라는 예술철학의 고전적 물음에 대한 답을 다시 찾아낸 저작이라고 소개하고 있다. 그리고 이어서 이 책이 다루고 있는 내용 전체를 구체적으로 설명한다. 즉 일상의 평범한 사물이 어떻게 예술작품이 될 수 있는지, 아서 단토가 어떤 논거로 설명하고 있는지 서술하고 있다. 이와 같이 리뷰대상을 정확하고 구체적으로 소개하기 위해서는 대상에 대한 충분한 이해가 전제되어야 한다.

활동

책, 영화 또는 공연물을 보고 리뷰를 써보자.

어떤 대상에 대한 평가를 할 때 리뷰를 쓰는 글쓴이(리뷰어)의 주관성이 개입될 수밖에 없다. 그러나 그 어떤 리뷰보다도 특히 제품리뷰는 소비자의 선택에 큰 영향을 끼치므로 객관적인 정보를 제공하여 소비자의 신뢰를 얻어야 한다. 리뷰에 사용된 제품이 해당 제조사가 제공한 것이라면 이를 반드시 밝혀야 한다. 제품리뷰는 소비자의 선택에 도움을 주고자 하는 것이기에 제품의 장단점을 함께 적어 제품에 대한 평가에서 객관성을 확보하는 것이 무엇보다도 중요하다.

제품리뷰

잘 번지지 않고 효과 지속… 속눈썹도 풍성해져

여름휴가에 어울리는 마스카라는 어떤 것일까. 쉽게 잘 발리면서도 유분에 강해 오랜 시간이 지나도 유지되는 마스카라일 것이다. 랑* 그랑디오즈 와이드 앵글 펜 이펙트 마스카라는 여름에 강하다. 여름철 마스카라는 바르기도 번거로운데다 쉽게 번지고 오래 지속되지 않는다는 오해를 여지없이 깨준다.

여름휴가철에 맞는 산뜻한 파란색 6호를 선택했다. 제품 디자인은 디*의 '쟈도르' 향수병을 연상시킨다. 제품을 개봉해보니 마스카라 스틱 앞부분이 백조의 목처럼 우아하게 굴곡져 있다. 포인트인 '스완넥'이다. 별칭인 '블랙 스완 마스카라'는 이 둥글게 굽어진 마스카라 스틱 때문에 이름 붙여졌다. 이 스완넥 덕분에 눈앞머리 가장 안쪽 속눈썹까지 꼼꼼하게 바를 수 있었다.

커브를 위로 향하게 하면 속눈썹 위까지 꼼꼼하게 발리고, 아래로 향하게 하면 속눈썹 뿌리 부분까지 발리면서 컬을 더 올려줄 수 있다. 목이 굽이 있어서 눈두덩 주변에 묻지도 않는다. 짧고 숱이 없는 속눈썹도 풍성하게 만들어주는 '마법의 마스카라'다. 파란색임에도 아주 쨍하게 튀는 색이 아니라 남색에 가까운 은은하고 깊은 색깔이어서 휴가철은 물론 일상에서도 사용하기 좋다.

실제로 아침 7시에 바르고 나가서 오후 7시까지 12시간 동안 그대로 유지되었다. 점심에 뷰러(속눈썹 집는 장치)로 한 번 집어주기만 하면 하루 종일 유지된다. 가루가 떨어지지 않고 지성 피부에도 번짐 현상이 없어 이른바 '팬더'가 되지 않는다.

……

단, 클렌징을 할 때 각별히 더 신경을 써야 한다. 마스카라가 묻어 있는 속눈썹 안쪽까지 꼼꼼히 지워야 한다. 아이 리무버를 흠뻑 바른 면봉으로 살살 닦아주니 잘 묻어나왔다.

구현화 기자, 『국민일보』, 2015.8.13.

활동

관심 있는 제품을 사용한 후 제품리뷰를 써보자.

01 학술적 글쓰기의 개관

학술적 글쓰기

CHAPTER 3

1) 학술적 글쓰기

'학술(學術)'이라는 말은 '학문의 방법이나 이론'을 뜻하는 말로서 무엇보다 학문의 세계와 긴밀하게 연관되어 있음을 의미한다. 어떤 글이 학술적인 글이 되기 위해서는 학술적 이론, 방법, 지식 등을 바탕으로 무엇보다 글쓴이의 핵심 견해가 있어야 하고, 또한 그 견해를 뒷받침하기 위한 근거 제시가 있어야 한다. 그래서 학술적인 글은 간단하게 '자신의 주장이나 견해에 근거를 제시하여 그것을 설득적으로 쓰는 글'이라고 정의내릴 수 있다. 다시 말해, '학술적 글쓰기'란 기본적으로 단순한 정보 전달에 그치는 실용적 글쓰기나 주관적 감상이 중심이 되는 감성적 글쓰기와는 확연히 구분되며, 어떤 주제에 대한 학술적인 연구 결과 내지는 전문화된 지식이나 정보를 체계화하여 일정한 형식에 따라 작성한 글을 뜻하는 것이라고 말할 수 있다.

학술적 글쓰기는 사실을 기록하는 것에 그치지 않고, 이에 대한 분석과 비판, 평가가 수반된다. 왜냐하면 학술적 글쓰기는 기존의 이론이나 견해에 대해 새롭게 해석, 비평하는 글들이 대부분이기 때문이다. 그래서 학술적 글쓰기의 일반적 서술방식은 나의 의견을 세우되 남의 의견과 관련시키는 서술방식이 유효

하다. 이를 위해서는 올바른 텍스트 읽기가 반드시 전제되어야 한다.

또한 학술적 글쓰기는 해당 주제에 대한 정확한 지식의 정리와 그에 대한 이해를 토대로 학술적 근거를 제시하여야 한다. 여기서의 근거 제시란 그저 단순한 주관적인 근거가 아닌 모든 사람, 즉 누구나 납득할 수 있다고 여겨지는 '객관적인' 근거를 제시하여야 한다는 것이다.

2) 학술적 글의 종류

학술적 글쓰기에는 대표적으로 학위논문과 연구논문이 있는데, 이는 주로 전문 학자들의 글쓰기에 해당된다. 또한 학술적 글쓰기에는 흔히 소논문 내지 학기말 논문이라고 지칭하는 텀페이퍼(Term paper)와 보고서(Report) 등도 있는데, 이는 학생의 입장에서 쓸 수 있는 글쓰기에 해당된다. 그리고 에세이(Essay) 역시 그 성격에 따라 학술적 글쓰기에 해당되기도 한다. 학술적 에세이는 필자의 독창적 관점이 드러난 비교적 짧은 형식의 글이므로, 내용의 전문성과 함께 글쓴이의 주체적인 시각이 일관성 있게 표현되어야 한다. 즉 사실을 정확하게 전달하면서도 비판적으로 문제를 진단하며, 주체적인 관점이 효과적으로 드러나도록 글을 써야 한다. 먼저 연구·학업계획서에 대해 간략하게 살펴보고 보고서와 소논문에 대해 자세히 살펴보자.

3) 학술적 글의 요건

학술적인 글쓰기는 무엇보다 기존의 학술적 지식들에 대한 선행연구가 필수적이다. 그렇기 때문에 일단 그 선행연구의 주인이 누구임을 분명하게 드러내야 한다. 다시 말해, 아무리 뛰어난 학자라고 하더라도 순전히 개인적인 경험이나 생각을 통해서 본인의 핵심 견해를 뒷받침하기는 거의 불가능하기 때문에, 조금이라도 참고가 되었던 문장 하나하나는 반드시 그것의 출처를 밝혀야 한다. 이것이 학술적 글에서는 가장 중요하며, 글쓴이는 이것을 학술적 글쓰기의 원칙으로 삼아 거짓이 없는 학술적 진실성을 지켜나가야 한다. 일반적으로 학술적 글이 갖추어야 할 요건으로 다음 7가지가 있다.

(1) 독창성

학술적 글이 갖추어야 할 요건 가운데 가장 중요한 것은 독창성이다. 자신이 쓴 학술적 글이 기존의 성과물을 모방한다면 이는 지식의 발전을 저해할 뿐더러 학술적으로 아무런 가치도 없다. 학술적 글이 독창성을 지니기 위해서는 새로운 학설이든, 새로운 사실의 발견이든, 하나의 새로운 주장, 새로운 연구 방법, 새로운 논의 성과 등, 어느 측면이든 최소 한 가지 이상의 새로움이 인정되어야만 한다.

(2) 정확성

학술적 글은 객관적이고 타당한 근거를 제시하여 주장이나 사실을 증명하는 것이며, 또 학술적인 글에 담기는 모든 내용은 글쓴이의 인격 및 명성, 책임과 밀접한 관계가 있다. 따라서 논문을 작성할 때는 모든 사항에 있어 정확성을 추구해야 한다. 정확성은 내용의 정확성과 형식의 정확성으로 나누어 볼 수 있는데, 전자는 내용과 연구방법에서 정확한 근거를 제시하는 것이며 후자는 각 학문분야의 고유한 글쓰기 형식을 정확하게 지키는 것이다.

(3) 논리성

학술적 글은 논리적 구조를 갖추어야 한다. 왜냐하면 학술적 글은 주장이나 사실을 근거를 대어 증명하는 글이므로 논리성이 중요한 요소 중 하나이기 때문이다. 논증의 내용이 없으면 이는 학술적인 글이 아니라 잡문이 된다. 따라서 자신의 주장에 심취한 나머지 편견이나 선입견에 사로잡혀 논리성에서 이탈한 논문을 작성해서는 안 된다. 학술적인 글에서는 논리성이 없으면 설득력을 얻지 못하고, 타당성을 확보할 수 없다.

(4) 객관성

학술적 글은 주관적 판단에 의해 집필이 시작되나, 그 의견과 주장은 객관적 사실과 증거를 통해 뒷받침되어야 한다. 그리고 그 서술에 있어 객관성을 지녀야 한다. 연구자의 개인적 의견이나 주관적 생각, 편견에 기초해 작성된 글은 학술적인 글로 인정받을 수 없다. 연구자는 객관적 태도를 가지고, 충분한 양의 자료를 수집하고 그 자료들을 객관적으로 분석하고 해석해야 한다.

(5) 재현성

사회과학 및 자연과학의 실험 논문에서 표방하는 내용은 과학적인 검증이 가능해야 하며, 다른 사람이 필요에 의해 이를 재현할 수 있어야 한다. 이러한 반복 재현을 가능하게 하기 위해, 그 실험 방법을 구체적으로 설명하고 사용된 실험 자료에 대한 설명과 용어의 정의를 분명히 밝힌다. 만일 타인에 의한 재현이 불가능하다면, 논문의 설득력이 크게 떨어지게 되며 현실적인 실효성을 상실하게 된다.

(6) 용이성

가장 좋은 글은 쉬운 글이다. 아무리 학술적인 글이라 하더라도 독자를 배려한 글쓰기를 해야 한다. 논문 역시 아무리 좋은 내용을 포함하고 있더라도 어려운 표현으로 인해 이해하기 어렵다면 제 역할을 다하지 못할 것이다. 따라서 학술적인 글을 작성할 때에는 간결하고 쉬운 문장으로 작성해야 한다. 문장은 문법적 요소들을 지키고 짧은 단문으로 작성하는 것이 좋다. 또한 하나의 문장에는 하나의 정보만 담아야 하며, 단문의 분명한 문장일수록 좋다.

(7) 형식성

각 학문 분야는 자신의 학술적 발전의 역사에 따라 고유한 글쓰기 형식을 발전시켜 왔다. 인문과학과 사회과학, 자연과학 제 각각 그 글의 형식이 다르며, 같은 인문과학에서도 국문학, 영문학, 독문학 등 고유한 형식성을 갖추고 있다. 심지어 같은 영문학 내에서도 학회나 학술지에 따라 그 형식이 다를 수도 있다. 그래서 학술적 글을 쓰기 위해서는 본인이 어떤 분야에서 어떤 주제로 어떤 학술지에 기고하는 글인지 분명하게 알고 거기에 합당한 형식을 반드시 갖추어야 한다. 아무리 잘 쓴 논문이라 하더라도 형식을 지키지 않는다면 그 논문은 전혀 가치가 없는 것이다.

이와 같이 학술적 글을 잘 쓰려면 무엇보다 위에서 언급한 7가지 요건을 갖추어야 하며, 보고서의 독자가 되는 담당 교수자의 평가 기준을 검토하는 것이 필요하다. 물론 과목별, 교수자별로 개별적인 상황과 기준에 따라 매우 다양한 평가 기준이 있을 수 있지만 공통적인 요소들이 반드시 있기 마련이다. 예를 들면, 교수자가 부과한 과제의도를 간파해야 하고, 흥미로운 주제의식이 담겨야 하며, 설득력이 있어야 하고, 근거 제시가 분명해야 한다. 또한 문체가 깔끔해야 할 것이며, 글의 완결성도 갖추어야 할 것이다.

4) 학술적 글쓰기의 연구 윤리

앞에서 언급한 학술적 글쓰기에 관한 모든 사항 중에서도 가장 중요한 것은 학술적 글쓰기에는 거짓이 없어야 한다는 것이다. 아무리 훌륭한 논문이나 보고서를 완성했다 하더라도 그 글이 표절 등의 글쓰기 윤리를 위배했다면 이는 글쓴이 자신은 물론 그 글을 읽는 독자에게까지 해악을 끼치는 행위이다. 자신의 연구가 이미 발표된 것이거나 정확성이나 객관성을 잃은 경우가 아닌지 세심하게 확인하여야 한다. 연구자들이 학술적 글쓰기에서 반드시 지켜야 할 사항, 즉 연구 윤리는 다음과 같다.

- 표절을 하지 않으며, 다른 사람의 업적을 자기 것으로 주장하지 않는다.

- 원전의 내용을 사실과 다르게 표현하거나, 조작하거나, 혹은 거짓자료를 만들지 않는다.
- 조금이라도 정확성에 의구심이 있는 자료는 제시하지 않는다.
- 자신이 반박할 수 없는 반론이 있다는 사실을 숨기지 않는다.
- 반대 입장을 왜곡하여 제시하거나 희화화하지 않는다.
- 다른 사람이 볼 수 없도록 원전이나 근거자료를 파기하지 않는다.

활동

01 자신의 전공 분야에 속하는 학술지에는 어떤 것이 있는지 알아보자.

02 개별도서관을 직접 방문하지 않고도 한곳에서 주요 도서관의 서지정보와 원문정보를 확인할 수 있는 국가전자도서관(http://www.dlibrary.go.kr)을 방문하여 필요한 사항들을 확인해 보자. 또 국립중앙도서관(http://www.nl.go.kr), 국회도서관(http://www.nanet.go.kr)에서도 본인이 필요한 자료를 검색해 보자.

02 연구·학업계획서

1) 연구계획서

연구계획서(Proposal)는 말 그대로 연구자가 어떤 주제의 연구를 어떻게 진행할 것인지에 대한 계획을 기술한 것이다. 왜 이 연구가 중요한지, 이 연구가 과연 연구할 만한 가치가 있는 것인지, 또한 연구를 진행하는 연구방법론이 타당한지에 대해서 피드백을 받기 위한 것이다. 그리고 연구계획서의 가장 보편적인 역할은 연구설계도로서의 역할이라고 말할 수 있다. 즉 연구계획서는 건축에 있어서 건축설계도와 같은 것이다. 건물을 새로 지으려면 설계도가 필요한 것처럼, 연구에 있어서도 연구계획서가 필요하다. 연구자는 연구계획서를 통해 무엇을 연구할 것인지, 왜 이 연구를 수행하는지, 어떤 결과가 예상되는지를 설명하여야 한다.

그런데 이 연구계획서에는 학문분야나 연구 기관 등에 따라 다양한 종류가 있으며, 또한 각 분야마다 문제해결 방식이 다르기 때문에 문제해결 과정을 밝히는 연구계획서도 여러 가지 양식으로 작성될 수 있다. 대표적인 연구계획서로는 학위논문을 쓰기 위한 연구계획서, 또는 학술연구재단 등에 연구비를 신청하기 위한 연구계획서가 있다. 또한 학업을 계속하기 위해 대학원에 진학할 경우 본인의 학업의지의 척도가 되는 학업계획서도 여기에 포함될 수 있다. 그 어떤 경우라 하더라도 연구계획의 체계적인 수립을 위해서는 반드시 연구계획서를 작성하여야 한다.

일반적인 연구논문은 크게 6가지 항목으로 구성된다.(물론 연구논문의 성격에 따라 6가지 이상의 항목도 가능하다.) 연구계획서가 최종 연구논문과 다른 점은 완성된 논문의 연구 과정, 분석결과와 결론 부분이 빠져 있다는 점이다. 이밖의 모든 부분, 즉 제목, 서론, 이론적 배경, 연구내용과 방법 등을 아주 간략하게 작성한 것이 연구계획서라고 생각하면 이해하기 쉽다.

(1) 연구계획서의 작성

연구계획서 작성에 있어서 어떤 특정한 양식이 있는 것은 아니다. 연구의 유형이나 연구의 기관 등에 따라서 정도의 차이는 있을 수 있다. 하지만 학술적 연구라고 하는 것은 과학적 사고과정을 바탕으로 문제 제기와 근거 제시를 통해 진행되는 작업임은 명확하므로 어떤 경우이건 연구계획서에 반드시 포함되어야 하는 몇 가지 주요 항목이 있다. 그것은 앞에서도 언급했듯이 '연구 주제, 연구의 목적과 필요성, 이론적 고찰 및 선행연구, 연구의 중요성 내지 기여도, 가설의 설정, 연구의 내용과 방법, 기대되는 연구결과, 참고문헌' 등이다. 물론 연구과제와 연구 분야에 따라 그 양식은 달라질 수 있겠으나 실제로 많이 쓰이고 있는 학위논문 연구계획서 양식의 예를 들어보면 다음과 같다.

학위논문 연구계획서

- 제목(연구주제)
- 서론(연구목적, 연구의 배경 및 필요성, 용어 정의 등)
- 이론적 고찰 및 선행연구의 검토
- 연구 내용 및 범위
- 연구방법(자료수집, 자료분석)
- 기대되는 연구결과
- 참고문헌
- 초록(영문 요약)

(2) 연구계획서의 구성 요소

앞 장에서 보았듯이, 일반적으로 연구계획서는 다음과 같은 구성 요소들로 이루어지게 된다.

① **연구제목**: 제목만으로 해당 연구의 내용과 방향을 짐작할 수 있도록 포괄

적이면서도 간결하고 명료하게 기술한다.

② **연구의 목적**: 여기에서는 일단 연구 주제의 창의성이 돋보여야 한다. 그 세부 사항으로는 새로운 연구 주제를 제안하고 있는지, 선행 연구의 문제점을 규명하고자 하는지, 선행연구와의 차별성이 나타나고 있는지 등이 명확하게 드러나야 한다.

③ **연구의 필요성**: 연구 주제의 선정 이유 내지 동기를 밝히고 이 주제의 해결 필요성과 그 중요성 내지 기여도에 대해 기술한다. 연구의 필요성은 다른 어떤 항목보다도 명확하게 기술해야 한다. 보통 연구의 목적과 함께 기술한다.

④ **이론적 배경**: 보통 선행연구의 결과를 기초로 자신의 연구와 선행연구의 이론이나 법칙이 어떤 관계를 가지는지 체계적으로 제시한다. 일반적으로 연구에서 검증하고자 하는 가설의 설정에 그 단초를 제공한다고 볼 수 있다.

⑤ **연구의 기여도**: 연구자가 제기한 연구문제를 해결함으로써 학문의 이론적 또는 방법론적 발전에 기여할 수 있는지 제시한다. 간단하게 말해서 후속 연구 발전에 기여할 수 있는지, 또 관련 연구분야 지식 증진 및 활성화에 기여할 수 있는지 그것을 함께 기술한다.

⑥ **연구문제와 가설의 설정**: 가설이란 제기된 연구문제에 대한 잠정적인 결론 또는 대답으로, 두 변수 간의 관계를 진술한 것이다. 이 잠정적인 결론은 직관적인 사고를 통하여 가설을 설정할 수도 있지만 일반적으로 이론이나

선행연구의 결과를 분석, 고찰하여 이루어진다. 가설은 가치중립적이어야 하고, 경험적으로 검증 가능해야 한다. 주로 사회과학이나 응용과학의 연구계획서에 필수적으로 포함되는 항목이다.

⑦ 연구의 내용과 범위: 다음과 같은 5가지 정도면 연구 내용과 범위로서 부족함이 없다고 할 수 있다.

- 연구규모와 관련하여, 연구내용 및 범위가 적절한가?
- 연구해야 할 핵심적인 내용들을 포함하는가?
- 연구 추진전략이 체계적으로 수립되었는가?
- 동향, 기존연구의 문제점을 충분히 검토 · 분석하였는가?
- 제안한 연구수행에 필요한 자료수집 및 확보가 가능한가?

⑧ 연구의 방법: 학문 분야에 따라 연구의 방법은 매우 다르다. 무엇보다 연구자가 제시한 연구 주제를 어떤 방식으로 풀어나갈 것인지 그 방법을 밝혀야 한다. 대개 연구대상에 대한 언급이 있어야 하며, 연구목표 달성을 위한 방법이 적절한지, 또한 선행연구와 비교하여 연구방법이 차별화되고 혁신적인지 기술하여야 한다.

⑨ 기대되는 결과: 연구자의 연구가 성공적으로 달성되었을 때 나타날 것으로 기대되는 결과를 예측하여 명시하는 것이다.

⑩ 연구추진 일정: 연구의 준비 단계부터 종료 단계까지 주요 내용과 활동을 표로 만들어 핵심적인 어구를 기입하는 것이 좋다. 다시 말하면, 연구의 수행 과정을 몇 부분으로 나누어서 그 진행 목표를 명시한다면 연구자가 언제, 어떤 종류의 작업을 해야 할지 쉽게 알 수 있을 것이다.

⑪ **참고문헌**: 연구자가 해당 연구를 하는 데 직접, 간접으로 참고한 문헌들을 일정한 순서대로 정리하여 논문의 맨 뒷부분에 제시한다. 참고문헌을 보면 연구자가 얼마나 성실하게 자료를 조사했는지, 얼마나 정확하고 논리적으로 연구주제를 다루고 있는지 알 수 있다. 참고문헌은 가급적 최신의 자료들을 이용하는 것이 좋다.

⑫ **초록**(국문 요약과 영문 요약): 대부분의 논문에서 초록을 요구하고 있는데, 해당 연구의 핵심적인 내용을 요약하여 논문 맨 앞과 맨 뒤에 제시한다. 석사논문과 박사논문의 경우 2~3쪽 정도, 학술논문의 경우 1쪽 정도의 분량이 보통이다.

2) 학업계획서

학업계획서는 일반적으로 대학원의 석사, 박사과정 등 상급학교 진학을 하기 위해 입학원서와 함께 제출하는 것이 보통이다. 최근에는 교환학생을 선발할 때 대학에 따라서 이 학업계획서를 요구하기도 한다. 이때는 학업계획서를 해당 언어로 작성하기도 한다. 대부분의 대학에서 이 학업계획서는 서류전형의 평가기준 항목으로 삼기 때문에 세심하게 작성해야 한다. 각 대학마다 정도의 차이는 있지만 공통적으로 요구하는 사항은 다음과 같다.

(1) 자기소개

대학생활 또는 직장활동 상황 등의 경력을 적는다. 성격의 장단점 및 특기, 그리고 상벌 사항까지 함께 적으면 더 좋다. 몇몇 대학에서는 지원동기 및 장래계획까지 자기소개란에 포함시키기도 한다.

(2) 지원동기

지극히 개인적인 사항들이 기재된다. 그렇지만 지원학과 교수들의 저서 또는 최근 논문 등을 살펴보는 게 좋다. 만일 그것들이 본인이 연구하고자 하는 영역과 연관이 있으면 상당한 이점이 될 수 있다.

(3) 입학 후 학업계획

석사 및 박사 진학 시 희망 연구 분야 및 연구계획을 적는다. 학부, 대학원 이수 전공과목 중 관심 과목을 적어도 좋다. 연구하고자 하는 주제와 계획을 구체적으로 기입한다. 무엇보다 성실한 학업태도와 도전 정신이 돋보이도록 작성한다.

(4) 졸업 후 진로계획

박사 진학, 취업, 유학 등 석사·박사 이후의 계획을 적는다. 미래의 일이기 때문에 막연할 수 있지만 그래도 최대한 구체적으로 적도록 한다.

(5) 기타

논문, 보고서, 연구 참여 등 학부 시절 연구실적 목록을 작성한다. 전공 분야 관련 활동 및 대외활동 사항을 작성하기도 한다. 하지만 대부분의 경우에는 해당사항이 없다. 어떤 학업계획서 양식에서는 연구실적목록(논문, 보고서, 연구 참여 등) 항목이 따로 있을 수도 있다.

활동

01 자신의 전공 분야에 관한 연구계획서를 작성해 보자.

02 자신이 대학원에 진학한다고 가정하고, 입학 전에 제출할 학업계획서를 작성해 보자.

03 다음 두 개의 학업계획서(대학원 진학용, 교환학생용)를 읽고 평가해 보자.

※ 대학원진학 학업계획서

○○ 대학교 대학원
연 구 계 획 서(Study Plan)

지 원 과 정	석사학위과정 (○) 석·박사학위 통합과정 ( )	박사학위과정 ( ) 연구생 ( )
성 명: 장○○	학과(학부): 식품영양학과	전 공 :

1. 진학의 동기

제가 학부생이던 시절에는 막연하게 졸업 후 식품회사에 입사하는 것이 전부라고만 생각했습니다. 그래서 식품분석과 관련된 실습 기회들을 가졌습니다. 3학년 여름방학 때 농협 식품안전연구소에 산업체 실습을 나간 적이 있는데, 4주의 실습기간 동안 연구소에서 벌꿀의 산도측정, 수은 분석 전처리 등을 배웠습니다. 또 식품안전센터에서 박사님들을 도와 농협에서 판매되는 채소와 과일류의 잔류농약을 분석하는 일을 배우기도 했습니다. 특히나 같이 실습을 하던 선배가 제품개발파트를 맡아 쌀 요구르트를 제조하고 관능검사를 하는 일련의 과정이 무척이나 흥미로워 보였습니다.

하지만 7개월간 오리온 소비자 패널활동을 하면서 제 생각은 바뀌게 되었습니다. 기존제품과 아직 시중에 나오지 않은 제품 등 여러 제품의 기호도 검사, 선호도 검사, 묘사와 분석을 통해 관능검사요원을 경험했던 것입니다. 이 과정에서 패널들의 평가와 의견을 종합해 더 좋은 제품을 개발하고 반영하는 연구원의 존재에 매력을 느끼게 되었습니다. 또 식품기사 실기시험을 준비하는 과정에서 여러 실험들을 익히며 연구원의 꿈은 확고해졌습니다.

이외에도 저는 2012년 4월부터 8월까지 덕성여자대학교 천연물화학 연구실에서 대학원 선배님들과 함께 시료를 추출하고 여과, 농축, 건조하는 과정을 익히는 시간을 가졌습니다. 미리 대학원 생활을 체험해 보고 학부보다 더욱 심화된 과정을 접하면서 석사과정에서의 심도 있는 학습이 필수적이라고 생각해 대학원으로 진학해야겠다는 결심을 굳히게 되었습니다.

대학원 진학은 전문 식품영양학도가 되는 발판이며 제 인생의 커다란 도약의 시간이 될 것이라 확신합니다. 또, 변화에 유연하게 대처할 수 있도록 자기개발에 신경 써야 할 것입니다. 그러기 위해서는 뚜렷한 목표의식 속에 철저한 계획을 세우고 이를 준비하며 대학원 학업기간을 알차게 보내야 할 것입니다.

2. 전공분야에 대한 연구계획

소득 증가로 인해 생활의 질이 향상되고, 평균수명의 연장으로 건강에 대한 관심이 증가하고 있습니다. 이로 인해 안전한 식품은 기본이며 고기능 고품질의 건강식품에 대한 요구도 높아지고 있습니다. 이에 영양학 전문가의 역할이 점차 증가되리라 생각합니다.

저는 석사과정에서 식품 내 기능성 물질을 탐구해 인간의 오감을 만족 시킬 수 있고, 나아가 영양공급 이상의 효과를 주며 건강에 유익한 기능을 하는 식품을 연구해 보고 싶습니다. 그러기 위해서는 영양소 대사와 여러 가지 영양소의 필요량 측정, 권장량을 학습하고 영양소의 역할에 대한 최근 연구주제들을 심도 있게 섭도해야 할 것입니다.

3. 졸업 후 희망

저는 졸업 후 석사 과정에서 터득한 식품영양 전반에 관한 이론과 숙련된 기술로 식품회사의 연구소에 취직하여 관능검사를 통한 신제품 개발, 제품의 품질 향상 및 관리에 힘쓸 것입니다.

최근 소화, 건강, 면역 기능 식품에 대한 관심이 높아지면서, 건강을 위해 식품 하나도 꼼꼼하게 선택하려는 소비자가 증가하고 있습니다. 이에 따라 식품 구매의 우선순위가 변화하였고, 기능성 식품 시장이 크게 성장하고 있습니다. 저는 '기능적'인 면만을 추구하는 식품보다는 남녀노소 모두가 좋아하는 기호식품에 기능적인 측면을 더한 식품을 개발하고 싶습니다. 그에 따라 건강한 먹거리를 생산하여 회사의 발전에 도움이 되고, 식품영양학이 건강 기능 식품 업계에 기여하는 바를 보여주는 인재가 될 것입니다.

4. 기타

특기사항

저는 식품의 제조·가공 공정 기술을 익히기 위해 식품기사 자격증을 3개월간 독학 끝에 취득했습니다. 독학의 과정은 어려움이 많았지만, 근성과 인내력을 발휘하여 버텨낼 수 있었고, 이 과정에서 수분정량, 조회분 정량, 식염정량, 일반세균 검사 등 다양한 실무를 조금이나마 익힐 수 있었습니다. 또, 위생사 면허증을 취득하여 기본적인 식품영양학 수학능력의 토대를 마련해 놓았습니다. 뿐만 아니라 MOS 자격증과 컴퓨터 활용 능력 1급으로 워드, 엑셀 등의 프로그램을 능숙하게 다루고 연구 시 필요한 문헌 리서치 능력이 있습니다.

관심과목

저는 학부시절 동안 식품영양학과의 수업을 골고루 수강하며 전반적인 식품영양학의 이해도를 높였습니다. 비록 학부과정이기에 심도 있는 학업은 수행하지 못했지만, 기본적인 지식을 함양하여 발전의 토대를 구축하는 데 주력했습니다. 특히 실험조리, 식품 미생물학, 식품가공저장학 등의 실습과목에 관심을 가지고 수강했습니다.

실험조리 및 실습수업에서는 조리 과정에 일어나는 성분의 변화를 물리학적이나 영양학적 측면에서 이해하고 배울 수 있어서 큰 의미가 있었습니다. 다양한 실험을 통해 이론을 몸으로 이해할 수 있었던 과정으로서, 실험의 중요성을 알게 해 주었기 때문입니다.

또 식품 미생물학 수업에서는 식품가공에 이용되는 미생물들의 종류와 식품을 부패시키는 미생물들의 생태에 대해 관심 있게 공부했습니다. 미생물에 의한 부패와 미생물을 이용한 식품의 발효, 각종 식중독의 원인을 파악했던 것은 식품에서 가장 중요한 안전성에 대한 경각심을 심어주어 의미가 있었습니다.

식품가공저장학 수업은 원료를 가공하여 영양학적 손실을 최소화하고 관능적인 품질을 높이는 다양한 내용을 배울 수 있어서 도움이 되었습니다. 특히 식품의 냉장, 냉동, 건조, 통조림, 방사선 조사 등에 의한 저장 원리와 저장 기술, 발효 식품의 제조 원리 등에 대하여 학습한 것은 식품영양학에 대한 흥미도를 끌어올린 계기가 되기도 했습니다.

※ 교환학생 학업계획서(해당국 언어로도 작성)

학업계획서 (국문)

이 름	박○○
학 과	
학 번	
희망대학	Thiel College, Medaille College, Angelo State University

1. 진학의 동기

교환학생을 통해서 얻을 수 있는 학문에 대한 깊이 있고 다양한 시각

대학교에 들어와서부터 영어영문학과 학생으로서 교환학생을 가기 위하여 전과를 비롯하여 여러 가지 노력들을 해왔습니다. 교환학생을 경험하는 것이 막연히 저의 대학생활의 로망 중 하나이기 때문이 아니라, 덕성여자대학교에서 그간의 배움을 통하여 학문에 대해서 깊이 있고 다양한 시각을 가져야 할 필요성을 절실히 느꼈기 때문입니다.

영문학과로 전과하여 영미문학과 영어학에 대해서 공부를 하면서 흥미를 갖게 되었습니다. 그래서 직접 미국 같은 영어권 국가 현지로 가 해당 과목을 들으면서 배움에 대한 깊이를 더 넓히고 싶은 갈망이 갖게 된 것이 지원하게 된 동기 중 하나입니다.

그러나 가장 큰 이유는 복수전공으로 정치외교학과의 공부를 하면서 세계의 주요 정치흐름, 크게는 이슈가 되는 사건 하나하나마다 바라보는 시각이 매우 다를 수 있나는 것을 깨달은 것에서 나왔습니다. 미국 교환학생으로 가서 정치학과 과목을 수강하신 선배님이 '해외에서 학생들이 한국전쟁을 바라보는 시각이 매우 나양하고 특이해서 놀라웠다'라고 쓴 수기를 보았는데, 이를 통하여 보다 넓고 다양한 시각으로 배우는 것을 직접 겪어보며 저의 배움의 태도도 더 능동적으로 바뀔 필요가 있다는 것을 절감했습니다. 따라서 교환학생 프로그램을 통하여 이러한 것들을 얻는 기회가 될 뿐 아니라, 학문에 대한 서로의 가치관을 공유할 수 있는 진정한 교류의 장을 체험할 수 있을 것으로 생각하여 지원하게 되었습니다.

현지문화 체험과 교류를 통한 스스로의 성장을 위하여

교환학생 프로그램을 가기 원하는 다른 주된 이유로는 현지문화 체험이 있습니다. 교환학생으로서 해외의 대학에서 공부해보는 것 그 이상으로 중요한 것이 문화체험이라고 생각합니다. 짧은 베트남과 대만여행을 통해서도 그 나라들의 문화를 아는 즐거움이 매우 컸는데, 직접 현지의 대학교를 다니면서 학생들과 학교의 축제, 클럽 등으로 어울린다면 이를 넘어서 저의 세상을 바라보는 주관적인 눈도 넓어질 것입니다. 예를 들어 Thiel College에서는 가을학기에 할로윈 행사를 주관하는데, 한국에서는 할로윈이 상대적으로 생소한 날이기 때문에 색다른 문화를 체험하는 좋은 경험이 될 것입니다.

또한 International Food Fair라고 하는 국제학생들이 직접 음식을 만들어서 선보이는 행사가 있습니다. 이와 더불어 한국에서 전통부채, 민속화가 그려진 책갈피나 배지 등을 가져가 현지의 학생들에게 나눠주면서 한국의 문화를 알리며 문화 체험을 넘어 문화 교류를 할 수 있을 것이라고 기대합니다. 평소 취미로 즐겨보는 미국드라마를 통해서가 아니라 현지에서 직접 이 활동들을 할 수 있는 기회를 갖고자 교환학생 프로그램에 지원했습니다.

2. 구체적인 학업계획(Study Plan)

제 전공과 복수전공에서 제가 듣고 싶은 과목들을 간추려보았습니다. (과목당 3학점)

English	Political Science
American Literature 1865 to the Present	Introduction to Comparative Politics
Masterpieces of Western Literature Ⅰ	Introduction to International Relations
World Literature Ⅰ	Public Policy
Advanced Composition and Research	Political Parties and Elections in the United States

정확히 이 강의들에서 골라 수강할 수는 없더라도, 제가 지원동기에서 언급했던 부분대로 영문학과 관련해서는 미국에서 미국적 특색을 그대로 느끼며 미국문학에 대해 배울 수 있겠다고 생각한 과목들-〈Master Pieces of Western Literature〉-을 선정해보았습니다. 더불어 〈World Literature〉 과목에서는 동아시아인 일본, 중국에 대한 문학도 다루는데, 서양에서 바라보는 동아시아권의 문학이 궁금하여 선택했습니다. 또한 정치학과 영역에서는 보다 학생들이 다양하게 의견을 낼 수 있도록 보다 포괄적인 영역에 접하는 과목들을 골라보았습니다. 특히 〈Introduction to International Relations〉 수업은 국민국가(nation-state)의 기원, 전쟁, 제국주의 등 다양한 근본적인 정치적 문제들에 대해서 여러 시각으로 바라볼 수 있는 유익한 기회가 될 것이라고 생각했습니다.

그 외에 교환학교에서 타전공이지만 교양과목으로 들어보고 싶은 수업들은 Piano와 guitar를 연주하는 과목들입니다(각 1학점). 특히 기타의 경우는 현재 제가 배우고 있는 악기이기도 하여 그 배움을 이어가고 싶습니다.

3 지원 포부

교환학생 프로그램을 통하여 제가 목표한 것들을 이루어서, 귀국할 때는 그 경험들이 사라지는 것이 아니라 어떤 일을 하든 배움에 대한 자신감의 밑천으로 삼을 수 있도록 할 것입니다. 덕성여자대학교에서 제가 목표한 바를 위해 꾸준히 노력해왔던 것처럼, 교환학생을 차근차근 준비하여 교환학생으로서 목표한 바를 잘 이루고 오겠습니다.

03 보고서

대학 생활에서 보고서 쓰기가 차지하는 비중은 양적인 면에서나 질적인 면에서나 매우 크다. 학생들은 강좌마다 수시 보고서, 중간 보고서, 기말 보고서를 제출해야 한다. 그뿐만 아니라 보고서에 대한 평가가 전체 평가에서 차지하는 부분도 큰 경우가 많다. 이처럼 대학 생활에서 중요한 비중을 차지하는 것이 보고서이기 때문에, 보고서를 훌륭하게 작성하는 요령을 터득하는 것이 결국 학문적 성숙으로 귀결되며 나아가 훌륭한 대학 생활을 영위하는 길이 된다고 할 수 있다.

보고서는 조사나 연구, 실험 따위의 결과에 관한 글로서 대학 생활에서의 보고서는 학문 탐구에 중요한 역할을 한다. 교수자의 강의 내용을 정리하는 보고서, 중요한 기존 논문을 요약하는 보고서, 실험 결과를 기록하는 보고서, 새로운 견해를 논증하는 보고서 등 다양한 보고서를 작성하는 과정에서 학습자는 교양 및 전공 영역의 학문 담론을 배울 수 있을 뿐만 아니라 독창적인 아이디어를 생성하는 능력까지 배양할 수 있다.

보고서에는 다양한 유형이 있다

보고서의 유형은 다양하다. 논문을 요약하는 요약 보고서, 실험한 내용을 정리하는 실험 보고서, 답사에서 얻은 정보를 기록하는 답사 보고서, 예술 작품을 감상하고 그 감상의 내용을 적는 감상문 보고서, 기존 논의를 참고하고 자신의 독창적 아이디어를 주장하고 그에 대하여 증명하는 탐구 보고서 등 다양한 보고서의 유형이 존재한다.

보고서마다 주안점을 두어야 할 내용이 다르기 때문에 글을 쓰기 전에 자신이 제출해야 할 보고서가 어떤 유형인지 먼저 제대로 알고 보고서를 작성해야 한다. 이는 곧 교수자가 원하는 유형의 보고서가 어떤 유형인지 파악해야 한다는 의미이기도 하다. 교수자가 강의한 내용을 단순하게 정리하는 보고서를 원하는 것인지, 다음 강의에 필요한 이론을 담고 있는 기존 논문을 요약하는 보고서를 원하는 것인지, 기말 보고서로서 한 학기 동안 다룬 주제에 대한 학생의 독창적 견해를 논리적으로 증명하는 보고서를 원하는 것인지 정확하게 파악할 필요가 있다. 학생 스스로 독창적 견해를 제시해야 하는 보고서인데도 기존 논문을 요약하는 수준의 보고서를 제출했다면, 기존 논문을 아무리 훌륭하게 요약했다고 하더라도 교수자가 원하는 성격의 보고서가 아니므로 좋은 점수를 기대할 수는 없을 것이다. 따라서 교수자가 원하는 보고서가 어떤 성격의 것인지를 정확하게 파악할 필요가 있다.

❙ 보고서의 평가자는 담당 교수자이다

제출한 보고서의 최종 평가자는 그 강좌의 담당 교수자이다. 따라서 좋은 보고서 점수를 얻기 위해서는 담당 교수자가 평소 주안점을 두는 것이 무엇인지 파악할 필요가 있다. 담당 교수자가 평소 주안점을 두는 것이 무엇인지 잘 모르겠다면, 보고서를 작성할 때 어떤 점에 주의해야 하는지, 혹은 어떤 점을 주목해서 고쳐야 할지를 직접 질문하는 것도 좋은 방법이다. 다시 말해 보고서의 주제와 관련하여, 꼭 읽어보아야 할 책이나 논문이 무엇인지, 어떤 방법론을 통해서 그 주제에 접근해야 의미 있는 접근이 될 수 있는지, 근래에 주목 받고 있는 학설은 무엇인지, 전통적으로 꼭 알고 있어야 할 학설은 무엇인지를 담당 교수자에게 질문한다면 좋은 보고서를 작성하는 데 많은 도움과 지침이 될 것이다. 이러한 과정은 학문 탐구의 과정에 처음 발을 디딘 학생들이 제대로 학문 탐구의 길을 가는 데 훌륭한 역할을 할 것이다.

❙ 충분한 자료, 신뢰할 수 있는 자료를 갖춰야 한다

보고서의 생명은 자료라고 해도 과언이 아니다. 주제에 적합한 자료를 확보한 후 주제를 명확하게 표현할 수 있는 방법으로 자료를 정리하고 분류하여 제시한다면 효과적인 보고서 쓰기를 할 수 있다. 따라서 자료는 될 수 있으면 많이 확보하는 것이 좋다. 확보한 자료의 양이 많을 경우 차후에 중복되거나 주제와의 관련성이 부족한 자료는 자료의 정리와 분류 과정에서 뺄 수 있다.

보고서의 주제가 제시된 후 학생들이 자료를 찾는 흔한 방법은 인터넷 사이트를 검색하는 것이다. 그리고 개인 블로그나 카페 등에서 찾은 자료를 근거 자료로 삼아 보고서를 작성하는 경우도 많다. 하지만 이러한 방법으로 찾은 자료 중에는 잘못된 정보가 매우 많아 주의해야 한다. 신뢰할 수 없는 사이트에서 생산된 신뢰할 수 없는 정보인 것이다. 따라서 인터넷 검색을 통해 자료를 찾을 경우에는 신뢰할 수 있는 사이트에서 검색해야 한다. 학교 홈페이지의 도서관 사이트를 활용하면 유용하면서도 신뢰할 수 있는 정보를 제공받을 수 있다. 그밖에 이용할 수 있는 사이트로는 다음과 같은 것이 있다.

www.riss.kr kiss.kstudy.com www.dbpia.co.kr

자료를 활용하여 보고서를 작성했다면 출처에 대한 정보를 정확하게 밝혀야 한다. 요즘에는 연구 윤리에 대한 사회적 관심이 높아졌다. 자신이 생산한 정보가 아닌 경우에는 반드시 그 출처를 밝혀야 하며, 자신이 생산한 정보라 하더라도 예전에 이미 생산한 정보를 이번 작성하는 글에 사용할 경우에는 예전의 출처를 밝혀 적어야 한다. 자세한 인용 및 참고 문헌 작성법에 대해서는 이 책의 '인용, 주, 참고 문헌' 부분을 참고한다.

❙ 기본적인 형식을 지켜야 한다

학생들 가운데 처음부터 끝까지 단락 구분을 하나도 하지 않은 보고서를 제출하는 경우도 있다. 한 편의 글을 오로지 한 단락으로만 작성한 것이다. 단락 구분이 필요 없을 정도로 하나의 논점으로만 작성하였다면 문제될 것이 없겠지만, 내용상 여러 개의 단락으로 나누어 작성해야 함에도 불구하고 단락 구분을 하지 않은 경우가 많다. 이와 반대로 한 문장 쓰고 단락을 나누고, 또 한 문장 쓰고 단락을 나누어서 문장의 수가 그대로 단락의 수가 되어 버린 보고서도 있다. 즉 단락에 대한 개념을 갖추지 못하고 보고서를 작성한 결과이다. 소주제가 끝날 때마다 반드시 단락을 구분하여 작성해야 한다.

맞춤법이나 띄어쓰기, 문장의 호응 등에도 주의하여 작성해야 한다. 보고서는 객관적인 글이기 때문에 정확한 표현을 사용해야 한다. 중의적인 단어나 문장은 객관성을 확보할 수 없기 때문에 정확하고 단일한 의미를 가진 단어와 문장으로 표현해야 한다. 또 보고서에서는 '나'를 드러내야 할 경우 '필자' 혹은 '이 글에서는'과 같은 표현을 사용하는 것이 객관성을 유지할 수 있는 방법이다.

제목, 과목 이름, 제출일자, 제출자, 담당 교수명, 참고문헌 등 보고서가 갖추어야 할 기본적인 형식이 빠지지 않았나 확인해야 한다. 종종 제출자의 이름을 적지 않고 제출하는 경우도 있는데 기본적인 사항을 빠트려서 받게 되는 불이익은 자신에게 돌아오게 됨을 기억해야 한다.

❙ 제목을 잘 붙여야 한다

제목의 경우에는 보고서의 질을 가늠할 수 있는 대표적인 항목이기 때문에 제목 붙이기에 신경을 쓸 필요가 있다. 범박한 제목보다는 문제의식이 뚜렷한 제목, 학생 스스로의 역량으로 보고서를 작성했다는 점이 드러날 수 있는 제목 붙이기가 좋다.

송강가사
송강가시 연구
송강가사에 대하여
송강가사의 특성 연구
송강가사의 서술 특성 연구
〈관동별곡〉의 서술 특성 연구

위의 예는 다양한 제목을 나열한 것이다. 아래로 내려올수록 대체로 구체적인 주제임을 알 수 있다. ‘송강가사’와 같은 제목은 ‘송강가사’의 무엇에 대하여 보고서를 작성했는지 도무지 알 수 없는 제목이다. 송강가사를 새로 발굴했다는 의미인지, 송강가사를 연구한 보고서인지 알 수 없는 제목인데, 이러한 제목은 결국 아무런 문제의식이 없는 상태에서 보고서를 작성했다는 점을 보여주는 것이다. ‘〈관동별곡〉의 서술 특성 연구’와 같은 제목은 구체적이며 분명한 문제의식이 있다는 점을 제목에서부터 알 수 있다. 필요한 경우에는 부제를 붙여서 제목의 의미를 선명하게 하거나 범위를 보다 더 좁히는 방법도 있다.

▎목차를 통해 글의 요점을 제시한다

목차를 제시하여 보고서의 내용을 교수자가 일목요연하게 먼저 파악할 수 있게 배려하는 것도 참고할 만한 보고서 작성법이다.

송강가사의 창작 기반과 특성 연구 김유정	**송강가사의 창작 기반과 특성 연구** 김유정
	〈목차〉 1. 서론 2. 창작기반으로서의 이념과 현실 3. 송강가사의 후기 문학적 요소 4. 결론 참고 문헌
1. 서론 송강은 노계 박인로와 고산 윤선도와 더불어 ‘조선조 삼대 시인’으로 불리고 있다. 그런데 흔히 송강문학을 논할 때 노계나 (하략)	1. 서론 송강은 노계 박인로와 고산 윤선도와 더불어 ‘조선조 삼대 시인’으로 불리고 있다. 그런데 흔히 송강문학을 논할 때 노계나 (하략)

위의 예는 목차를 제시한 보고서와 그렇지 않은 보고서를 비교한 것이다. 목차를 통해 앞으로 전개될 내용을 독자에게 친절하게 알려주는 것도 보고서 작성에서 필요한 작업이다.

❙ 연구사를 파악하면 보고서 작성에 도움이 된다

담당 교수자에게 보고서의 주제를 받았으면 관련 학위논문의 연구사를 검토해 보는 것도 보고서 작성에 도움이 된다. 석사학위논문이나 박사학위논문은 관련된 연구 주제에 대한 연구사, 즉 연구의 사적 전개 과정을 일목요연하게 정리해놓은 경우가 많다. 그렇기 때문에 도대체 어떤 방향에서, 어떤 시각으로 접근해야 할지 전혀 감을 잡지 못하는 학생들의 경우에는 가장 최근에 나온 석사학위논문이나 박사학위논문의 연구사 부분을 정독해보면 보고서 작성의 방향을 잡을 수 있다. 연구사에 대한 검토는 해당 주제 분야의 핵심적인 저서나 논문도 소개해놓고 있기 때문에, 보고서의 주제와 관련하여 꼭 읽어야 할 연구 논저를 알 수 있다는 강점 또한 갖고 있다. 학위논문의 연구사를 검토한 후 주요 저서나 논문을 섭렵하고, 그로부터 생긴 문제의식을 심화시켜 자신의 견해를 제시한다면 좋은 보고서가 탄생할 수 있다.

❙ 스스로의 힘으로 작성하자

보고서뿐만 아니라 모든 글은 자기 스스로의 힘으로 쓰는 것이 올바른 것임은 자명하나. 그러니 이러한 자명한 이치를 간과하는 경우가 종종 발생한다. 다른 사람의 저서나 논문에서 부분을 발췌하여 이를 적당히 짜깁기하여 보고서를 제출하는 경우가 있다. 혹은 인터넷 사이트에 보고서의 주제를 입력하고 검색하여 이 결과물을 역시 적당하게 짜깁기하여 보고서를 작성하는 경우도 있다. 이러한 사회적 분위기의 확산을 막고 연구 윤리를 강화하기 위해 학생들에게도 보고서 제출 시 연구 윤리를 제대로 지켰는지를 묻는 표지(연구 윤리 서약서)를 작성하게 하기도 한다.

보고서를 스스로 작성하는 능력은 사고력 향상에 직접적으로 영향을 미치기 때문에 보고서의 직접 작성은 누가 지키라고 강요해서가 아니라 자기 스스로 꼭 지켜야 할 행동인 것이다. 자료를 찾고 그것을 성격에 따라 나누고 이를 토대로 자기 생각을 창의적으로 마련하여 한 편의 완성된 보고서를 작성하는 것이 쉬운 일은 아니다. 하지만 이러한 경험을 통해 자신의 능력이 획기적으로 향상되는 것임을 잊지 말아야 할 것이다.

| 깔끔하고 깨끗한 보고서를 제출하자

보고서는 무엇보다 그 내용이 훌륭해야 한다. 그러나 외적으로 보이는 부분도 무시해서는 안 된다. 깔끔한 외모에 사람들이 호감을 갖는 것처럼 보고서도 깔끔하게 작성해야 한다. 다른 책들 사이에서 구겨져 있다가 제출된 보고서나 너무 촘촘하게 입력되어 교수자가 읽기 힘든 상태로 제출된 보고서는, 일단 좋은 첫인상을 남기기에는 문제가 있는 보고서이다. 물론 그러한 상태로 제출되었더라도 그 안의 내용이 훌륭하다면 문제가 없겠지만 대체로 마구 다루어졌다는 느낌을 주는 보고서는 그 안의 내용도 문제가 있을 것이라는 선입견을 준다. 깔끔하고 깨끗하게 정리된 보고서를 작성하는 것이 좋다.

04 논문

논문이란 무엇인가? 논문은 글쓴이의 지식, 견해, 사상, 연구 결과를 정리한 글이다. 논문은 단순한 정보 전달이나 정리에 그치지 않고 정보와 사실에 대한 논문 작성자의 견해와 평가와 비평을 첨가한다. 그리고 연구자의 사상, 견해, 주장을 입증하는 내용이 담겨야 한다.

1) 논문의 요건

논문이 구비해야 하는 중요한 요건은 첫째, 독창성이다. 다른 학자들이 이미 연구한 내용, 이미 널리 알려진 내용을 되풀이하여 연구하기보다, 새롭고 가치 있고 의미 있는 주제를 찾아 새로운 방법으로 분석을 시도하는 노력이 필요하다. 창의적인 안목과 문제의식이 담겨야 한다.

둘째, 논리성이다. 논문은 주장이나 사실을 근거로 제시하고 증명하는 글이다. 논문은 일반적으로 수많은 증거들을 연관 지어 분석하면서 일정한 결론으로 나아가는 추론 과정을 포함한다. 같은 내용이라도 논리 전개가 치밀하고 정연하면 설득력이 커진다. 반대로 논리성이 결여되면 논문의 설득력이 떨어진다.

마지막으로 논문이 갖춰야 할 요건은 명료성이다. 논문의 내용을 확실하게 전달하려면 간결하고 명확하고 정확한 어법에 따른 글쓰기 표현이 요구된다.

2) 논문의 준비 과정

논문은 수필이나 감상문과 달리, 내용상 명료한 논리적 짜임새를 가져야 한다. 착상에서 완성까지 단계적 진행 과정을 요구한다. 만약 준비과정이 뒤죽박죽이라면 좋은 논문이 완성되기 어렵다. 논문 작성 과정은 일반적으로 다음과 같은 단계를 거친다.

❶ 주세 선정 → ❷ 자료수집과 예비 분석 → ❸ 가설의 수립 → ❹ 연구 방법 결정 → ❺ 자료에 대한 분석, 해석, 논증 → ❻ 논문 개요 작성 → ❼ 집필

(1) 주제 선정

주제 선정은 문제의식에서 출발한다. 평소 인간과 사회에 대하여 주의 깊게 관찰하고 날카로운 문제의식을 가지고 있어야 비로소 문제를 발견할 수 있다. 어떻게 하면 구체적인 주제를 정할 수 있을까? 우선 논문 작성자가 흥미와 재미를 느끼는 분야에서 주제를 선택하면 논문의 성공 가능성이 높아진다. 가장 흥미로운 주제를 선택했는가? 그렇다면 이제 범위를 좁혀 구체화하는 과정이 필요하다. 다루고자 하는 분야를 세부적으로 나누고 그중에서 가장 흥미롭게 여겨지는 한 영역을 선택한다. 이후, 선택 영역의 여러 요소 중 한 요소에 초점을 맞춘다. 마지막으로 앞에서 선택한 주제를 탐구하는 데 가장 요긴하거나 또는 덜 연구된 요소를 집중 분석한다.

한 가지 주의해야 할 사항은 주제는 학술적 가치가 있되, 연구자가 해결 혹은 논증할 수 있는 것이어야 한다. 다시 말해 다룰 수 있는 주제여야 한다. 연구자 자신의 해결 혹은 분석 능력을 넘어선 주제를 선정하면 좋은 결과를 얻기 어렵다.

(2) 자료 수집과 예비 분석

논문의 주제를 정하면 본격적으로 자료 수집에 들어간다. 가장 최근 연구 논문에 제시된 참고문헌에서 참고할 자료들을 찾아보거나, 도서관의 도서 목록에서 주제어를 검색하여 필요한 자료를 찾는다. 수집한 자료들의 제목, 목차, 초록 등을 검토한 후 자신의 연구에 도움이 될 자료를 선택한다.

수집한 자료의 목록을 작성하고 내용을 간략하게 정리한다. 자료는 수집과정에서부터 정리하고 예비 분석하는 편이 좋다. 보통 연구를 위해 수집한 참고문헌들을 컴퓨터에 입력한다. 필요할 때마다 쉽게 찾아볼 수 있도록 정리하는 것이다. 취향에 따라 참고문헌 카드를 활용해도 좋다. 참고문헌은 출처를 일일이 기록한다. 몇 가지 예를 들면 다음과 같다.

- 단행본: 저자명, 서명, 발행지, 발행처, 발행 연도.
- 연구논문: 저자명, 논문제목, 학술지명, 권호수, 발행 연도, 쪽수.
- 학위논문: 저자명, 논문제목, 학위 수여기관, 학위 종류, 발행 연도.
- 연구보고서: 보고자, 보고서 제목, 보고 연도, 보고서 번호.
- 전자문헌: 전자 주소, 접속일자, 프로젝트나 데이터베이스의 제목, 편집자명, 갱신일자, 후원업체나 기관, 사이트를 만든 사람이름.
- 텔레비전, 라디오 프로그램: 프로그램명, 제작자명, 방송사명, 방송일자.
- 그림, 사진: 작품명, 작가명, 소장기관명, 소장도시, 촬영일자(사진의 경우).

수집한 자료는 비판적으로 검토하고 분석한다. 자료를 정독하면 논문의 논리를 심화시킬 뚜렷한 방향성이 생긴다.

그러나 자신의 주장을 입증하기 위한 증거가 될 적절한 자료를 확보할 수 없는 경우, 혹 본인이 구상한 내용을 다른 연구자가 이미 탐구한 경우 등 예기치 않은 변수를 만날 수도 있다. 이 경우에는 연구 방향을 수정하거나, 새로운 주제를 찾아야 한다.

(3) 가설의 수립

가설은 착상에서 논증으로 넘어가는 중간 단계이다. 착상은 대담하고 자유롭게, 논증은 신중하게 하는 것이 좋다. 가설은 연구 진행 방향을 좌우하므로 가능한 높은 개연성을 가질 수 있도록 구상한다.

(4) 연구 방법 결정

논문 필자는 여러 가지 연구 방법들 중 가장 효과적인 방법 한 가지를 분별하여 선택한다. 연구 방법은 연구 목적, 주제, 가설, 자료 등에 적합한가 여부를 따져 결정한다. 연구 방법의 선택은 마치 사냥을 나선 포수가 도구를 선택하는 것과 같다. 본인에게 익숙하고 다룰 수 있는 도구여야 효과적이다. 연구 목적과 자신의 능력에 부합한 연구 방법을 선택하는 것이 좋다.

(5) 자료에 대한 분석, 해석, 논증

편견이나 선입관에 사로잡혀 엉뚱한 결론에 도달하는 오류를 범하지 않으려면 분석 과정에서 객관성을 유지하도록 해야 한다. 연구자 본인의 관심, 희망, 지향점, 편견이 연구 대상의 참모습을 왜곡하지 않도록 신중하게 접근한다. 최대한 합리적이고 정밀한 분석을 시도한다.

(6) 논문 개요 작성

개요는 논문을 쓰기 위한 설계도와 같다. 어떻게 문제를 제시하고, 어떻게 자료와 분석 결과를 배열하고, 논리를 펼쳐 결론에 도달할 것인지 미리 구상하여 정리한 것이다. 구조적으로 체계적이고 질서정연하고 탄탄한 개요는 좋은 논문의 시발점이 된다. 실제 개요 작성방법은 앞의 '개요짜기' 부분을 참고하기 바란다.

(7) 집필

논문은 제목, 목차, 서론, 본론, 결론, 참고문헌, 초록 순에 따라 작성한다.

① 서론: 서론은 간명해야 한다. 장황하면 지루하다. 서론에는 연구의 목적, 연구의 범위, 연구의 필요성, 연구 배경, 연구 관점과 방법 등등을 밝힌다. 해당 논문의 목적이 무엇인지 간결하고 명확하게 제시한다. 그리고 한 편의 논문이 다룰 수 있는 범위에는 한계가 있으므로 연구 영역과 논의 범위를 명시한다. 또 선택한 주제의 중요성, 의의, 연구의 필요성을 밝힌다. 다음으로 해당 주제에 대한 기존 연구의 진행 상황을 간략하게 소개하고 미비한 점과 문제점이 무엇인지 지적하고, 자신이 이 주제를 선택한 동기 혹은 이유를 설명한다. 선정한 문제를 어떠한 각도에서 접근하고 어떠한 방

법으로 다룰 것인지 밝힌다. 그 외에 일반화되지 않은 특수 용어를 사용할 경우 미리 용어 선택의 이유와 용어의 개념을 간략하게 설명한다.

② **본론**: 본론에서는 주장이 구체적으로 논증되는 과정을 보여준다. 주장을 펼치되 확실한 쟁점이 있어야 한다. 논문의 핵심 주장을 분명하고 구체적으로 기술한다. 본론의 논리 전개는 논문의 성패를 좌우한다. 충분한 자료를 활용하여 분석, 해석, 논증의 과정을 체계적으로 전개하고 확실한 결론에 도달해야 한다.

③ **결론**: 결론에서는 본론에서 논증한 것을 요약하고 최종 성과를 간명하게 제시하고 논문을 매듭짓는다. 연구의 중요성과 의의를 재확인한다. 때로는 해결되지 않은 문제를 제시하거나, 향후 연구 방향을 제안하기도 한다.

④ **인용**: 논문의 논증 과정에서 타인의 연구 성과를 인용하는 일이 많다. 적절한 인용은 자신의 견해를 뒷받침할 근거가 되기 때문에 논문의 설득력을 높일 수 있다. 그러므로 공식적으로 권위를 인정받은 글을 인용하는 것이 좋다. 경우에 따라서는 백 마디 논술보다 한 가지 핵심 인용이 더 효과적일 수도 있다. 다만 최소한의 인용으로 최대 효과를 얻는 것이 관건이다. 꼭 필요한 경우에만 인용하며 인용문은 짧을수록 좋다. 글쓴이 고유의 생각과 논리는 없이 과다한 인용에만 의존하면 오히려 독이 된다. 단 하나의 문장을 인용해도 반드시 출처를 밝혀야 한다. 표절은 학문하는 사람의 양심을 파는 도둑질이란 사실을 명심하자.

참고문헌 및 자료

» 가톨릭대학교 교양교육원, 『분석과 비판의 기초: 읽기와 쓰기』, 가톨릭대학교출판부, 2007.
» 강명구 · 김희준 · 정윤석, 『과학기술글쓰기』, 서울대학교출판문화원, 2011.
» 강신주, 『철학적 시 읽기의 즐거움』, 동녘, 2010.
» 강인숙, 『편지로 읽는 슬픔과 기쁨』, 마음산책, 2011.
» 강준만, 『대중문화의 겉과 속』, 인물과사상사, 2013.
» 강헌 외, 『내 인생의 영화』, 씨네21, 2005.
» 고려대학교 사고와 표현 편찬위원회, 『글쓰기의 기초』, 고려대학교출판부, 2014.
» 고명섭, 『즐거운 지식』, 사계절, 2011.
» 고성환, 이성진, 『글쓰기』, 한국방송통신대학교출판부, 2010.
» 고혜경, 『선녀는 왜 나무꾼을 떠났을까』, 한겨레출판, 2006.
» 곽재구, 『길귀신의 노래』, 열림원, 2013.
» 김경훤 · 김미란 · 김성수, 『창의적 사고 소통의 글쓰기』, 성균관대학교출판부, 2012.
» 김기봉, 『팩션 시대, 영화와 역사를 중매하다』, 프로네시스, 2006.
» 김돈 외, 『대학글쓰기와 커뮤니케이션』, 아카넷, 2013.
» 김동우, 『이공계 글쓰기 노하우』, 생능출판사, 2011.
» 김보현, 『논증의 원리와 글쓰기』, 북코리아, 2015.
» 김선우, 『사물들』, 단비, 2012.
» 김슬옹, 『통합교육을 위한 삶쓰기 논술 교육』, 인간과 자연사, 2000.
» 김승종 등 공저, 『나와 남을 위한 글쓰기와 말하기』, 한올, 2014.
» 김연수, 『소설가의 일』, 문학동네, 2014.
» 김영진 외, 『자기표현과 글쓰기』, 한올출판사, 2006.
» 김유동, 『충적세 문명』, 도서출판 길, 2011.
» 김중혁, 『모든 게 노래』, 마음산책, 2013.
» 김현, 『행복한 책읽기』, 문학과지성사, 1995.
» 김현지 · 박지희 · 양정화 · 이은성, 『자기표현과 다양한 글쓰기』, 새문사, 2013.
» 김현진, 「시선과 에로스 - 토마스 만의 소설에 나타난 사랑」, 실린 곳: 안삼환 외, 『전설의 스토리텔러 토마스 만』, 서울대학교출판문화원, 2011.
» 나은미, 「대학에서 학문 활동을 위한 글쓰기 교육의 한 방안」, 『한국어학』44, 2009.6.
» 남경태, 『한눈에 읽는 현대철학』, 휴머니스트, 2012.
» 덕성여대 교양학부 교재편찬위원회, 『학술적 글쓰기의 원리와 실제』, 월인, 2012.
» 도정일, 『쓰잘데없이 고귀한 것들의 목록』, 문학동네, 2014.
» 박지원, 『열하일기』, 이기원 옮김, 한국고전번역원, 1968.
» 박창원 · 김성원 · 정연경, 『논문작성법』, 이화여자대학교 출판부, 2012.
» 배정근, 『저널리즘 글쓰기』, 커뮤니케이션북스, 2007.
» 변종모, 『아무도 그립지 않다는 거짓말』, 달, 2012.

» 부스 · 컬럼 · 윌리엄스, 『학술논문작성법』, 양기석 · 신순옥 옮김, 나남, 2012.
» 빈센트 반 고흐, 『반고흐, 영혼의 편지』, 신성림 옮김, 예담, 1999.
» 사와다 아키오, 『논문과 리포트 잘 쓰는 법』, 이명실 옮김, 들린아침, 2007.
» 생각공장, 『논리와 비판적 사고 2.0』, 도서출판 글고운, 2012.
» 서강대학교 교양국어, 『읽기와 쓰기』, 서강대학교 출판부, 2008.
» 서울대학교 글쓰기의기초 편찬위원회, 『글쓰기의 기초』, 서울대학교출판문화원, 2015.
» 서울대학교 대학국어편찬위원회 편, 『대학국어-글 읽기와 글쓰기』, 서울대학교출판문화원, 2009.
» 서울시립대학교 교양교재편찬위원회, 『新대학인의 글쓰기』, 새문사, 2005.
» 손홍규, 『다정한 편견』, 교유서가, 2015.
» 순천향대학교 의사소통교육 교재편찬위원회, 『글쓰기의 이론과 실제』, 월인, 2008.
» 신시아 프리랜드, 『과연 그것이 미술일까?』, 전승보 옮김, 아트북스, 2002.
» 신형기 외, 『글쓰기』, 연세대학교 출판부, 2003.
» 안도현, 『발견』, 한겨레출판, 2014.
» 안정효, 『글쓰기 만보』, 모멘토, 2006.
» ______, 『오역사전: 당신을 좋은 번역가로 만드는 깐깐한 번역 길라잡이』, 열린책들, 2013.
» 앤서니 웨스턴, 『논증의 기술』(개정판), 이보경 옮김, 필맥, 2010.
» 양정호 · 김윤선 · 육민수 · 김창원 · 이봉호, 『글쓰기의 원리와 실제』, 월인, 2011.
» 원광대학교 자기표현과 글쓰기 편찬위원회, 『지식 기반 사회의 자기표현과 글쓰기』, 도서출판경진, 2009.
» 원만희 외, 『비판적 사고 학술적 글쓰기』, 성균관대 출판부, 2014.
» 윌리엄 진서, 『글쓰기 생각쓰기』, 이한중 옮김, 돌베개, 2007.
» 유종호, 『문학이란 무엇인가』, 민음사, 1989.
» 유홍준, 『나의 문화유산답사기 1』, 창비, 1993.
» 윤대녕, 『많은 별들이 한곳으로 흘러갔다』, 문학동네, 2010.
» 이만교, 『개구리를 위한 글쓰기 공작소』, 그린비, 2012.
» 이원택, 『편지와 예절』, 춘추각, 1987.
» 이주은, 『그림에, 마음을 놓다』, 앨리스, 2008
» 이주향, 『그림 너머 그대에게』, 예담, 2012
» 이주헌, 『지식의 미술관』, 아트북스, 2009.
» 이진경, 『뻔뻔한 시대 한 줌의 정치』, 문학동네, 2012.
» 이찬규 외, 『글쓰기 I』, 중앙대학교 출판부, 2010.
» 임병국, 『간이역 여행』, 밤파스, 2009.
» 임승수, 『글쓰기 클리닉』, 비즈니스북스, 2011.
» 전상국 외, 『글쓰기의 원리와 실제』, 북스힐, 2003.
» 정기철, 『문장의 기초』, 도서출판 역락, 2001.
» 정대현 외, 『감성의 철학』, 민음사, 1996.
» 정여울, 『마음의 서재』, 천년의상상, 2013.
» 정인문, 『글쓰기 이론과 실제』, 박문사, 2010.
» 정재서, 『이야기 동양 신화』, 김영사, 2010.
» 정지원, 『내 영혼의 그림여행』, 한겨레출판, 2010.

» 정현종, 『날아라 버스야』, 문학판, 2015.
» 정호승, 『내 인생에 힘이 되어준 한 마디』, 비채, 2006.
» 정희모 · 이재성, 『글쓰기의 전략』, 들녘, 2005.
» 조셉 골드, 『비블리오테라피』, 이종인 옮김, 북키앙, 2003.
» 조인숙 · 서은경 · 최석두, 『학위논문 작성 매뉴얼』, 한성대학교 출판부, 2013.
» 존 라이트 외 엮음, 『뉴욕타임스가 선정한 교양 4. 과학 Ⅰ』, 김소정 등 옮김, 이지북, 2005.
» 진형준, 『공자님의 상상력』, 살림, 2012.
» 최갑수, 『내가 나를 사랑하는 일 당신이 당신을 사랑하는 일』, 위즈덤하우스, 2013.
» 최창모, 『금기의 수수께끼』, 한길사, 2003.
» 텍스트라디오 · 김은성, 『칼럼니스트로 먹고살기』, 왓북, 2014.
» 폴 존슨, 『지식인의 두 얼굴』, 윤철희 옮김, 을유문화사, 2004.
» 표도르 미하일로비치 도스또예프스끼, 『죄와 벌』, 홍대화 옮김, 열린책들, 2013.
» 한국과학문화재단 엮음, 『교양으로 읽는 과학의 모든 것 1』, 미래M&B, 2006.
» 한상우, 『베르그송 읽기』, 세창미디어, 2015.
» 허은실, 『나는, 당신에게만 열리는 책』, 예담, 2014.
» 홍동식, 『대한민국을 바꾸는 61가지 방법』, 디자인 하우스, 2008.
» 홍숙영, 『스토리텔링, 인간을 디자인하다』, 상상채널, 2011.
» 황인숙, 『일일일락』, 마음산책, 2007.

» 강진구, 「[여적] 천경자」, 『경향신문』, 2015.10.22.
» 구현화, 「[체험리뷰] '그건 오해'-랑콤 그랑디오즈 마스카라, 잘 번지지 않고 효과 지속…속눈썹도 풍성해져」, 『국민일보』, 2015.8.13.
» 손국희 · 최수연, 「숙면 돕는 앱 · 코디 쓰는 젊은 층 "귀지 파주는 소리 들어야 잠자"」, 『중앙일보』, 2015.12.26.
» 엄준석, 「기계의 역습-김기덕 감독의 〈피에타〉(2012)」, 웹진 『문화다』, 2012.11.26.
» 윤민지, 「진정한 여성으로서의 가치」, 『덕성여대신문』, 2014.9.30.
» 이상협, 「[독자투고] 대학생 주거 대책 세워 주세요」, 『동아일보』, 2014.12.29.
» 이혜인, 「[리뷰] 영화 '님아, 그 강을 건너지 마오'-가슴 먹먹해지는 76년간의 사랑과 이별」, 『경향신문』, 2014.11.12.
» 임인택, 「아기공룡 '둘리뮤지엄' · 김수영문학관…도봉구 역사문화벨트 완성됐다」, 『한겨레』, 2015.7.15.
» 장영수(고려대 법학전문대학원 교수), 「남녀 차이 큰 영역 …평등이 잣대 될 수 없다」, 『중앙일보』, 2014.3.22.
» 조우호(덕성여대 교수), 「인간 가치와 자본주의를 생각한다」, 『헤럴드경제』, 2014.12.18.
» 조현경, 「착한 소비에서 정의로운 소비로」, 『한겨레』, 2015.12.6.
» 중앙일보, 「[사설] 제대로 된 국민 안전시스템이 있어야 한다」, 『중앙일보』, 2014.4.18.
» 한겨레, 「[사설] 이슬람국가 대응, 무력보다 국제 연대가 중요하다」, 『한겨레』, 2015.11.17.

» 국립국어원 홈페이지 http://www.korean.go.kr/
» 국민건강영양조사, 2013 국민건강통계